U0050810

志願服務
理論與實務

Theory and Practice to Voluntary Service

陳武雄◎著

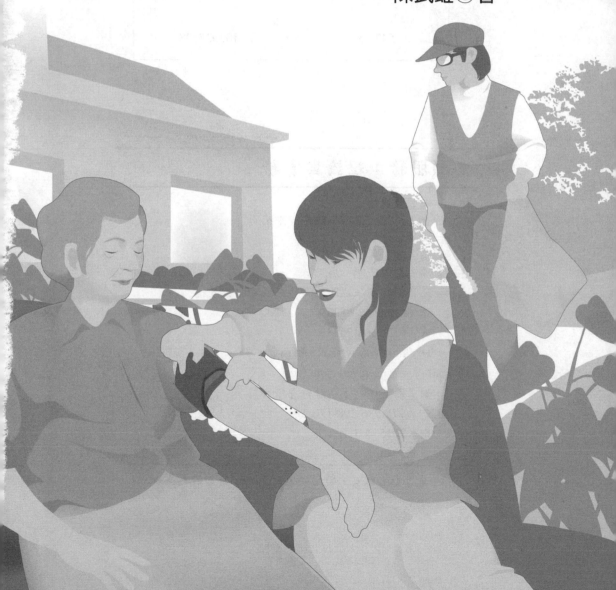

國家圖書館出版品預行編目（CIP）資料

志願服務：理論與實務 / 陳武雄
著. -- 初版. -- 新北市：揚智文
化, 2015.01
　　面；　公分

　　ISBN 978-986-298-170-2(平裝)

　　1.志工

547.16　　　　　　　　　　103027538

志願服務：理論與實務

作　　者／陳武雄
出 版 者／揚智文化事業股份有限公司
發 行 人／葉忠賢
總 編 輯／閻富萍
特約執編／鄭美珠
地　　址／新北市深坑區北深路三段 260 號 8 樓
電　　話／(02)8662-6826
傳　　真／(02)2664-7633
網　　址／http://www.ycrc.com.tw
 E-mail ／service@ycrc.com.tw
印　　刷／鼎易印刷事業股份有限公司
 I S B N ／978-986-298-170-2
初版一刷／2015 年 1 月
定　　價／新台幣 580 元

＊ 本書如有缺頁、破損、裝訂錯誤，請寄回更換＊

自　序

　　我國志願服務的發展，自民國71年台灣省政府社會處訂頒一些志願服務相關行政法規，有計畫、有目標的著手推動以來，迄今已超過三十個年頭。在民國71年當年，除了政府開始關注志願服務外，民間有志之士，亦於同年8月5日在我國第一個正式以「志願服務」為名依法組成了「台北市志願服務協會」，從此透過民間力量配合政府相輔相成，促使我國志願服務的風氣從無到有，逐步活絡起來。

　　吾人常言，政府力量有限，民間資源無窮，此乃意謂著政府任何一項公共事務的推展，如果沒有民間資源的協助支持，絕對不可能克竟事功；而民間資源的匯集，唯賴志願服務的有效推廣。近年來，由於社會結構急遽轉型，民眾需求日益殷切；諸如：幼兒保育、少年輔導、婦幼安全、老人照顧、障礙關懷、衛生保健、環境保護、生態保育、導覽解說、藝文活動、文化教育、消防救難、緊急救護、交通安全、社會治安等議題均引起社會大眾高度重視與關心。面對這些與民眾生活息息相關的問題與衝擊，固有賴政府公權力的有效伸張，但若單憑政府的力量投入，沒有民間資源的密切配合，相信必將事倍功半，績效難顯。於是我們除了要有專職人員的全力以赴外，更要有熱心公益的志工朋友致力各種溫馨服務的提供，以人為的力量來扭轉社會變遷中的不幸，讓我們的生活環境，在政府與民間的共同努力下，呈現「時時有愛心，處處有溫情」的歡樂家園。

　　個人推動志願服務工作，歷經三十餘年，在這漫長的歲月當中，與志同道合的朋友，以成立志願服務團體為據點，長期鍥而不捨，汲汲營營，終於在西元2001年，欣逢「國際志工年」，我國恭逢其盛，制定公布了「志願服務法」，作為推展志願服務的最高法律依據，從此我國的志願服務更加蓬勃發展，不但迎合國際潮流加速推進，尤更成為我國重要的社會政策之一。個人深切體認志願服務的發揚光大，端賴政府機關政策領航，運用單位克盡職責及志工朋友矢志奉獻；易言之，務須政府機關有為，運用單位有責，志工朋友有愛，三者環環相扣，才能使志願服務的崇高志業發揮最大的效能。

　　為積極推動志願服務所需，個人特地於民國93年將多年來參與志願服務經驗心得，以「志願服務理念與實務」為名出版專書，期藉以博得有志之士參考指教，出書以來，曾獲得相當程度的迴響，至感欣慰。近來為因應教學及實務需要，經商請揚智文化公司同意，將該書以「志願服務──理論與實務」為名重新再版，除了將內容酌予修改外，並增加幾章推動志願服務所需的篇幅，至盼本書之再版，能更加契合有心推動志願服務人士的需求。

　　本書得以順利再版，特別要感謝揚智文化公司的協助支持，新書之再版，固值喜悅，惟筆者才疏學淺，所知有限，謬誤之處，必定難免，敬請學者、專家不吝教正。

陳武雄　謹識

目　錄

PART 1 認知篇

第1章
志願服務的內涵

一、引言——志願服務的涵義

我國「志願服務法」第三條規定，「志願服務」係民眾出於自由意志，非基於個人義務或法律責任，秉誠心以知識、體能、勞力、經驗、技術、時間等貢獻社會，不以獲取報酬爲目的，以提高公共事務效能及增進社會公益所爲之各項輔助性服務。引申言之，志願服務應具有下列涵義：

1. 它是一種自由抉擇的服務工作。
2. 它是一種誠心奉獻的服務工作。
3. 它是一種助人利他的服務工作。
4. 它是一種不計報酬的服務工作。
5. 它是一種無怨無悔的服務工作。
6. 它是一種學習成長的服務工作。
7. 它是一種講求方法的服務工作。
8. 它是一種公平正義的服務工作。
9. 它是一種永續經營的服務工作。
10. 它是一種輔助支援的服務工作。
11. 它是一種增進公益的服務工作。
12. 它是一種施受互惠的服務工作。

二、志願服務的基本理念

隨著社會的急遽變遷，民眾的需求日益增加；志願服務不但確有漸受重視的趨勢，而且更發展成爲有效推動公共事務不可或缺的一環。惟因有些志工對於志願服務的認識不夠，瞭解不深，以致常

有隨風而起、無疾而終，或乘興而來、敗興而歸的現象產生。個人
認為參與志願服務工作至少應有下列的基本理念。

(一)非勉強拉伕的參與，而是自由意志的抉擇

民主社會一切建立在自由的基礎上，有志之士為了追求公共利
益參與志願服務，務須秉持「甘願做，歡喜受」的理念，出自自由
意志的抉擇，始能使志工朋友施展自我抱負，實踐自我理想；亦才
能使服務的成效持久發揚，並產生豐碩的服務價值。設若勉強拉伕
參與，非但對志工本身而言是一種痛苦，尤其對公共利益的增進，
亦必徒勞無功，甚至產生負面的作用。

(二)非要「薪」的工作，而是要「心」的服務

推展志願服務不必支「薪」，但參與者必須有「心」；假設參
與者「閹雞學鳳飛」（台語發音）到處亂竄，根本無心插柳；則即
使其真正參與，相信也只是「提籃假燒金」（台語）；對公共事務
或社會公益的協助推動，非但未能產生加分作用，反而可能造成減
分的負面影響。說實在的，參與志願服務貴在有心，參與者既無津
貼，更無薪給；只問付出，不求回饋；就因如此，志工受到社會一
致的肯定與推崇。

(三)非虛晃一招的「作秀」，而是實事求是的「做事」

參與志願服務工作務須「真誠」，因為唯有真心，始能展現
愛心；也唯有誠心，始能做得開心。假定志工開口閉口都是「助
人最樂，服務最榮」，但其所作所為根本就是虛晃一招，而非實事
求是；其動機只求表演作秀，並非真想實際做事；這種自欺欺人的
虛情假意，對於志願服務工作的推展，非但於事無補，反而可能越

幫越忙。無庸置疑,參與志願服務應該完全出自個人自由意志的抉擇;因此,既然想做,則應真做,並且好好做;否則,口是心非地欺騙自己又欺騙社會,對個人而言,的確有損形象;對社會而言,更是擾亂視聽。

(四)非全付精神的投入,而是餘時餘知的奉獻

意願的啟發是參與志願服務的動力,只要志之所在,興之所趨,人人可參與,處處可展開。志願服務並非全部時間的占有,亦非全付精神的投入;它是餘時的提供,也是餘知的貢獻;因之,志願服務不太在意做得多寡,而是在意做得有無價值。全部時間的占有或全付精神的投入,均與志願服務的本質相違;只要能夠出自意願,積極參與,相信其服務的熱情必定溫馨而感人。不過,志工朋友應該深切體認的是,所謂貢獻所餘的「餘」,應是「節餘」,絕非剩餘。

(五)非全恃人力、智力的提供,仍須財力、物力的配合

志願服務的有效推展,固然需要有人,但也需要有錢。志願服務空口說白話,無濟於事;就以扶危濟傾提供生活必需為例,不但需要人的關懷,更需要錢作後盾;否則,提供服務光談同情、憐憫,必猶如紙上談兵,緣木求魚。於是,志願服務如單靠志工朋友提供人力、智力,而缺乏財力、物力的配合,相信其所提供的人力、智力有時可能也是白費;而如僅恃熱心公益人士財力、物力的捐獻,純有善心,不講求服務方法,不思考服務內容,則勢必也將發生財力、物力的浪費,造成美意盡失的憾事。

(六)非要求絕對「專業」，惟仍期致力「鑽業」

　　參與志願服務固然不一定也不需要具有專業的背景。惟服務講方法，工作要技巧；憑著一股奉獻的熱忱，無爲無求，踴躍投入志願服務行列；如能透過教育訓練，促使志工朋友致力鑽研具體的服務方案，仔細思考有效的服務模式；則必能使施展的服務項目，針對實際的需要，透過精湛的方法與技巧，將愛的人性光輝發揚到極致，而兼收服務與績效同展現的成果。

(七)非僅憑意念的轉化，更須行動的表現

　　志願服務固然是一種意念的轉化，旨在竭盡所能散播溫情傳播愛，以期締建祥和樂利的社會。但如僅憑意念，而不付之行動；空談埋論，而不履行；則非但服務的理想不能達成，意念的轉化也難以實現。務必心有所念，意有所思，而展現實事求是，力行實踐的積極作爲，才能使弘揚愛心、傳送溫情的具體績效見之於有形，也才能使需要愛與關懷的民眾同胞及時受惠。

三、志願服務的積極功能

　　志願服務的發揚光大，端賴明朗的政策、系統的規劃、正確的宣導、有效的推廣，這些準備工作做得越多、越好，其所能產生的成效必越大；具體言之，志願服務應具有下列的積極功能。

(一)輔助性功能——彌補業務不足

　　政府機關或民間機構及團體所負責的公共事務，經常錯綜複雜，疲於應付；諸如：心理輔導、諮商服務、關懷晤談、病人探

訪、團康活動、環保宣導、社區巡守、消防救難或導覽解說等，如果能夠透過政策的指引，推展志願服務，結合熱心公益、樂善好施的志工朋友來響應，則必能彌補業務不足，而收輔助未及之功效。

(二)補充性功能——提升工作品質

各公、私立機關、機構或團體，由於業務繁雜、人力不足，加上有些工作大多是例行性、機械性、刻板性的一成不變，每易產生工作倦怠；對於各項業務能夠奉公守法、按章行事的消極承受，已是難能可貴；如再要求其積極開拓、付出溫情，雖未必是遙遙無期，但確實是相當不易。志願服務完全是有志之士導自真誠的奉獻心理，把幫助別人當作是一種樂趣，視服務大眾是一種光榮；一些並未牽涉公權力行使的例行性工作，如果運用志工協助支援，非但可使志工實踐理想與目標，尤可彰顯服務與溫情兼具的工作品質。

(三)實用性功能——擴大服務範疇

參與志願服務的志工夥伴，散布在社會各個階層，他們所展開的各項服務，或由耳之所聞，或經目之所見，或從心之所感；漸由救助、福利、輔導等服務，進而擴大至關心交通、環保、教育、文化、區政、戶政、藝文活動、衛生保健、緊急救護、水土保持等，不論其參與的服務項目為何，相信樣樣都是發自內心、推己及人的善行義舉。如果能夠激發更多對志願服務有所體認的民眾踴躍參與，則必更能顯現志願服務的實用效果。

(四)效益性功能——均衡社會供需

從供需的觀點來看，我們經常發現社會上有許多既具愛心又富熱忱的民眾同胞，時有服務有心而奉獻無處之苦；尤其亦常發現有

些真正需要付出關懷幫助的受困民眾，每有急待救援，卻有呼援無門之嘆。志願服務就是希望透過各種不同的措施，讓有心服務者貢獻有處，急待救援者呼援有門。因此，志願服務的有效發展，不但能使施與受相互呼應，尤可讓助人與被助者各得其所。

(五)學術性功能——融匯科際整合

志願服務是一種人性極致發揮的崇高志業，因為它的基本精神是人人可參與，響應者必形形色色，無所不包；而因每個人均有其不同的教育背景與專業素養，當在服務的過程中，發揮不同的專長，致力一種問題的解決，或一項服務的展開時，必各有其獨特的觀點、構想與方法，如果運用單位能將其不同意見妥予溝通，並凝聚共識；化分歧為一致，融己見為整體；則必是最成功的科際整合，也必使志願服務展現更高的意境。

四、參與志願服務應有的正確認知

志願服務工作只求奉獻，不計名利；其目的是希望透過既具愛心又肯付出的有志之士，志願參與服務工作，產生示範的影響作用，激起他人學習、效法，進而體認「助人最樂，服務最榮」的人生真諦。個人認為，參與志願服務的朋友不但是仁之使者，更是義之尖兵；相信經由志願服務工作者的善行義舉，必能讓人人見賢思齊，而誓以志工為榮。在此謹提供幾點參與志願服務應有的正確認知，願共勉之。

1.品德要美：要具健全的人格，不可假服務之名，而達不應為之實。
2.動機要純：要有純正的動機，不可以服務為手段，而達不當

之目的。

3.觀念要正：要兼具正確的服務觀念與方法，不隨風而起，無疾而終。

4.態度要誠：要以誠待人，不因熱度沸騰，而過猶不及。

5.心胸要寬：要有容乃大，不因遭遇挫折，而心灰意冷。

6.語言要謙：要謙虛有禮，不可氣勢凌人。

7.行為要端：要謹慎行事，不可惹是生非。

8.參與要勤：要以實際行動，積極參與，而收服務效果。

9.見識要廣：要從服務過程學習成長，而增廣見聞，拓展服務空間。

10.家庭要兼：要兼顧家庭責任，不本末倒置，因噎廢食。

五、志願服務的範疇

(一)直接性服務

針對求助者遭遇的困難問題及面臨的迫切需求提供服務，以協助解決問題滿足需求。

1.福利救助服務	2.婦幼安全服務
3.兒童保育服務	4.青少年休閒服務
5.居家照顧服務	6.衛生保健服務
7.疾病防治服務	8.心理諮商服務
9.導覽解說服務	10.教育文化服務
11.藝文活動服務	12.社區營造服務
13.環境保護服務	14.勞工福利服務
15.就業輔導服務	16.交通安全服務
17.消防救難服務	18.海巡救援服務

19.體育競技服務	20.科技研發服務
21.更生保護服務	22.矯治輔導服務
23.社會治安服務	24.警政關懷服務
25.動物保護服務	26.生態保育服務
27.水土保持服務	28.珍水宣導服務
29.用電申請服務	30.登山安全服務
31.農耕栽植服務	32.企業經營服務
33.區政戶政服務	34.稅務地政服務
35.僑教外交服務	36.消費者保護服務
37.安寧撫慰服務	38.殯儀喪葬服務
39.法令諮詢服務	40.行政支援服務

(二)間接性服務

　　透過志願服務團體專業人員的帶領及指導協助辦理教育訓練、獎勵表揚活動及建立制度規章，資訊網絡及管理機制等相關事宜。

1.輔導志工團隊組織	2.推動志工教育訓練
3.辦理志工獎勵表揚	4.建立志工制度規章
5.研發志工管理機制	6.解答志工疑難問題
7.建構志工資訊網絡	

六、結語──參與志願服務的好處

　　在這功利主義盛行、社會亂象叢生的大環境裡，假若一個人能夠盡己所能助人，總比百般無奈求人來得更為幸福；因為，助人最樂，求人最苦。志願服務的發揚光大，有賴在響應中擴大參與，在推展中觀摩改進，在力行中研究創新；至盼有心或有志之士，踴

躍投入志願服務行列，共同為打造溫馨綿綿、和樂融融的美麗家園而貢獻心力。最後，擬就個人研究心得提出「參與志願服務的好處」，作為本篇的總結。

1.可滿足樂趣。

2.可擴增歷練。

3.可汲取新知。

4.可調整觀念。

5.可增強專業。

6.可感受驕傲。

7.可廣結善緣。

8.可擴展視野。

9.可獲得肯定。

10.可蔚為風尚。

第2章
志願服務法規之認識

一、引言

　　志願服務是一種自動自發、助人利他，只問付出、不計回報的崇高志業；我國在各項為民服務的領域已大量的運用志願工作者來提供協助，以減輕在服務工作上的投資，並增進在服務民眾上的溫情；可是，志願服務逐漸發展將近二十年來，一直沒有「法」的依據做基礎，致使該項民力運用的重要工作，在發展上難免感到似有所缺或美中不足。2001年為「國際志工年」，我國恭逢其盛於民國90年元月4日經立法院三讀通過「志願服務法」，並於同年元月20日奉總統令公布；這個重要法案的制定，可以說正是政府在「國際志工年」送給全體志工最佳、且最珍貴的禮物。吾人深信，「志願服務法」的制定，應該旨在希望能為志工朋友提供更多的助力及鼓舞：一方面期盼藉以提升民眾參與志願服務的意願，推動全民共同關懷社會；另一方面更冀望能提升志工之安全保障，增進志願服務的水準。其中尤以關於「績優志工優先服相關兵役替代役」、「績優志工應予獎勵，並得列入升學、就業之部分成績」之觀念，應是對於從事志願服務工作者之重要激勵措施。至盼這個法案的公布施行，對於我國志願服務工作的弘揚推廣，能夠在新的世紀邁向新的里程。

二、法案內涵

(一)總則

◆制定目的

　　志願服務法之制定係為整合社會人力資源，使願意投入志願服務工作之國民力量做最有效之運用，以發揚志願服務美德，促進社會各項建設及提升國民生活素質（第1條第一項）。

　　志願服務，依該法之規定。但其他法律另有規定者，從其規定（第1條第二項）。

◆適用範圍

　　志願服務法之適用範圍為經主管機關或目的事業主管機關，主辦或經其備查符合公眾利益之服務計畫（第2條第一項）。

　　前項所指之服務計畫不包括單純、偶發，基於家庭或友誼原因而執行之志願服務計畫（第2條第二項）。

◆名詞定義

　　志願服務法之名詞定義如下（第3條）：

1. 志願服務：民眾出於自由意志，非基於個人義務或法律責任，秉誠心以知識、體能、勞力、經驗、技術、時間等貢獻社會，不以獲取報酬為目的，以提高公共事務效能及增進社會公益所為之各項輔助性服務。
2. 志願服務者（以下簡稱志工）：對社會提出志願服務者。
3. 志願服務運用單位：運用志工的機關、機構、學校、法人或

經政府立案之團體。

(二)主管機關

◆主管機關及目的事業主管機關

1. 志願服務法所稱主管機關,在中央為內政部,在直轄市為直轄市政府,在縣(市)為縣(市)政府(第4條第一項)。
2. 志願服務法所定事項,涉及各目的事業主管機關職掌者,由各目的事業主管機關辦理(第4條第二項)。

◆各主管機關及各目的事業主管機關之權責

1. 主管志工之權利、義務、召募、教育訓練、獎勵表揚、福利、保障、宣導與申訴之規劃及辦理,其權責劃分如下(第4條第三項):
   (1)主管機關:主管從事社會福利服務、涉及二個以上目的事業主管機關之服務工作協調及其綜合規劃事項。
   (2)目的事業主管機關:凡主管相關社會服務、教育、輔導、文化、科學、體育、消防救難、交通安全、環境保護、衛生保健、合作發展、經濟、研究、志工人力之開發、聯合活動之發展以及志願服務之提升等公眾利益工作之機關。
2. 應置專責人員:主管機關及各目的事業主管機關應置專責人員辦理志願服務相關事宜,其人數得由各主管機關及各目的事業主管機關視其實際業務需要定之(第5條第一項前段)。
3. 召開志願服務聯繫會報:為整合規劃、研究、協調及開拓社會資源、創新社會服務項目相關事宜,每年至少應召開志願服務聯繫會報一次(第5條第一項後段)。
4. 加強聯繫輔導及協助:對志願服務運用單位,應加強聯繫輔

導並給予必要之協助（第5條第二項）。

5.中央主管機關應至少每五年舉辦志願服務調查研究，並出版統計報告（第5-1條）。

(三)志願服務運用單位之職責

◆志工召募──志願服務計畫之公告

1.志願服務運用單位得自行或採聯合方式召募志工，召募時，應將志願服務計畫公告（第6條第一項）。

2.集體從事志願服務之公、民營事業團體，應與志願服務運用單位簽訂服務協議（第6條第二項）。

◆志願服務計畫之辦理

1.志願服務運用者應依志願服務計畫運用志願服務人員（第7條第一項）。

2.前項志願服務計畫應包括志願服務人員之召募、訓練、管理、運用、輔導、考核及其服務項目（第7條第二項）。

3.志願服務運用者應於運用前，檢具志願服務計畫及立案登記證書影本，送主管機關及該志願服務計畫目的事業主管機關備案，並應於運用結束後二個月內，將志願服務計畫辦理情形函報主管機關及該志願服務計畫目的事業主管機關備查；其運用期間在二年以上者，應於年度結束後二個月內，將辦理情形函報主管機關及志願服務計畫目的事業主管機關備查（第7條第三項）。

4.志願服務運用者為各級政府機關、機構、公立學校或志願服務運用者之章程所載存立目的與志願服務計畫相符者，免於運用前申請備案。但應於年度結束後二個月內，將辦理情形

函報主管機關及該志願服務計畫目的事業主管機關備查（第7條第四項）。

5.志願服務運用者未依前二項規定辦理備案或備查時，志願服務計畫目的事業主管機關應不予經費補助，並作為服務績效考核之參據（第7條第五項）。

◆志願服務計畫之核備

主管機關及志願服務計畫目的事業主管機關受理志願服務計畫備案時，其志願服務計畫與志願服務法或其他法令規定不符者，應即通知志願服務運用單位補正後，再行備案（第8條）。

◆教育訓練之辦理

1.為提升志願服務工作品質，保障受服務者之權益，志願服務運用單位應對志工辦理下列教育訓練：

(1)基礎訓練。

(2)特殊訓練（第9條第一項）。

2.上項之基礎訓練課程，由中央主管機關定之。特殊訓練課程，由各目的事業主管機關或各志願服務運用單位依其個別需求自行訂定（第9條第二項）。

有關基礎訓練課程包括（90.4.24.內政部台(90)內中社字第9074750號函頒「志工基礎教育訓練課程」）：

(1)志願服務的內涵二小時。

(2)志願服務倫理二小時。

(3)自我瞭解及自我肯定或快樂志工就是我（二選一）二小時。

(4)志願服務經驗分享二小時。

(5)志願服務法規之認識二小時。

(6)志願服務發展趨勢二小時。

◆服務安全及衛生之確保

志願服務運用單位應依照志工之工作內容與特點，確保志工在符合安全及衛生之適當環境下進行服務（第10條）。

◆服務資訊之提供及專責督導之指定

志願服務運用單位應提供志工必要之資訊，並指定專人負責志願服務之督導（第11條）。

◆志願服務證及服務紀錄冊之發給

志願服務運用單位對其志工應發給志願服務證及服務紀錄冊。前項志願服務證及服務紀錄冊之管理辦法，由中央主管機關定之（第12條）。有關「志願服務證及服務紀錄冊管理辦法」，內政部已於民國90年4月20日，以內政部台(90)內中社字第9074777號函頒布實施。該管理辦法之重要規定為：

1. 志工完成教育訓練者，志願服務運用單位應發給志願服務證及服務紀錄冊（管理辦法第2條）。
2. 志願服務證及服務紀錄冊由志工使用及保管，不得轉借、冒用或不當使用；有轉借、冒用或不當使用情事者，志願服務運用單位應予糾正並註記，其服務紀錄不予採計（管理辦法第6條）。
3. 志願服務運用單位對不適任之志工，得收回服務證，並註銷證號（管理辦法第10條）。
4. 目的事業主管機關得隨時抽檢志願服務證及服務紀錄冊之使用情形（管理辦法第12條）。

◆服務限制

必須具專門執業證照之工作，應由具證照之志工為之（第13

條）。

(四)志工之權利及義務

◆志工之權利

志工應有以下之權利（第14條）：

1.接受足以擔任所從事工作之教育訓練。
2.一視同仁，尊重其自由、尊嚴、隱私及信仰。
3.依據工作之性質與特點，確保在適當之安全與衛生條件下從事工作。
4.獲得從事服務之完整資訊。
5.參與所從事之志願服務計畫之擬定、設計、執行及評估。

◆志工之義務

志工應有以下之義務（第15條第一項）：

1.遵守倫理守則之規定。
2.遵守志願服務運用單位訂定之規章。
3.參與志願服務運用單位所提供之教育訓練。
4.妥善使用志願服務證。
5.服務時，應尊重受服務者之權利。
6.對因服務而取得或獲知之訊息，保守秘密。
7.拒絕向受服務者收取報酬。
8.妥善保管志願服務運用單位所提供之可利用資源。

前述所規定之倫理守則，由中央主管機關會商有關機關定之（第15條第二項）。「志工倫理守則」內政部已於90年4月24日，以內政部台(90)內中社字第9074750號函頒實施。

(五)促進志願服務之措施

◆志工之保險

志願服務運用單位應為志工辦理意外事故保險，必要時，並得補助交通、誤餐及特殊保險等經費（第16條）。

◆志願服務績效證明書之發給

1. 志願服務運用單位對於參與服務成績良好之志工，因升學、進修、就業或其他原因需志願服務績效證明者，得發給服務績效證明書（第17條第一項）。

2. 上項服務績效之認證及證明書格式，由中央主管機關召集各目的事業主管機關及直轄市、縣（市）政府會商訂之（第17條第二項）。關於此項，內政部已於民國90年4月24日，以內政部台(90)內中社字第9074750號函頒實施「志工服務績效認證及志願服務績效證明書發給作業規定」。依該規定第二點，志工服務年資滿一年，服務時數達一百五十小時以上者，始得向志願服務運用單位申請認證服務績效及發給志願服務績效證明書。

3. 另該規定第六點，志工持志願服務績效證明書申請升學、就業、服相關兵役替代役或其他目的者，應依相關目的事業主管機關法令規定辦理。

◆資源之使用

各目的事業主管機關得視業務需要，將汰舊之器材及設備無償撥交相關志願服務運用單位使用（第18條）。

◆**績效評鑑與獎勵**

1.志願服務運用單位應定期考核志工個人及團隊之服務績效（第19條第一項）。

2.主管機關及目的事業主管機關得就前項服務績效特優者，選拔楷模獎勵之（第19條第二項）。

3.主管機關及目的事業主管機關應對推展志願服務之機關及志願服務運用單位，定期辦理志願服務評鑑（第19條第三項）。

4.主管機關及目的事業主管機關得對上項評鑑成績優良者，予以獎勵（第19條第四項）。

5.志願服務表現優良者，應給予獎勵，並得列入升學、就業之部分成績（第19條第五項）。惟申請列入升學、就業之部分成績，應依相關目的事業主管機關規定辦理（獎勵辦法第7條）。

6.上項獎勵辦法由各級主管機關及各目的事業主管機關分別訂之（第19條第六項）。內政部已於民國90年6月21日函頒實施「志願服務獎勵辦法」。志工從事志願服務工作，服務時數三千小時以上，持有志願服務績效證明書者，始可申請獎勵（獎勵辦法第2條）；其獎勵之等次如下（獎勵辦法第5條）：

(1)服務時數三千小時以上者，頒授志願服務績優銅牌獎及得獎證書。

(2)服務時數五千小時以上者，頒授志願服務績優銀牌獎及得獎證書。

(3)服務時數八千小時以上者，頒授志願服務績優金牌獎及得獎證書。

◆**志願服務榮譽卡之核發**

1.志工服務年資滿三年，服務時數達三百小時以上者，得檢具

證明文件向地方主管機關申請核發志願服務榮譽卡（第20條
第一項）。關於此項，內政部已於民國90年4月24日，以內政
部台(90)內中社字第9074750號函頒實施「志工申請志願服務
榮譽卡作業規定」。依該規定第三點，志願服務榮譽卡使用
期限爲三年，期限屆滿後，志工得檢具相關文件重新申請，
惟重新申請時，其服務年資及服務時數不得重複計算（作業
規定第三點）。又申請志願服務榮譽卡應檢具：(1)一吋半身
照片二張；(2)服務紀錄冊影本；(3)相關證明文件（作業規定
第二點）。

2.志工進入收費之公立風景區、未編定座次之康樂場所及文教
設施，憑志願服務榮譽卡得以免費（第20條第二項）。

3.其他法律規定之民防、義勇警察、義勇交通警察、義勇消
防、守望相助、山地義勇警察、災害防救團體及災害防救志
願組織編組成員，自本法修正施行後，其服務年資滿三年，
服務時數達三百小時以上者，準用第一項及第二項規定，予
以半價優待（第20條第三項）。

◆優先服兵役替代役

從事志願服務工作績效優良並經認證之志工，得優先服相關兵
役替代役；其辦法，由中央主管機關定之（第21條）。

(六)志願服務之法律責任——過失行爲之處理

1.志工依志願服務運用單位之指示進行志願服務時，因故意或
過失不法侵害他人權利者，由志願服務運用單位負損害賠償
責任（第22條第一項）。

2.上項情形，志工有故意或重大過失時，賠償之志願服務運用
單位對之有求償權（第22條第二項）。

(七)經費──經費編列與運用

主管機關、志願服務計畫目的事業主管機關及志願服務運用單位,應編列預算或結合社會資源,辦理推動志願服務(第23條)。

(八)附則

◆派遣前往國外服務之志工適用本法之規定

志願服務運用單位派遣志工前往國外從事志願服務工作,其服務計畫經主管機關及目的事業主管機關備查者,適用志願服務法之規定(第24條)。

◆施行日期

志願服務法自公布日施行(第25條)。

三、我國志願服務法的析評

我國早在民國78年9月,中華民國社區發展研究訓練中心就已委託師範大學社會教育系陸光教授研究擬訂完成「社會福利志願服務法」(草案),並經內政部社會司於民國80年9月印發社會各界,建請針對草案踴躍提供意見;以期集思廣益,彙整建言,促使該法早日制定頒布,以有助於志願服務工作的弘揚推廣。惟事隔十餘年漫長的時間,雖台灣地區志願服務的風氣日盛,但「志願服務法」的頒布實施,卻仍毫無進展。

2001年為「國際志工年」,立法院江委員綺雯等對「志願服務法」的制定,至為熱衷,卯足全力積極推動該法的立法工作,除逕行研提「志願服務法」(草案),透過委員們連署提案送請立法

院審議外，且不斷催促內政部立即研提政府版本的「志願服務法」（草案）送請立法院一併審議。其間內政部雖曾委託學者研訂該法草案，並委由中華民國志願服務協會就擬訂之「志願服務法」（草案）分北、中、南、東四區舉辦公聽會，期藉以廣納建言後，再加修正整理，俾能盡速將政府版本的「志願服務法」（草案）送請立法院併案審查；但最後仍由於委員們一致期盼該法能夠趕在「國際志工年」一開始就即通過；致使立法院開始著手審查該法案時，根本等不及政府版本的姍姍來遲；遂就江委員等所提的法案版本，以急就章方式匆匆審議，草草協商；而使「志願服務法」順利於民國90年元月4日經立法院三讀通過，並奉總統令於同年元月20日公布施行。

經查立法院衛生環境及社會福利委員會第十四次委員會議紀錄，當時在審議該法的過程中，委員們意見有所出入的部分蓋包括：(1)服務時數可否儲存抵用；(2)服務時數可否抵稅；(3)績效良好的服務人員可否轉為職業；(4)志工與義工可否併稱等；惟該等意見均在大家抱持與響應「國際志工年」湊熱鬧的心態下，極盼法案趕緊通過；結果未經多花時間討論，即透過協商捨棄意見難以交集的少數條文，而將沒有太大爭議的整個法案快馬加鞭，決議通過。以如此情況通過的法案，對內行人而言，其品質如何，想像得知。

說實在的，政府為因應社會的需求，特配合「國際志工年」制定「志願服務法」，足見政府對志願服務工作的重視與期許。雖然這個法案的通過稍嫌草率，但綜觀其主要特色概有：

1.績效優良並經認證的志工，得優先服相關兵役替代役。
2.績優志工應予獎勵，並得列入升學、就業之部分成績。
3.志願服務運用單位應為志工辦理意外事故保險。
4.志願服務績效證明書的發給。

5.志工的權利義務。

6.志工的法律責任。

7.主管機關、目的事業主管機關應有的權責。

8.志願服務運用單位應有的職責。

不過，仔細研讀整個法案的內容，確實仍有諸多值得商榷之處，茲將其析評如下：

第一，這個法案的通過，在立法院審議時，政府機關既未能與委員們充分溝通，又未能就不妥之處提出有力說明；致使整個法案的內容，因有部分考慮欠周或窒礙難行的盲點，而使法案的原本美意難免須打折扣。

第二，整個法案並無應予訂定「施行細則」之規定，致使各推展志願服務的相關機關，遇有法條規定亟待整合之處，因無施行細則得以統一規定，如此對於冀求法案之落實實施，必定難上加難。

第三，第4條有關目的事業主管機關之規定有欠周延；依當前推展志願服務的狀況，應增列主管相關：司法（包括：觀護、更生、犯罪被害人保護……）、治安維護、導覽解說、青年輔導、勞工、消費者保護等；而有關：志工人力之開發、聯合活動之發展及志願服務之提升等其目的事業主管機關模糊不清的項目實不宜列入。

第四，第4條另規定：各級主管機關及各目的事業主管機關主管志工之權利、義務……宣導與申訴之規劃及辦理。其中有關「申訴」之規定似有欠當；因為志願服務的基本前提本來就是「無怨無悔」、「甘願做，歡喜受」、「只問付出，不計回報」，志工參與志願服務就算稍有委屈，理應忍受，談何申訴？這種規定不但違背志願服務的崇高精神，尤易導致志工服務理念的偏差，而使志願服務的善良風氣向下沉淪。爾後修法宜將「申訴」修正為「協商」。

第五，第7條第三項規定：志願服務運用者應於運用前，檢具

志願服務計畫……送主管機關及該志願服務計畫目的事業主管機關備案，並應於運用結束後二個月內，將志願服務計畫辦理情形函報……備查；其中規定運用前之「備案」及運用後之「備查」，究係何指？且用意何在？這種規定不但易滋爭議，更讓人不解。所謂「備案」，到底是指運用志工之前要先報請核准，抑或例行性的報請存備查考？如果務須報請核准，非僅顯有擾民之虞，更與「低度管理、高度自治」的原則相違。

第六，第9條規定：志願服務運用單位應對志工辦理「基礎訓練」和「特殊訓練」。其中特殊訓練應改為「專業訓練」或「專長訓練」較為恰當。

第七，第10條規定：志願服務運用單位應依照志工之工作內容與特點，確保志工在符合安全及衛生之適當環境下進行服務；不可否認的，志工在參與服務的過程中，確保自身安全自屬重要，但要苛求講究衛生，殊屬不易；因為志工投入服務之處，不外貧病、髒亂、災變或環境較為惡劣之處所，此等地方如果要過度要求符合衛生，不免使志工給人作秀有餘、服務虛晃之不良印象。爾後修法是否應將「衛生」二字刪除為宜。

第八，第15條第二項規定：倫理守則由中央主管機關會商有關機關定之，更為不妥。因為倫理守則應係志工務必遵守的道德標準及行為規範；理應由全國性志願服務團體邀集相關團體及志工朋友共同研商，凝聚共識自行訂定，作為志工夥伴參與志願服務時自我約束的圭臬；這種規則與秩序竟然規定由主管機關會同有關機關訂定，如此非但與「低度管理」的原則相違，尤其更失去訂定倫理守則的意義。

第九，第20條規定：志工服務年資滿三年，服務時數達三百小時以上者，得檢具證明文件向地方主管機關申請核發志願服務榮譽卡；此項規定尤更有欠思考，因為：(1)目前服務年資滿三年，服務

時數達三百小時以上之志工在在皆是；就算不追溯既往，要想達到此一目標亦係輕而易舉的事情；(2)核發榮譽卡並無績效優良認證之規定，如果人人可以核發，有何榮譽可談？這項規定，至少應該改為：(1)服務年資滿五年，服務時數達七百五十小時以上者；(2)經過審慎考核，服務績效優良並經認證者。

四、落實實施志願服務法規的前提

我國「志願服務法」的制定可以說是舉世推動志願服務工作罕有的一大創舉，但徒法不足以使志願服務工作產生重大變革；務須政府機關、民間團體、運用單位及志工本身，群策群力，凝聚共識，才能有助於「志願服務法」的落實實施，進而真正帶動志願服務蔚為善良的社會風尚。

(一)在政府機關方面

◆訂頒明朗的主導政策

因為明朗的政策才能激起民間團體及機構的響應，讓團體及機構認識、瞭解提供各項配合措施的目的及意義，政府在擬訂任何一項志願服務計畫時，一方面要求均衡、協調與可行，另一方面事先應有完善的推行方案，完整的工作架構；更應明訂政策的目標、期望，以及如何與民間團體、機構配合運用的需求，期使各個民間團體與機構在認清政府的明朗政策下，貢獻專長，提供更多、更佳，且更有意義的配合措施。尤其「志願服務法」第5條明文規定，主管機關及各目的事業主管機關應置專責人員辦理志願服務相關事宜，其人數得由各級政府及各目的事業主管機關視其實際業務需要而定。期盼各級政府機關在訂頒明朗政策之前，應將此項規定優先落

實；否則，即使志願服務法案已經頒布實施，且主導的政策也訂得冠冕堂皇，但在缺乏專責人員投入、執行志願服務政策與法案的情況下，要想志願服務的發展能夠有所開拓，絕對猶如緣木求魚、紙上談兵。

◆建立評鑑獎勵制度

評鑑是手段，獎勵是目的；惟獎勵表揚欲求達到公正客觀、寧缺勿濫的目標，則有賴良好評鑑機制的建立；否則，獎勵的結束，非但未能產生激勵作用，反而可能釀成忿忿不平的開始，如此獎勵則完全失去意義。「志願服務法」第19條明文訂定評鑑獎勵的規範，不論對志工個人或志工團隊服務績效優良者，均得予以獎勵；且對志願服務表現優良者，除應給予獎勵外，並得列入升學、就業之部分成績；又第21條又訂有「績效優良並經認證之志工，得優先服相關兵役替代役」之規定。因此，政府機關亟應儘速建立評鑑獎勵制度，俾以透過審慎謹嚴、公正客觀的評鑑考核，選拔出眞正名副其實的優質志工及志工團隊。

◆加強推行「民營化」措施

志願服務的實施旨在彌補政府人力之不足，而如「志願服務法」的頒布反而增加政府的負擔，則完全喪失制定「志願服務法」的基本精神；因此，政府機關應該在掌控政策原則的情形下，將部分推動志願服務的業務委託績優的民間志願服務團體辦理，俾能使志願服務經由效率的政府與活力的民間密切合作精進發展。

(二)在民間團體方面

◆致力健全組織功能

民間團體係志趣相投的有志之士，爲著實現某一理想，而本自

發之意願所結合的社會組織；它不但是推動社會進步的基石，尤是支援公共事務的最佳助力。當前我國經政府許可立案的志願服務團體已經相當普遍，且有日益成長的趨勢；這股力量的整合，對於協助志願服務的發展應可發揮不可限量的影響效果；惟每一個團體是否均能實踐章程宗旨，屬行章程任務，相信團體的領導幹部人人心知肚明。說實在的，「志願服務法」的頒布實施，各志願服務團體首應力自整飭，共同負起貫徹執行法案的重責大任；所以，至盼各志願服務團體務須對內致力健全組織功能，產生凝聚作用；進而才能對外協助落實執行法案，發生輻射效能。

◆研擬推動創新方案

「法」的可貴在於能夠落實實施，並日見制定法案的預期效果。惟「法」的貫徹執行，固然有賴政府的正確主導，但民間團體如能全力配合，協助推動，相信必能更加產生潛移默化的實際成效。為使「志願服務法」的實施能夠更加有助於維護受服務對象的最佳利益，並保障志工應有的權益，進而提升志願服務的品質；又欲期「志願服務法」的頒布確能對志願服務的推展產生肯定的發酵作用；各志願服務團體應該心手相連，貢獻智慧，勇於扮演中介、輔助的角色，積極研擬創新方案，配合辦理：「志願服務法」宣導、志工教育訓練、志願服務評鑑及獎勵、志工倫理守則之研訂等事項；以期「志願服務法」的制頒能在最短時間內，促使我國志願服務的發展產生嶄新的風貌。

(三)在運用單位方面

◆妥切訂定志願服務計畫

志願服務運用單位是否善盡職責應是志願服務推展成功與否

的關鍵要素；不可諱言的，當前有些志願服務運用單位，由於業務膨脹不堪負荷，急需志工的協助支援，於是乃大肆廣召志工，但從不考慮志工的素質或志工適任與否；飢不擇食，來者不拒，每每造成「志工有不如無」或「請神容易送神難」的窘境；如此，對於志工的運用非但無濟於事，反而致使業務的推展造成無謂的困擾。因此，爾後志願服務運用單位對於志工的運用務須確實依照「志願服務法」第7條規定，妥切訂定「志願服務計畫」，舉凡有關：志工的召募甄用、教育訓練、輔導考核、服務項目、服務規則、服務限制……均應詳細規定無遺，俾期志工的運用能按既定的計畫充分產生預期的效益。

◆落實志工教育訓練

　　教育訓練是一個持續不斷的傳意過程；辦理志工教育訓練將可瞭解志工的動機、觀念、態度、抱負、技巧和潛能；志工教育訓練最重要的任務，就是希望經由教育訓練激發問題，進而帶領志工汲取經驗和告訴志工如何去做；眾人皆知，有效的教育訓練應是「志工支持」的重要因素。依「志願服務法」第9條規定，為提升志願服務工作品質，保障受服務者之權益，志願服務運用單位應對志工辦理基礎訓練及特殊訓練。因之，推展志願服務，理念架構不可無、方法技巧不可缺；於是研究發展不可少，教育訓練不可免。因為，教育訓練可增強認知、引導方法、修正態度及增添自信；志願服務運用單位對於志工的教育訓練絕對不容忽視。

◆建立志願服務督導體制

　　志願服務的督導工作對於運用單位組織功能的發揮，服務成效的增強，具有絕對的影響作用。因此，運用單位必須設置和培植督導人才，建立督導體制，以有助於志願服務工作的順利推動。尤其「志願服務法」第11條特別明文規定，志願服務運用單位應提供

志工必要之資訊，並指定專人負責志願服務之督導；其他如：第12條有關志願服務證及服務紀錄冊的發給，第19條有關志願服務者個人及團隊服務績效的定期考核等，在在均須督導人員善加為之始能見效；由此可見，建立志願服務督導體制的重要性與必要性。一般來說，一個優秀的志願服務督導應該扮演：行政者、指導者、管理者、教育者、支持者、諮詢者及激勵者等角色。

(四)在志工本身方面

◆恪遵倫理守則

倫理是一種價值觀念，也是一種行為規範。志願服務倫理係指志工在從事服務工作的過程中，與受服務對象、志工夥伴、運用單位及志工督導互動之間所應遵守的「有所為」與「有所不為」的秩序與標準。依「志願服務法」第15條規定，遵守倫理守則是志工最主要之義務；志工的本質雖然只求奉獻，不計酬勞，完全是一種「甘願做，歡喜受」的高尚情操；但既然出自自願，一旦參與，則應全心投入、全力以赴；絕不可沽名釣譽、敷衍應付，有損志工清純的形象。基此，為落實實施「志願服務法」，並使「志願服務法」的執行展現具體的成果；在志工本身方面，務須自我體認恪遵倫理守則的重要性，進而以身作則，樹立服務典範；俾有助於志願服務工作的有效推展。

◆力求自我約束

倫理守則是一種規定，而自我約束則是發自內心的惕勵自勉；前者是外力的驅使，後者是內心的制約；雖然二者的起源不一，但最終的目的應是一致的。吾人常言，人要活得有尊嚴；志工參與志願服務的動機固然完全出自個人內心自發的意願，而非外力的驅

迫，當然更要服務得有尊嚴；那就是說，志工應該言必由衷，實事
求是；否則說是一套，做又是另外一套；說起來洋洋灑灑，做的時
候又是懶懶散散；如此高談志願服務非但天馬行空，尤更損及志工
的人格價值。依「志願服務法」第22條規定，志工依志願服務運用
單位之指示進行志願服務時，因故意或過失不法侵害他人權利者，
由志願服務運用單位負損害賠償責任；惟前述情形，志工如有故意
或重大過失時，賠償之志願服務運用單位對之有求償權。至盼志工
朋友務須好自為之，尤其更應自我規範，知法守法；俾期每位志工
都成為社會上眾口皆碑、肯定推崇的優質志工。

五、結語

　　回顧過去，志願服務在我國雖然自古有之，但真正由政府著
手介入，主導規劃；應源自台灣省政府社會處於民國71年先後訂定
「台灣省推行志願服務實施原則」及「台灣省加強推行志願服務實
施方案」；接著台北市政府社會局亦於民國73年訂定「台北市政府
社會局推展志願服務實施原則」，後於民國82年修正訂頒「台北市
政府推展志願服務實施要點」；而高雄市政府社會局在民國73年也
陸續訂定「高雄市政府社會局志願服務人員管理要點」及「高雄市
政府社會局志願服務團組織要點」。另內政部社會司為鼓勵志工持
續參與志願服務工作，又在民國78年訂定「志願服務記錄證登錄暨
使用要點」，使每位志工參與服務的時數得以確實逐一登錄，以供
獎勵表揚之參據。且為使志願服務能在有步驟、有方法、有目標、
有效益的完善制度下，逐步擴大推展；更於民國84年頒布實施「祥
和計畫」，從此，志願服務乃日漸蓬勃發展，發揚深耕。至於民間
開始有組織、有計畫地配合政府推展志願服務，開啟非政府組織積
極投入志願服務工作之善良風尚，則應歸功於民國71年8月「台北市

志願服務協會」成立之後。

　　總之，不論「法」的規定是否盡善盡美，有「法」總比無「法」好；誠摯地期盼這種愛與關懷的志願服務工作，能夠經由政府的主導、團體的配合、志工的嚮往、社會的響應，以及輿論的宣揚，一天比一天發揚光大；進而促使「志工台灣」的理念因為「志願服務法」的訂頒，能夠早日紮根實現。

第3章

志願服務倫理

一、引言——何謂志願服務倫理?

　　志願服務是一種出自自發意志,純為助人利他的奉獻工作;它是以人本、關懷、慈善、社會連帶及公共利益為基礎,在志工朋友導自內心的善良與柔軟,秉持清楚、簡單、明確、實際、可行的願景和使命,透過學習、參與和付出,為群體創造最大且最有效益的非正式社會支持網絡(informal social support network)。

　　倫理(ethics),顧名思義乃人倫之道理;它可稱為一種哲學思想和道德標準。倫理應用於人際關係的互動過程中,是要判斷社會價值所認可與不認可之行為,以及社會常規中個人行為的「是非對錯」。倫理的具體內容在價值觀念,因為價值觀念是人類行為的指引,也是促使社會大眾感到一種強烈的驅力,而認為務須採取必要之行動努力去追求達到社會一致認同的道德標準。

　　具體言之,「志願服務倫理」乃參與志願服務的相關人員在致力服務過程中,立身處事、律己律人之「有所為」與「有所不為」所應遵守的行為規範和道德標準。

二、志願服務為何必須講求倫理?

　　志願服務雖然是一種只問耕耘、不計回饋的神聖志業,但志工參與服務的歷程與結果所涉及的影響層面,不僅只限於服務對象與志工本身之間的互動關係,尤其更與服務機構的形象及社會整體的觀感息息相關。基此,志願服務為能發揮其預期效果,當然務需講求倫理道德,茲分別就志工本身、服務對象、服務機構及社會整體等不同層次說明其理由。

(一)就志工本身而言

◆展現志工尊嚴

我們常說，人要活得有尊嚴；志工參與服務的動機固然完全出自歡喜、甘願，而非外力的驅迫，當然更要服務得有尊嚴；也就是應該言必由衷、實事求是；否則說是一套，做又是另外一套，掛羊頭賣狗肉；志願服務必完全失去其意義，尤更損及志工的人格價值；此乃志願服務必須講求倫理的理由之一。

◆保障服務品質

服務的最高意境不只要「有」，而且求「好」；也就是務須要求品質保證。志願服務所要求保障的服務品質，雖然未必嚴格一定要達到「ISO」的品質認證，但最起碼也應該要有客觀的標準；否則，接受服務的對象不但未能因為志工的熱忱服務而獲得解決其困難問題，反而可能增添問題的複雜性，另外衍生不必要的困擾；此乃志願服務必須講求倫理的理由之二。

(二)就服務對象而言

◆建立呼援信心

志願服務與社會工作的目標都是在於適時提供服務，把愛送給需要愛的民眾，將關懷送給需要關懷的同胞；其所不同之點乃在於前者的服務是非專業或半專業，而後者的服務是專業，不過其所服務的對象都是人。其中，接受服務的人或許是徬徨失措，或許是心靈創傷，或許需要的是物質支援，或許需要的是精神撫慰；為了使呼援者建立絕對的信心，鼓起開口的勇氣，志願服務務必堅守「可

與不可」的定力，凡是可以做的，應該全力以赴，不可做的，則應婉予說明；此乃志願服務必須講求倫理的理由之三。

◆**確保求助安全**

服務不但要講求效率，尤應以服務對象的最佳利益為優先；也就是要讓求助者在接受服務的過程中覺得很安全，而免憂心忡忡，甚至唯恐再度遭受傷害。如此，參與服務的志工朋友不但品德要美，尤須謹言慎行；設法讓服務對象在既不拘束，又無顧忌的情境下細說問題之所在，以求獲得圓滿的協助，而使問題迎刃而解；此乃志願服務必須講求倫理的理由之四。

(三)就服務機構而言

◆**尊重運作模式**

志願服務的本質是協助、彌補、增強或促進的作用；不論志工的智慧多高，能力多強，或思考的層面多細密，志工的一切作為絕對必須遵守機構的規則，尊重機構的運作模式；萬萬不可置機構各項法令規章於不顧，或與機構的政策方針相背離；甚至自行獨樹一格，大張旗鼓；如此，不但未能達到輔助機構不足的功能，反而可能破壞機構體制，導致機構麻煩叢生；此乃志願服務必須講求倫理的理由之五。

◆**維護機構形象**

機構之所以推展志願服務，召募志工，其主要目的乃為弘揚機構的服務功能，彰顯機構的服務成效。因此，志工參與服務當然務須團結一致，眾志成城；與機構密切配合，並專心致力於機構的行銷；進而促使服務機構因為志工的熱烈支持，而更邁向卓越，塑造機構的良好形象；此乃志願服務必須講求倫理的理由之六。

(四)就社會整體而言

◆投注人間溫情

　　志工參與服務所散布出來的光與熱，就個別而言，或許只是點點的星火，可是串聯起來卻是萬丈的光芒；其所展現的不僅是一股溫馨的暖流，更是促進社會和諧的動力。志工的效能更似黑暗中的每一盞燈，凝聚起來的光不但足以照亮大地，尤可喚醒人心；只要志工心手相連，肝膽相照，必能為人間投注溫情；此乃志願服務必須講求倫理的理由之七。

◆蔚為善良風尚

　　值此功利主義盛行、社會亂象頻起之際，仍然還有結伴成群的志工朋友願意默默付出，不求任何回報，不斷為社會貢獻心力，幫助需要幫助的民眾同胞，這種仁心善舉除了足以扭轉社會爭權奪利的歪風之外，尤更使社會蔚為善良風尚。因此，志工參與服務不僅任重道遠，尤須樹立典範，堪為社會標竿；此乃志願服務必須講求倫理的理由之八。

三、志願服務倫理的重要守則

(一)志工本身應有的倫理守則

◆要誠心參與，不沽名釣譽

　　志工既然發自內心而奉獻參與，則須行之以誠，表裡合一；絕對不可口是心非，沽名釣譽，引發社會的詬病。

◆要負責盡職，不敷衍應付

志工雖然不計報酬，但對承諾的工作，仍應具有強烈的責任心與使命感；絕對不可敷衍應付、草率了事，帶給機構不良的印象。

◆要實事求是，不好高騖遠

志工參與服務工作，貴在想得平實、做得踏實；一步一腳印，實事求是，力求踐履期許的願望；絕對不可自命不凡、好高騖遠，招致華而不實的批評。

◆要熱忱付出，不貪求名利

志工，顧名思義是一種志願選擇的工作，既然有心參與，則應熱忱付出、默默耕耘；絕對不可爭功諉過、貪求名利，致使志工的形象破壞無遺。

◆要持之以恆，不無疾而終

志工的真實貢獻端賴「有恆」，志工固然本著歡喜的心情踴躍參與，則應持之以恆、持續參與，共謀促使志願服務的弘揚光大；絕對不可蜻蜓點水、來去自如，遭致隨風而起、無疾而終的譏諷。

(二)志工與志工之間應有的倫理守則

◆要精誠合作，不勾心鬥角

志工對於需要幫助的民眾同胞伸出援手所提供的服務，不論是靠單一力量所完成的，或是經由分工互助、同心協力所促成的，在在需要志工彼此之間精誠合作、相互支援；絕對不可勾心鬥角、暗中較勁，造成服務成效的負面影響。

◆要溝通協調，不唯我獨尊

溝通是增進瞭解的最佳途徑；志工在服務的過程中，對於某一事情的處理方式或許會有不同的看法，但相互之間仍應力求交換意見、溝通協調；絕對不可唯我獨尊、擇惡固執，釀成志工之間不必要的誤會。

◆要分享經驗，不漠視新進

經驗是工作付出的累積；志願服務的目標都是助人第一，期讓需要幫助的人獲得最佳的支持；因此，資深志工應該重視經驗分享、薪火相傳；絕對不可漠視新人、欺負菜鳥，引發新進志工卻步不前的窘境。

◆要步調一致，不一意孤行

志工踴躍參與服務的主要動機應是冀求實現「助人總比人助好」的心願，因此，志工之間應該同心同德、步調一致，共同致力於心願的達成；絕對不可標新立異、一意孤行，致使受服務對象產生無所適從的煩惱。

◆要相互激勵，不互揭長短

參與服務，方法與技巧固然都很重要，但激勵更加重要；有時志工在服務的過程中雖然盡心盡力，但其所得到的回應可能不只是任勞任怨，甚至還要任謗；因此，志工夥伴務須儘量相互激勵、藉機鼓舞；絕對不可互揭長短、相互數落，導致彼此益增萌發不如歸去的念頭。

(三)志工與督導之間應有的倫理守則

◆要接受指導，不自行其是

督導是受過專業教育訓練的專任工作者，而且他又負責機構整個志願服務工作的策劃與推動，志工在執行督導各項交付任務的過程，當然應該接受指導，始能顯現協助的效能；絕對不可自行其是、南轅北轍，致使督導產生越幫越忙的感嘆。

◆要發揮互補，不反添負擔

志工的主要功能旨在彌補機構人力不足、服務能量所未逮，而與督導產生相輔相成之功效；是故，志工務須與督導密切配合，充分發揮互補作用，全力協助督導提升服務品質；絕對不可牢騷滿腹、怨聲載道，反添督導無謂的負擔，甚至更以運用志工為憾。

◆要適時建言，不堅持己見

志工在參與服務歷程中，對於所見所聞有時難免也會想要表達意見，提供看法；惟需特別注意的是，志工的建言應該把握：時機要對、立場要穩、態度要誠、措詞要婉等原則，尤其建言更要考量是否有助於服務效果的增進；絕對不可肆無忌憚、堅持己見，造成彼此之間僵持不下的尷尬局面。

◆要善加交流，不製造對立

志工與督導應該秉持脣齒相依的關係，站在同一立場致力為民眾提供最佳的服務才是社會之福；基此，兩者之間務須善加交流、凝聚共識，共同形成堅強的工作夥伴；絕對不可水火不容、製造對立，致使業務的推展停滯不前。

◆要坦誠相待，不各懷鬼胎

至誠足以感人，志工與督導猶如一體之兩面，牽一髮而動全身；因此，彼此之間務須坦誠相待、患難與共，同心協力力求為民眾做出最有意義的服務；絕對不可貌合神離、各懷鬼胎，由於相互之間情緒的作祟而影響獻身服務的工作關係。

(四)志工與機構之間應有的倫理守則

◆要遵守規則，不喧賓奪主

家有家規，國有國法，機構當然也有規範同僚之間的工作規則；志工既然投入機構的服務行列，就應該如同機構的一份子，對於機構的各項規則，理應遵從、貫徹執行；絕對不可主從不分、喧賓奪主，無視機構工作規範的約束，而造成越俎代庖的角色衝突。

◆要協處問題，不徒增困擾

協助解決民眾問題，增進社會福祉，是志工參與志願服務的基本理念；志工在機構服務，應有與機構共存共榮的企圖心與榮譽感，一切應以追求圓滿完成機構賦予的任務為重；絕對不可猛耍特權，徒增困擾，致使機構對於志工的形象產生反感。

◆要維護立場，不妄加批評

有些志工或許因為熱心過度，往往為了討好服務對象罔顧機構立場，對於服務對象的非分要求仍然用盡心思，設法因應；甚者反而怪罪機構不通人情，面對服務對象的要求未能全力協助，這種做法實不可取；志工既然在機構服務，就應認清自己身分，維護機構立場；絕對不可與機構背道而馳，甚至妄加批評，導致機構平白遭受服務對象的怨尤。

◆要目標一致，不各顯神通

勞資關係，猶如夫妻，合則兩利，分則兩害；這是推展勞工行政經常比喻的用語。志工雖然並非領取報酬的受僱者，其與機構的關係亦非勞資關係，不過為了能讓服務對象獲得最佳利益，志工與督導之間亦如勞資關係一樣應該目標一致、水乳相融；絕對不可各顯神通、互別苗頭，致使機構惹來政出多門的誤解。

◆要促進和諧，不惹是生非

萬事和為貴、和足以化干戈為玉帛、家和萬事興、和氣生財……，這些都是人人耳熟能詳的道理。志工在機構中奉獻服務，不但要與督導相處愉快，尤應與機構每一位同仁相敬如賓，用心促進機構展現一團和氣的歡樂景象；絕對不可任意挑撥離間、惹是生非，破壞機構整體的工作士氣。

(五)志工與服務對象之間應有的倫理守則

◆要尊重人格，不損及尊嚴

在充分尊重人權的時代，任何人的人格尊嚴均應受到絕對的尊重；志工面對暫時遭遇不幸而急求協助的服務對象時，在協處問題的過程中，彼此應對更應審慎謹嚴、和藹親切；絕對不可態度傲慢、氣勢凌人，以免損及服務對象的人格尊嚴。

◆要溫馨關懷，不刻意憐憫

服務對象前來機構請求協助時，雖然其表現難免會有落寞的樣子，不過志工對於服務對象的處境應該以關懷代替同情，以服務代替憐憫，俾讓服務對象感受到溫情洋溢；絕對不可過猶不及，過分塑造悲情，致使服務對象產生永難磨滅的創傷。

◆要扶助成長，不養成依賴

　　志工幫忙服務對象時務必建立一個堅定的信念：對於服務對象所提供服務是「協助」解決問題，而非「代替」解決問題；是提供處理問題的建議，而非代做處理問題的決定；也就是志工在服務過程中一定要考慮到如何讓服務對象經由他人的協助而能迅速、勇敢地再站起來；絕對不可關懷過度、養成依賴，導致服務對象永遠難以自立自強。

◆要保守秘密，不洩漏隱私

　　志工對於服務對象提供服務時所應恪遵的重要倫理之一是：務必尊重服務對象的隱私權，對在服務過程中因專業關係所獲得的有關服務對象的各項資料，務須克盡保密責任；絕對不可任意洩漏隱私，甚至到處散布服務對象不願讓人知道的個人秘密，以免造成服務對象的二度傷害。

◆要施予勿念，不居功張揚

　　志願服務的可貴在於默默行善、不求人知，也就是要秉持「施人慎勿念，受施慎勿忘」的最高準則；因為志願服務的基本理念是只問耕耘、不計回饋；所以，志工協助服務對象解決問題之後，務須施予勿念、淡泊義舉；絕對不可到處居功揚善、炫耀誇張，導致服務對象引發不知如何回報的困惑。

　　一般談到志願服務倫理的議題，好像只著重在志工應該如何遵守倫理守則，其他人都可不必，這樣實在有失公平正義；事實上，志願服務是否能夠弘揚光大，除了志工應該講求倫理之外，負責指導志工的督導人員同樣亦應講求倫理，以期彼此各自努力、互助合作，而求志願服務的永續發展。在此，也特別提出一些督導人員應該遵守的倫理守則以供參考。

(六)督導本身應有的倫理守則

1. 要廣納建言，不專橫跋扈：力求集思廣益，而免獨斷獨行。
2. 要跳脫窠臼，不墨守成規：力求開拓創新，而免固守傳統。
3. 要勇於擔當，不推諉塞責：力求展現魄力，而免推拖拉扯。
4. 要汲取新知，不故步自封：力求增強知能，而免阻礙進步。
5. 要展現專業，不有學無識：力求學以致用，而免顯露平庸。

(七)督導與志工之間應有的倫理守則

1. 要充分信任，不滿懷猜疑：期讓志工盡情發揮，而免畏首畏尾。
2. 要肯定效能，不視如跟班：以期志工建立信心，而免否定自我。
3. 要妥切要求，不苛求為難：期使志工瞭解工作要領，而免遭受挫折。
4. 要明確導引，不放任摸索：俾讓志工掌握服務方向，而免不知所措。
5. 要關心重視，不似有若無：以使志工感受人間溫情，而免敗興而歸。

四、結語

　　志願服務因為是意之所願，性之所趨，所以，服務不覺累，流汗不說苦；但由於其與人有直接而深入的接觸，如果不講倫理守則，則必造成服務難以避免的缺憾。

　　概括言之，倫理守則應該具有：(1)求保障；(2)求進步；(3)求

信心；(4)求公平；(5)求尊重；(6)求認同等功能。它的塑造立基於：
(1)從力行中訂規章；(2)在條文中顯約束；(3)由認知中塑風範；(4)
於推廣中展效能。志願服務倫理隨著社會快速變遷，社會價值觀念
日趨多元化，它也必然跟著不斷發生變化；尤其志願服務倫理更應
因應社會民主化與科技化的潮流，與時俱進。

　　總之，參與志願服務必須遵守倫理守則，絕非強調「舉世皆濁
我獨清，眾人皆醉我獨醒」，而是要求服膺倫理守則的志工夥伴一
致體認：「眾人皆清我亦清，眾人皆醒我亦醒」；攜手連心，共同
把愛與關懷的光及熱散布在社會每一個需要照射的陰霾處所。

第4章
志願服務發展趨勢

一、引言——寧願手心向下，不願手心向上

現代化民主國家莫不以「提高人民生活品質，增進人民生活福祉」為施政的重要指標；欲期達到這個理想目標，單憑政府力量，難免力有未逮。所以，如何發動社會整體力量，一方面鼓勵工商企業界有錢出錢，致力興辦公益事業；一方面激發熱心人士有力出力，踴躍投入志願服務行列；二者相互呼應，妥善運用，積極協助政府推動公共事務，當是彌補政府業務不足的最佳助力。

手心向下是助人，手心向上是求人；設若能力所及的話，「助人總比求人好」；此一理念應是大家一致認同、不容辯駁的事實。當今社會，雖然「日頭赤炎炎，各人顧性命」（台語發音），但是，當他人正需要你幫忙的時候，如果你能量力而為，義不容辭地助他一臂之力，這種「利人而不損己」的作為，相信對於施受兩造皆是一件極其快樂的事情。由此足見，志願服務的弘揚推廣，應是人類互動當中，關懷互助所不可缺，更是政府施政當中，運用民力所不可無的重要議題。

二、志願服務的發展沿革

志願服務在我國之推展自古有之；個人認為，其發展沿革應可分為下列幾個階段：

(一)行善期

我國最早的志願服務可說均以行善為主；例如：渴者施茶、飢者施粥、寒者施衣、人死而無力安葬者施棺，以及濟貧、修橋、鋪

路等，在在均是志願服務的具體表現。

(二)互助期

　　回顧史實記載：家族互助的「義莊」、糧食互助的「社倉」、人際互助的「鄉約」及經濟互助的「錢會」，可以說均淵源於人類基於互助情感所展現的志願服務作為。

(三)萌芽期

1.農業推廣體系於民國41年開始有「義務指導員」制度。同年救國團也開始建立志願服務體系，運用義務幹部作為推動工作之核心，將志工分為輔導幹部和服務員兩種；並強調擴大運用義務幹部，不是為了省錢，而是希望藉此培育適應地方的人才。此乃私部門推動志願服務最早的兩個系統。

2.至於公部門推動志願服務較早的系統應屬警政部門，其將日據時代即已沿用之「義勇團」改制，於民國52年陸續成立「義勇消防隊」、「義勇警察隊」、「義勇交通隊」等，成為國內最早的公務機關運用志工的典範。

3.接著地方法院也於民國59年聘用「榮譽觀護人」，協助推動少年觀護工作。

4.此後，中國國民黨台北市委員會於民國60年底成立「義務服務工作團」，自民國61年3月至5月在台北市古亭區南機場展開示範性、實驗性的義務服務工作；責由專人指導，應用方法，期能發揮服務效能，對該地區民眾同胞的生活環境有所改善；此一做法可以說也是我國志願服務萌芽時期具體的事實。後來中國國民黨在各直轄市、縣市之鄉、鎮、市、區均陸續設有民眾服務站（後改為民眾服務社），作為國民黨服

務民眾的據點；惟此時的志願服務難免摻雜一些政治色彩在內。

(四)倡導期

1. 台灣省政府社會處自民國71年起，爲廣結民間力量協助推動社會福利工作，先後訂定「台灣省推行志願服務實施原則」及「台灣省加強推行志願服務實施方案」，以積極推展志願服務工作。又爲加強民間資源的整合與運用，復於民國78年6月訂頒「台灣省加強推行志願服務方案」，作爲賡續推展志願服務之依據。

2. 台北市政府社會局也在民國73年9月訂定「台北市政府社會局推展志願服務實施原則」，開始召募志工在各社會福利服務中心及老人文康活動中心提供服務。另爲擴大志願服務層面，又於民國82年7月修正訂頒「台北市政府推展志願服務實施要點」，作爲台北市政府各局處推展志願服務之依據。

3. 高雄市政府亦自民國73年開始陸續訂定「高雄市政府社會局志願服務人員管理要點」、「高雄市政府社會局志願服務工作團組織要點」、「高雄市政府社會局志願服務工作團幹部選舉辦法」、「高雄市政府社會局志願服務工作團幹部職掌」等，據以推展志願服務工作。

4. 爾後，內政部亦在民國78年訂定「志願服務記錄證登錄暨使用要點」，使每位志工的服務時數均得以登錄，以供作獎勵表揚之參據。另行政院勞工委員會爲激發勞工對社會之責任感及奉獻心，增進勞工工作生活品質，進而結合勞工服務力量，推廣助人美德，促進社會和諧，亦於民國80年9月6日訂頒「加強勞工志願服務推行要點」，作爲政府推動勞工志願

服務的準則。

5.另台北市又在民國71年8月5日，由秉持「志願服務，捨我其誰」的有志之士，同心同德共同依法籌組成立「台北市志願服務協會」。該會自創立後，除致力貫徹實施章程宗旨及任務，積極推動志願服務外，並自民國73年起，配合每年12月5日「國際志工日」，創設志願服務楷模「金駝獎」選拔與表揚，又自民國80年起創辦「志願服務獎章」頒授；且於民國80年4月創設「志工學苑」，民國80年6月經「全國志願服務聯繫會報」第五次會議討論通過「志願服務團（隊）組織準則」參考範例及「志願服務——志工守則」。從此對於志願服務的任務編組、教育訓練及獎勵表揚等逐漸建立制度，同時更激發各縣市陸續成立民間志願服務團體。

由上觀之，志願服務在我國係自民國71年始由政府著手介入、主導規劃，並自民國71年「台北市志願服務協會」成立後，經由政府正確主導，民間全力配合，兩者相輔相成，才使志願服務更有計畫、有步驟地陸續展開；此一階段應是我國志願服務推展的倡導時期。

(五)發展期

1.民國81年8月5日，以「台北市志願服務協會」為基礎，並擴大結合熱愛志願服務的新秀，所共同籌組的「中華民國志願服務協會」正式成立；這是我國名副其實的第一個全國性民間志願服務團體。該會自成立以後，與「台北市志願服務協會」密切配合，協力運作，對於我國志願服務的推展，如虎添翼；有關志願服務的制度規章、教育訓練及獎勵表揚等，開始陸續建立了全國一致遵循的規範，更促使志願服務的推

廣,逐漸發揚光大。

2. 民國84年6月28日,內政部為激勵社會大眾秉持「施比受更有福,予比取更快樂」的理念,發揮「助人最樂,服務最榮」的精神;擁抱「志工情」,展現「天使心」,胸懷「燃燒自己,照亮別人」之德操,踴躍投入志願服務行列,積極散播志願服務種子,共同為協助拓展社會福利工作及增進社會祥和而奉獻心力,特訂定「廣結志工拓展社會福利工作——祥和計畫」,函頒省、市及縣、市政府自民國84年7月1日起全面實施。自此,政府對於志願服務的任務編組、教育訓練、實施方式及獎勵表揚等開始予以統一規定,亦促使志願服務工作能在有計畫、有步驟、有方法、有目標的制度下,更加逐步擴大推廣,蔚為風尚。

3. 民國85年3月20日,行政院為有效運用社會人力資源參與公共事務,以提升服務品質及行政效能,特訂定「行政院暨所屬各機關實施志願服務要點」頒布實施,該要點對於各政府機關實施志願服務,如召募、遴選志工,及對志工應如何訓練講習、分配工作、管理考核、獎勵表揚等均有明確規定;當時此一要點可說是政府機關推展志願服務工作之最高依據。

4. 此後,行政院青年輔導委員會為培養青年樂觀進取、積極奉獻、關愛社會的服務人生觀;激發青年對國家之使命感及熱愛鄉土之情感,亦於民國86年10月15日,訂頒「中華民國青年參與國內地區志願服務實施要點」;且為推展青年參與志願服務,鼓勵青年積極參與,並激勵其服務士氣,於民國88年1月15日訂頒「行政院青年輔導委員會表揚青年志願服務績優團體暨志工實施要點」。另內政部消防署為廣結志工參與緊急救護工作,於民國88年9月21日訂頒「鳳凰計畫」;且為凝結民力參與緊急救援工作,於民國88年12月10日訂頒「睦

鄰計畫」。又行政院環境保護署爲充分運用民間環保資源，鼓勵全民參與並獎勵有功人士及團體對環保的貢獻，於民國89年10月2日訂頒「推動環境保護有功團體環保義工人員及環境保護局人員遴選表揚要點」。行政院文化建設委員會爲激勵志工工作士氣，亦於民國89年10月17日訂頒「行政院文化建設委員會表揚文化機關（構）績優義工辦法」。

綜上所述，足以看出中央政府對於志願服務的推展，係自民國84年起才逐漸訂頒相關法令規章據以執行，而民間卻自民國81年開始即已相當活躍；由此難免令人感覺到政府不得不對志願服務的議題予以關注，好像來自民間的壓力所致。雖然如此，自民國81年至89年這段時間，應是我國志願服務的發展時期，因爲，在這一階段除民間外，政府對於志願服務的議題，亦均逐漸普遍予以重視。

(六)興盛期

◆「志願服務法」公布施行

「志願服務法」的公布施行，可視爲我國志願服務推展邁向顛峰的轉捩點。吾人深知，政府爲整合社會人力資源，使願意投入志願服務工作之國民力量做最有效的運用，以發揚志願服務美德，促進社會各項建設及提升國民生活品質，特配合2001「國際志工年」，制定「志願服務法」，民國90年1月4日經立法院三讀通過，並奉總統令於同年1月20日公布施行。

該法之制定，對於下列各項均有明文規定：

1.志願服務的主管機關及目的事業主管機關之權責。

2.志願服務運用單位之職責。

3.志工的召募、甄選。

4.志工的教育訓練。

5.志工的權利及義務。

6.志工的獎勵表揚。

7.志工的福利、保障。

8.志工的倫理守則。

9.志工的法律責任。

自此開始，促使我國志願服務的推展付諸法律規範。

◆「志願服務法」相關子法訂頒

自「志願服務法」公布施行後，內政部陸續依該法之規定訂頒各項相關子法，計有：

1.「志願服務證及服務紀錄冊管理辦法」（90.4.20訂頒）。

2.「志工基礎教育訓練課程」（90.4.24訂頒）。

3.「志工倫理守則」（90.4.24訂頒）。

4.「志工服務績效認證及志願服務績效證明書發給作業規定」（90.4.24訂頒）。

5.「志工申請志願服務榮譽卡作業規定」（90.4.24訂頒）。

6.「志願服務獎勵辦法」（90.6.21訂頒）。

7.「役男申請服替代役辦法部分條文」（90.8.10訂頒）。

此後，為激勵志工士氣，獎勵表揚績優志工，教育部亦於民國90年12月6日訂頒「教育業務志願服務獎勵辦法」；行政院衛生署於民國90年12月11日訂頒「衛生保健志願服務獎勵辦法」；外交部於民國91年3月7日訂頒「外交志工獎勵要點」。

不可諱言的，我國「志願服務法」的制定，係逢2001「國際志工年」，立法委員們興趣盎然，卯足全力積極推動該法的立法工作，始使該法快馬加鞭，以急就章方式匆匆審議通過，當時政府根

本來不及提出官方的版本併案審查；在這種情況通過的法案，對內行人而言，其品質如何，想像得知。儘管如此，不論「法」的規定是否盡善盡美，有「法」總比無「法」好。

　　為使我國的志願服務工作在「志願服務法」公布施行後，能夠經由政府的主導、民間的配合、志工的嚮往、社會的響應，以及輿論的宣揚，一天比一天邁向興盛，締造佳績，實有賴：

1.各級政府落實實施「志願服務法」。
2.民間團體全力配合推動。
3.加速成立「專案小組」進行修法工作。
4.建請中央研酌結合民力成立「財團法人志願服務推廣基金會」。

　　如此，陳前總統於民國89年5月20日就職演說中昭示國人的「志工台灣」理念，必能早日紮根實現，並贏得國際稱羨。

三、志願服務現在與過去之不同

(一)基本觀念不同：奉獻／成長

　　過去一般人幾乎普遍認為志願服務純粹就是一種奉獻或施捨；只要自身能力所及，當他人有需要的時候，你能助他一臂之力，這種單純的「施」、「受」關係就是志願服務；至於「受」者接受服務後，到底是否能因此而解決問題或滿足需求，大概就不再進一步去探討了。

　　可是，現在的志願服務應該要有　種前瞻性的觀念，那就是說，參與志願服務應是自我成長的最好機會，透過這個成長的機

會，可使一個人學習到人非但要重視自己，更要關懷別人；也即每個人務須懂得培養與凝塑公民意識。所謂「公民意識」係指人們應該要有「命運共同體」的認知，任何人除了要爲自身利益考慮外，更有責任站在「公共」的角度，致力爲社會做出積極性、建設性的作爲與實踐。

(二)服務範圍不同：有限／無限

過去的志願服務，其範圍相當有限，大部分僅限於慈善、救濟、做好事……，也就是，看到受寒挨餓者，提供「斗米件衣」，看到孤苦無依者，表現「雪中送炭」，擴大言之，充其量是碰到泥濘難行，協助「修橋鋪路」；諸如此類，均是比較偏向以物質的救助爲主。

可是，現在的志願服務，其範圍可說是已經擴及到無所不包，無所不到；只要與民眾切身關係的公共事務，幾乎都有志願服務的觸角。易言之，志願服務已從僅限於慈善、救濟、義消、義警……，擴大爲包括：福利、教育、文化、輔導、心理、勞工、環保、救難、科學、體育、交通安全、衛生保健、治安維護、司法保護、導覽解說、消費者保護、生態保育、水土保持、殯葬禮俗等，可謂包羅萬象，且不斷擴大。

(三)參與層次不同：少數／全民

過去的志願服務常爲少數熱心之士所專美於前，也就是一般人的觀念常認爲：只有家庭富有、不愁衣食、子女長大成人而無後顧之憂，或有足夠空閒的人……，才能參加志願服務；好像志願服務無形中已被塑造成爲少數人的特權，或只有少數有能力的人才能參與；致使志願服務的參與層次較爲狹窄，而有礙於志願服務的弘揚

推廣。

可是，現在的志願服務，參與的層次至為寬廣，只要性之所趨，興之所至，幾乎人人都可參與志願服務，所以，志願服務已不再是少數人所獨享的特有權利。舉凡達官貴人或販夫走卒，家財萬貫或家境清苦，更不論是身心健全或稍有障礙……，只要誠心奉獻，出自內心自發的意志，當前的志願服務應該是一項人人可參與的全民工作。

(四)工作方法不同：愛心/技巧

過去的志願服務，一般人常認為只要有愛心，人人都可自由參與；因為參與志願服務，如果沒有以愛心為出發點，只有嘴裡不時嚷著：「施比受更有福，予比取更快樂」，這種口是心非的作為，對於志願服務而言，可謂猶如天馬行空，毫無意義；此乃在於，志願服務的本質固然是人人可參與，但未必人人能勝任，問題就在想做未必會做，肯做未必能做好。

現在的志願服務，為免參與者懷著滿腔的熱血企圖大展抱負，結果導致乘興而來，敗興而歸；參與志願服務固然應以愛心為前提，尤應講求工作方法。所謂方法應是一種技巧，更是一種藝術；同樣是志工，有的人所提供的服務，可讓被服務對象化解愁容，笑顏逐開，心滿意足，永銘肺腑；有的卻使被服務對象感覺似有若無，憂愁依存，甚至不敢領教，敬而遠之。推究其因，就在於很多服務工作常因有愛心而欠方法，有熱情而無技巧，致使立意甚佳的措施，每因方法欠缺而變質，態度誠懇的服務，亦因技巧不夠而落空。

(五)服務要求不同：求有／要好

過去的志願服務，被服務對象在急待支援的時候，經常飢不擇食，總期無中求有；至於得到或獲援的東西到底品質如何，幾乎少予要求。於是志願服務便形成一種物物可捐獻、事事可支援的奉獻工作；也就是只要能設法把愛送給需要愛的人，把關懷送到需要關懷的同胞，志願服務就算任務達成。

可是，現在的志願服務，被服務對象非但旨在無中求有，尤更期盼有中要好；換言之，不但希望寒時有衣穿，尤更希望穿得很舒服；非但期待徬徨之際有關懷，尤更期待關懷得有尊嚴。具體言之，現在的志願服務，服務的要求不只在求量之有無，而且更求質的優劣；非僅要求急需時能夠呼援有處，尤更要求獲援時能夠感覺到既有溫情，又受尊重。

(六)政府立場不同：自治／管理

過去的志願服務，站在政府的立場可以說完全採取放任且不干預的態度；社會大眾只要有心奉獻，愛怎麼做，就怎麼做；至於做得好壞，幾乎很少有人會過問。於是，志願服務有心去做，未必能獲得掌聲與喝采；無心想做，也從來不見得會遭到責難與批評。因此，過去的志願服務可說是一種完全出自民眾仁心善舉的行為表現，這種行為完全由民眾自治，政府鮮少介入；例如：嘉義何老德先生所領導的「嘉邑行善團」，就是一個最好的實例。

現在的志願服務，自民國84年7月內政部訂頒「祥和計畫」後，已經逐漸演變成為一種民眾高度自治、政府低度管理的行政措施；尤其自民國90年1月「志願服務法」公布施行後更是如此。因為，在志願服務法案當中，對於志工的召募甄選、教育訓練、獎勵表揚、

倫理守則、權利義務、福利保障、法律責任，以及志願服務主管機關、目的事業主管機關、運用單位的職責均有明文規定。由此足見，政府對於志願服務的推展已由過去的幾乎不聞不問，轉型為低度管理、高度自治的立場；也就是說，對於志願服務的推展政府應該有義務也有責任加以主導推動，但是仍然儘量尊重民間自主。

四、志願服務的發展取向

(一)普及化──擴大參與層面

　　志願服務的積極推動，由於志工具體的優良事蹟對社會所產生的貢獻，其無形的潛移默化，已激發一般人掀起「別人能，何以我不能」的熱潮而爭相參與；於是不分男女、老少，更不分黨派、信仰或貧富，大家抱著輸人不輸陣的心態，紛紛投入志願服務行列，形成善的連鎖，溫馨的暖流；因而導致志願服務的參與層面日益擴大，越來越普及化。

(二)多元化──拓展服務範疇

　　志願服務的不斷推展，為因應層出不窮的社會需求，其觸及的範疇已由原來局限於許願、互助、做善事、修好德等，逐漸拓展其服務的領域。目前志願服務的範疇，引用「其大無外」來形容，可以說一點也不為過。因為，當今志願服務已經不再是僅止於安老、教養、婦幼、衛生、環保等單位的需要措施，甚至連外交部、總統府……，都需要志工的輔助服務；足見，志願服務的服務範疇已呈現多元化的發展取向。

(三)專業化——講求工作方法

志願服務的持續發展，經過多年來各方面的努力經營，由於服務需求的品質不斷提升，迫使其不得不有逐漸邁向專業化的趨勢。說實在的，志願服務的推展，固然不應奢求務須受過專業教育者才能充任志工；但為提升志願服務品質，嘉惠每一位接受服務的民眾同胞，總期志工在參與服務之際，務必接受各種不同層次的訓練，藉此得以習得正確的服務理念，及充實專業的工作知能，進而促使志願服務由於工作方法的專業化而更發揚光大。

(四)倫理化——塑造倫理體系

倫理是導引人辨別「是非對錯」的規則與標準。或許有人會認為，志願服務根本就是一種奉獻，做多少算多少，做得好壞又怎樣……，還要談什麼倫理；這種觀念聽起來好像蠻有道理，可是事實不然。因為，志願服務固然是奉獻，但為確保受服務對象的安全與權益，參與志願服務者仍應恪遵法令規章，講求服務態度，負責盡職，謹言慎行，堅守「有所為」、「有所不為」的倫理守則；且這種倫理守則應該引申為一種行為體系，那就是不論是志工、督導、主管及機構，整個關係志願服務品質的層次均應遵守力行；此乃志願服務另一種重要的發展取向。

(五)資訊化——建構資訊網絡

「志願服務法」第11條規定，志願服務運用單位應提供志工必要之資訊，……；另第14條又規定，志工應有權利獲得從事服務之完整資訊……。由此足見，推展志願服務，非但運用單位應有提供志工「知」的義務，且志工也有從服務中獲得「知」的權利。因

為，一方面志工為了因應廣大服務對象的不同需求，必須要有充足的資訊始能勝任；另一方面，志工為了達到「學習成長」的機會，亦務須獲得充足的資訊，才能在服務中學習，學習中成長。所以，建構資訊網絡，促使志願服務資訊化，應是各志願服務相關單位刻不容緩的急切要務。

(六)責任化──賦予責任要求

自從「志願服務法」公布施行後，對於志願服務的主管機關、目的事業主管機關、運用單位及志工本身均有明確的責任要求，這是志願服務發展取向另一嶄新的指標。過去，志願服務沒有法的規定，對於推展志願服務的相關單位以及參與志願服務的志工本身，縱使各項要求均講得洋洋灑灑，充其量也只不過是一種理想的期許或道德的約束，遵守與否，毫無責任歸屬可言。可是，目前「志願服務法」對於主管機關、目的事業主管機關及運用單位應有的職責，志工應有權利、義務，均有明文規定；從此，志願服務雖是一種奉獻，但仍應展現負責任的態度；因之，責任化應是致力志願服務發展所應掌握的重要議題。

(七)制度化──建立工作模式

志願服務的發展，自民國71年倡導期開始，迄今已有二十年的歷史，對於教育訓練、考核評鑑、獎勵表揚、服務績效之紀錄等，可以說政府機關鮮少制定一套共同遵守的工作模式作為要求的標準；以致任憑各個單位，一人一把號，各吹各的調；致使部分志工由於無所適從，熱心銳減，最後可能心灰意冷，失望而退。自「志願服務法」公布施行後，有關志願服務教育訓練課程、志願服務證、服務紀錄冊、志願服務績效認證、志願服務績效證明書發給、

志願服務獎勵等均有統一的規定；這種制度化的做法，應是志願服務有效發展不可或缺的要素。

(八)法制化——強調依法行政

我國趕在2001「國際志工年」快速通過「志願服務法」，固然主要乃有鑑於我國志願服務逐漸發展將近二十年，一直沒有「法」的依據作基礎，致使該項民力資源的運用工作，在發展上難免感到似有所缺或美中不足。但更重要的是，該法的制定，旨在希望能為志工朋友提供更多的助力及鼓舞；一方面期盼藉以提升民眾參與志願服務的意願，推動全民共同關懷社會；另一方面更冀望能提升志工的安全保障，增進志願服務的水準。因此，對於一個法治國家，致力志願服務發展法制化，全面要求志願服務的推展務須依法行政，絕對是時代所趨，更是「志工支持」的有效措施。

(九)國際化——迎合世界潮流

志願服務是一種全球性的服務工作，任何一個國家都有它存在的絕對必要。志願服務的發展固然務須考慮「本土化」，要求應以順應國家民情為優先；因為國情不同，民眾對於服務的需求必然有異；但更應考慮積極推動「國際化」，力求迎合世界潮流，與其他先進國家並駕齊驅，同樣展現優質的成效。因此，如何透過有效管道致力與國際接軌，藉以分享與複製各國志願服務的成功經驗，殊屬必要。大家應該深切體認，2001「國際志工年」將「志願服務的連結與傳播」列為四大目標之一，其用心所在，想像得知。不過，吾人應引以為誡的是，務必先求「本土化」，進而再求「國際化」，千萬不可本末倒置。

(十)e化——力圖創新突破

　　e化所代表的意義至少應包括：熱忱（enthusiasm）、尊重（esteem）、增長（enhance）、效率（efficiency）及創新（enlightenment)。志願服務爲求重視服務態度、尊重服務對象、創新服務內涵、增長服務方法及提高服務效率，進而提升服務品質，真正把愛送給需要愛的人，將關懷送給需要關懷的同胞；的確務須迎合時代的變遷，力圖創新突破。設若還是一味著固守傳統，保持現狀，未能配合e世代的需求，不斷汲取新知，調整觀念，勢必將使志願服務的發展停滯不前。

五、結語——誓以「三心、兩意」自我期許

　　做事、下決定、談情說愛等，不應該三心兩意；惟個人認爲參與志願服務，可從另外一個角度去思考如何力求「三心、兩意」，那就是說，志工參與志願服務應該：

　　1.有心，但不可隨心。因爲「有心」必能實事求是。
　　2.用心，但不可欺心。因爲「用心」必能肯定自我。
　　3.恆心，但不可貪心。因爲「恆心」必能永續經營。
　　4.誠意，但不可大意。因爲「誠意」必能無爲無求。
　　5.美意，但不可失意。因爲「美意」必能精益求精。

　　總之，志願服務是一種「甘願做，歡喜受」的奉獻工作，只要參與者能夠言必由衷，秉持「以服務充實人生，用關懷增添溫情」的理念全力以赴，謹守本分，絕不作秀，則其成效如何，應仍問心無愧，坦然於胸。不過，藉此要鄭重建請志工夥伴深切體認，志願

服務雖是：

1. 人人可參與，但未必人人能勝任；要加強訓練，培養技巧。
2. 處處能展開，但未必處處有溫馨；要堅守原則，永懷眞情。
3. 物物可捐獻，但未必物物受歡迎；要瞭解需要，投入所好。
4. 時時生效用，但未必時時應急需；要配合時機，講求方法。

第5章
自我瞭解及自我肯定

一、引言

　　人生有如一副令人撲朔迷離的拼圖玩具；它不如想像的那麼美麗，亦不如想像的那麼醜惡。當人生之舟處於風平浪靜之中，要隨時準備抵禦風暴的襲擊；而當人生之舟處於驚濤駭浪之中，更要沉著把好船舵。切莫抱怨人生的變異無常，如何抓住機遇才是真理；人生本來就是在於創造，務須要有變異才有契機。吾人務須準確把握自己的喜好和追求，才能有恰到好處的人生定位。

　　大家應該知道，人生的悲劇乃源於失去自我；失去了自我就意味著失去一切。「自我」需要不斷地培養與塑造；形成自我不容易，但毀滅自我卻在一瞬之間。人的一生要懂得自我策劃，人的一生更要好好地自我培養。我們必須能夠相信自我，而又不囿於自我，才是真正的自我；因之，自我瞭解及自我肯定應是人生邁向成功之道的必經途徑。

二、自我瞭解——夢想成真

　　一個人最大的敵人是自己，最好的朋友也是自己；那就是說，沒有人比自己更瞭解自己。有夢最美，希望相隨；人必須先有夢想，然後才會有偉大成就；因為，夢想是潛能的有力反映。基此，人應自我瞭解如何編織一些夢想，讓自己覺得生氣蓬勃，活力盎然；工作的時候也因此有了正確的目標；進而珍惜自己的夢想，腳踏實地努力去實踐。個人認為，自我瞭解務須把握下列原則。

(一)知己之長，發揚光大

　　一個人不應該自我膨脹，但也不必妄自菲薄。天生我才必有

用，人人都有其長處與優點；當我們知道自己擁有的長處與優點，應該站在對的位置上，設法努力去發揮，專心讓自己的長處與優點，弘揚光大，以期對自己、家庭、社會產生最大的貢獻，並有助於個人的發展、家庭的幸福與社會的進步。

(二)知己之短，力求改進

人難免會有短處與缺點，只要能勇於力求改進，必能善莫大焉。人對自己要適當的鼓勵；鼓勵是促使自己繼續的動力，而繼續則是成功的最大因素。人對自己的短處與缺點不必害怕，怕的是不敢面對事實，進而徬徨失措；讓自己的短處與缺點永遠不能抹去，阻礙了個人的成長、壯大。

(三)知變不易，設法接納

江山易改本性難移，人人知之甚詳。一個人能敢於承認自己的無能，並不可恥；因為對於不知道的東西，能直接承認自己確實不知道，反而更能使問題迎刃而解；一味的逞強，有時可能會使事情變得無法收拾。既成的事實，設若改變不易，應該設法接納，千萬別讓自己因它而難受；為難以改變的事實躊躇、猶豫、焦急，而令自己難受，非但一點也不值得，尤更糟蹋自己。

(四)知學不足，致力增強

知識就是力量；虛心學習，知識自然會有所增長。所謂力量，不應與「到處發號施令」混為一談，力量應是影響別人和主宰自己命運的能力、精力和體力；最重要的是，它能掌握自己的行為。人必須靠不斷的學習而成長茁壯；當一個人自覺學習不足時，即須致力增強，不應逃避；因為，人應該為自己具備達成設定目標的能力

而感到驕傲；而這種能力的培養，端賴利用個人力量去不斷學習，汲取新知，並追求卓越。

(五)知其可為，勇往邁進

生命該有目標：人生沒有目標，就像沒有目的地的船，永遠遇不上順風。人應該設定目標，渴望在某一方面有所成就；而想在某一方面有所成就，就必須具有強烈的進取心，勇往邁進，不畏艱難。進取心有如水蒸汽，它能發動引擎；如果人生能利用進取心來追求目標，它必能成為你達成任何願望的驅動力。不過，有心進取，仍需有所作為；在人生歷程中，凡是知其可為者，除了展現強烈的進取心渴望追求，更重要的就是要付諸行動；因為，進取心加上行動才是達成目標的最佳之道。

(六)知其不可，明智引退

明知不可為而為，即使是成功，也未必是件好事。凡事務須堅持自己的原則，唯有自己的原則確立，才能令他人尊重。原則是靶心，只有自己的靶心確立、堅持，射出去的箭才不會是空射，才不會方向亂跑。人有順境，也有逆境；在人生的歷程中，明知其不可，則應明智引退；毫無原則地橫衝直撞，就算成功，其成功也必然是短暫的。任何一個人的成功，都是由無數挫折累積得來，透過挫折，才知道成功需要的是什麼。

(七)知所惕勵，凡事必成

自我惕勵是毅力的具體表現。自我惕勵需要勇氣，這不是與生俱來的能力，而有賴訓練。不能自我惕勵的人得不到任何有價值的東西；人能不能達成目標，就看他自我惕勵的程度如何。真正成功

的人必能不時自我惕勵，並熱切盼望，期待成功；縱使命運坎坷也不稍改其志。在人生的牌戲中，拿到一手好牌不算成功，能把一副壞牌打好才算成功。人生猶如一條充滿玫瑰與荊棘的道路，究竟你走的道路是玫瑰多於荊棘或荊棘多於玫瑰，就看你如何自我惕勵，相信只要你能善加自我惕勵，你的人生旅程必充滿玫瑰，到處散布著濃郁的芳香。

三、自我肯定——前途似錦

　　路是人開的，樹是人栽的；一分耕耘，一分收穫；天下絕對沒有白吃的午餐。萬丈高樓平地起，凡事不可能一蹴即成。羨慕成功而不懂得付出是可悲的，害怕辛苦而盲求機遇是幼稚的；吾人務須體認，鮮花和掌聲的背後，包藏著多少艱辛的汗水和苦澀的淚花。人只要能夠自我肯定，朝著設定的目標，奮力衝刺，相信必能前途似錦。個人認為，自我肯定應從下列方向努力：

(一)塑造自我形象

　　一個人最值得重視的人就是自己，自己是最有價值的人。沒有人能完全取代自己的位置，也沒有人能完全像自己一樣。健全的自我形象是瞭解並欣賞自己的價值，把自己看成獨一無二的人，擁有獨特的才華與能力。換句話說，一個人要懂得尊重自己；因為，自尊是成功的基石，適當而正確的自尊，往往比其他任何東西更能使人獲益。一個人要懂得塑造自我形象，才有可能重視他人的自我形象；認為個人的自我形象絕無僅有，才能體會出別人自我形象的可貴所在。總之，塑造自我形象是自我肯定的基本要件。

(二)確立價值觀

價值觀是一種信念，它帶有判斷的色彩，指出了一個人對於什麼是好、什麼是對，及什麼會令人喜愛的意見。舉凡：成就感、獨立性、安全感、挑戰、權力、收入、財富、自我成長、美滿婚姻、幸福家庭、關懷他人、人際關係等均屬價值觀的本質。價值觀能幫助我們判斷哪些行為是應該做的，哪些行為是應該避免的，它會影響個人的態度和行為；亦即價值觀會對個人的目標追求、生活風格、工作動機、行為表現及滿意反應產生決定性的影響。有的人對於價值觀著重於未來，有的人著重於現在；雖其著重的取向互異，事實上，美好的現在應是為璀璨的未來預做準備。於是，確立價值觀，並設法將價值觀由口頭肯定轉化為實際行為，應是自我肯定的另一要件。因為，價值觀的確立有助於我們找到自己的動力，讓生命的活水源源不絕。

(三)培養自我創意

創意是高度智慧，它絕非標新立異，而是要確立事物的新觀念，以尋求解決問題的理想方法。要能培養自我創意，首須避開自我思維的陷阱，就學理而言，影響自我思維的陷阱不外：先入為主的觀念、自以為是的傲氣、過於迷信專家、過分依賴經驗、權位作祟、視野狹隘、意識執著、自視過高、自卑情結、習慣性拖延、不能放輕鬆、怕人家批評、恐懼失敗、挫折忍受力低等，這些可以說都是影響自我肯定的致命傷。因之，自我肯定的另一要件應是培養自我創意；唯有培養自我創意，始能去除自我思維的陷阱，有效建立自信，塑造冒險精神；進而堅持保持現狀就是落伍的信念，肯定自我力圖開創新機。

(四)減少自我防衛機轉

自我防衛機轉主要是想藉心理防衛方法來協調其內在欲望和外在環境的壓力，期使自我功能得以順利進行並充分發揮。自我防衛機轉由於使用的範圍和程度不同，而有健康與病態之別；舉凡：昇華作用、壓抑作用、退縮作用、合理化作用、投射作用、反向作用、認同作用、酸葡萄作用等均為自我防衛機轉的一環。自我肯定的另一要件就是要設法減少自我防衛機轉；因為，一個人不應該為失敗找藉口，而務須為成功找理由；若其能適當運用或減少運用自我防衛機轉，其心理和行為將會比較自然、正常、健康，進而能夠亦步亦趨朝著目標取向努力邁進。

(五)致力增長智慧

智慧是一種隨年歲增長的特質，智慧不能遺傳，但是可以學習、磨練和培養。所謂智慧，事實就是融合舊經驗，接受新知識所交織貫通的結晶。具體言之，以個人成熟的人格，根據經驗，並綜合事實，作出明快、合理的判斷，這種實際的能力就是智慧。有智慧的人才能透視全局，養成高瞻遠矚的人生態度，透視自己和自己的努力在長遠全局中所擁有的地位。也唯有有智慧的人才能在遭遇逆境困阨時知福惜福，認清自己的豐足有餘，益加朝氣蓬勃，奮勇直前。致力增長智慧亦是自我肯定不可或缺的要件；唯有致力增長智慧，才能使自己建立信心，設法結合過去的經驗和目前的狀況，而創造出美好的未來。

(六)有效激發熱忱

熱忱是樂觀進取、奮力向前的驅動力。沒有熱忱不可能圓滿

完成任何工作；沒有熱忱不可能贏得任何一場戰爭。要想成功地完
成任何工作，熱忱是絕對必要的因素；肯定自我、勝利成功的人無
不滿腔熱忱。或許有些人會認為，每天東忙西忙，筋疲力竭，還要
激發熱忱，簡直是強人所難；事實上，持有這種想法完全是心理作
用。吾人深知，厭煩、暴躁、緊張、匆促、怨恨、挫折感及憂柔寡
斷……均是熱忱的殺手，這些會讓你感到心靈枯竭、欲振乏力。熱
忱是人生保有定向而專一的內燃力；人唯有用智慧有效激發熱忱，
而後才能肯定自我，在工作上始終維持不墜；因為，人的偉大成就
必須由熱忱的傳揚始能獲得。

(七)懂得以己為榮

謙卑是美德，過分謙卑是虛偽。謙卑的真義應是無論做什麼
事，都要認清尚有改進的空間。謙卑的意義更是要你明白山外有
山，人外有人；當你以成就為榮時，你會自然而然地更謙卑起來。
人固然要謙卑，但人更要在謙卑中懂得以己為榮。自我肯定的要件
之一就是懂得以己為榮；所謂以己為榮非自豪或自大，而是自重或
自信；亦非逞強或傲慢，而是不自貶、不自疑。我們要瞭解，人雖
非生而平等，但卻生而具有同等的權利去肯定自我；人人都有絕對
的權利相信自己值得領受生命中最美好的一切。大家更應體認，大
多數事業有成的人，即使在僅剩一份夢想其他毫無所有的時候，仍
然相信自己絕非池中之物。因為，適當的以己為榮應是通往成功與
幸福的光明大道，任何人均應懂得好好珍惜。

(八)學習幽默感

幽默是人際交往中的潤滑劑，缺乏幽默感的人讓人敬而遠之。
幽默是打破尷尬局面的良方，有幽默感的人很容易拆除人際的高

牆。幽默需要學習、需要知識、需要技巧，更需要藝術。幽默要發自內心、順其自然，讓人在不知不覺中，將原來緊繃的氣氛飛揚起來；刻意的幽默猶如肉麻當有趣，不但無聊，而且低級。自我肯定絕非要使自己擺出一副神聖不可侵的架子，而是要使自己讓人一見就覺得非常和藹可親，而願意接近；進而相輔相成，共同為未來的前程努力打拚。任何人在自我肯定之際，絕不可忽視幽默的重要性；因為，幽默感能改變我們整個文化生活的本質與特性；唯有盡量學習幽默感才能將人性中美好的部分發光，進而增加生活情趣，讓人生覺得輕鬆愉快，活力盎然。

(九)擺脫命運論

　　許多人每於窮途潦倒或所謀受阻時，常會委諸天命，認為冥冥之中決定自己的命運；因而，意志消沉，不再力謀掙扎。更有些人要找算命術士，求教畢生榮辱，何時顯達。其實這些做法都是不合理的，怎麼自己的前途不由自己決定，而去請教別人，那實在是有點說不通，甚至是一種荒唐。命運絕非決定個人是否成功的要件，務求自己努力才是正途。因為，命運不過是弱者心中的一個藉口，強者絕不承諾天命；命運是強者的朋友，更是弱者的敵人。我們應該體悟，在命運的顛沛中，最容易看出一個人的氣節；當智慧和命運交戰時，若有智慧膽識敢作敢為，命運應沒有機會動搖它。命運給我們自由發展的機會，只有當我們自己冥頑不靈時，我們的計畫才會遭遇挫敗。基於上述理念，擺脫命運論應是自我肯定的另一要件，由於命運並非機遇，而是一種選擇，任何人不該期待命運的安排，必須自己創造命運。

(十)和諧人際環境

「事業有成」不但是個人一生中最光榮、最值得驕傲的指標；尤其更能贏得至親好友及社會大眾的讚賞與敬佩，亦更能使一個人獲得最高需求層次──「自我實現」的滿足。吾人深知，一個人的成功固然有賴個人的自我肯定，有效發揮專業知能，兢兢業業，努力以赴；但人際環境的和諧更是現代人成功的必備條件。因為，一個人絕對不可能僅憑個人的努力就能勝利成功；忽視人際環境的和諧，一味想要出人頭地，最終將會碰得頭破血流；不顧人際環境的和諧，期待求得順利發展，可能遭受的損失將會無法彌補。我們更應進一步體認，一個人如果能夠塑造和諧的人際環境，必能把人與人之間的互動關係處理得很成功，尤更受人愛戴，進而必能在自我肯定的既有優勢中如虎添翼，獲得成功的最佳助力；基此，和諧人際環境確是自我肯定不可漠視的重要課題。

四、自我瞭解及自我肯定與志願服務

「自我瞭解是參與志願服務的起點，自我肯定是做好志願服務的基石」。參與志願服務的朋友首應深切自我瞭解，唯有如此，你才會真正體悟志願服務的真諦，進而全力以赴，絕不畏縮。

1.為什麼要參與志願服務？
2.參與志願服務的目的何在？
3.參與志願服務想要得到什麼？
4.參與志願服務應有的態度為何？

尤其參與志願服務更應確實自我肯定，也唯有這樣，你才能真

正做好志願服務，進而使志願服務綿延不息，發揚光大。

1.絕對有信心扮演成功的志工角色。

2.絕對能與受服務對象產生良好的互動關係。

3.絕對能誠懇地透過服務將關懷送給需要的同胞。

4.絕對能竭盡所能弘揚志願服務的價值。

志願服務的基本精神是自由抉擇、誠心奉獻、不求回報、無怨無悔；如果你不能充分自我瞭解參與志願服務的動機何在，而一味地隨著他人起舞，結果人家參與志願服務不但有心，而且用心，可是你參與志願服務非但隨心，尤更欺心；最後，人家成為助人最樂、服務最榮的快樂志工，而你必定成為嘮叨滿腹、怨聲載道的失望志工。

說實在的，像上述這種因為未能自我瞭解參與志願服務的動機，而導致個人的快樂或失望還算事小；設若未能確實自我肯定，可是卻又興致勃勃地投入志願服務行列；在自己既缺乏信心，工作又不肯努力的情況下，敷衍應付，草率行事，其所導致的結果，輕者可能破壞志工的良好形象，重者或許造成服務對象的二度傷害；如此將是志願服務推展的最大遺憾。因此，我們可以肯定地說，志願服務的有效推廣，有賴志工的自我瞭解而奏效；又志願服務的績效保證更有賴志工的自我肯定而彰顯。

五、結語

人生最珍貴的寶藏是自我，最大的事業是如何瞭解自我、肯定自我，進而努力經營自我、開發自我，使自己的　生感到相當充實而不虛此行；因為，人生不是別人給予的，而是靠自己創造的。基此，別太期待別人的刻意培養，也別太在意別人的熱切眼光，更別

太沉浸於虛幻的夢想，也別太陶醉於一時的幸運。人的一生要妥切地自我策劃，人的一生更要好好地自我培養。

　　一個人必須身處逆境才能反省自己，也唯有身處逆境，最能積蓄力量，因為苦難會使人奮發，更會使人堅強和剛毅。吾人務須準確把握人生的方向，才能開創人生的坦途；沒有遺憾的人生是糊塗的一生，沒有挫折的人生更是混沌的一生；只要能夠冷靜瞭解自己的長短，客觀肯定自己的能力，勢必沒有衝破不了的風浪，更沒有征服不了的難關。「吃得苦中苦，方為人上人」，人人耳熟能詳；不經追漲殺跌之苦，怎能品嚐盈利之樂；只要能夠認清自己，放下身段，進而擁有學習的動能，相信必能破除橫逆，創造顛峰。

第6章
快樂志工就是我

一、引言——如何發現快樂？

　　快樂是成功、財富與幸福的前驅和後果；快樂是不可強求的，追求快樂，不如發現快樂。人生不如意，十之八九，現實生活中常會碰到挫折，不能盡如人意；但是「知足而常樂」，只要能夠時時懂得滿足，隨遇而安，必能使自己一天比一天快樂。惟知足不是滿足現狀，因為滿足現狀就沒有進步，也不會有成就感；務必要在知足中保持衝力，才會發掘工作的樂趣，然後培養樂趣，享受樂趣。

　　志工既然抱著「甘願做，歡喜受」的奉獻精神，踴躍參與志願服務工作，理應認清自己的工作性質，隨著工作的變化，扮演不同的角色，從助人、關懷的服務過程中去發現快樂，保持愉快的心情，做個快樂的志工。個人認為，發現快樂應可從下列方面努力：

1.凡事從好處想：只要能夠平心靜氣，認清工作的環境和角色的扮演，然後接受它，你自然會快樂。
2.不要患得患失：只要盡力而為，問心無愧，就不必過於計較得失。
3.不要強人所難：不要一味以自己的標準去衡量別人的看法，以避免不愉快的事情發生。
4.盡其在我做好每一件該做的事：雖然在客觀上你不可能要求每一件事都做得十全十美，但是主觀上，你要竭盡所能，使它接近完美。
5.坦然面對人生的一切：人生好比海上的波浪，有起有落；不論面對順境或逆境，均應坦然以對，泰然處之。

二、認識當前所處的時代

時代在變，社會在變；民眾的需求日益殷切，國民的期許與日俱增；因之，志願服務的工作方法與服務品質尤須因應時代的轉變，求新求變，開拓創新。

志願服務雖是一種無酬奉獻的服務工作，但它的本質應是愛與關懷的仁心善舉；於是如何能夠真正愛及所需，關懷有道，則有賴志工夥伴運用智慧，費心思考，敏銳體認當前所處的時代，而後針對時代的現況妥為因應；始能將志願服務的成效發揮到最高點，進而弘揚光大。個人認為，當前所處的時代應是：

(一)知識掛帥的時代

知識就是力量，行動應以知識為基礎；知識是由無數人的思想與經驗累積而成的，它必須經過辛勞與努力才能獲得。凡自以為有充分知識的人，都是那些所知最為有限的人；無知識的熱心，猶在黑暗中遠征。

(二)壓力重重的時代

現代的社會，幾乎每個人均無時無刻面臨各種不同壓力的衝擊；諸如：課業、工作、婚姻、家庭……在在都可能產生壓力。壓力是試金石，也是助推劑；壓力會使人突破極限，創造輝煌的人生；積極的人生，應把壓力變動力。

(三)危機四伏的時代

當前由於社會現象瞬息萬變，莫測高深，導致人的周遭危機四

伏，人心惶惶。諸如：就業、擇偶、健康、夫妻之間、婆媳相處、代溝……，任何一種情況都有可能引發危機。因此，人人均應培養敏銳、堅強的危機意識，把握「無時防有，由小防大」的原則，致力預防危機的發生，萬一發生時，更應及時妥善處理，化危機為轉機，進而將轉機變為生機。

(四)亂象叢生的時代

隨著政黨輪替、經濟不景氣及天然災害連連等一連串問題，其影響所及，非但失業率、自殺率節節高升，且搶劫、凶殺、縱火、家暴、兒虐、性侵害等亂象更是層出不窮，欲止難抑，造成整個社會動盪不安，人人自危。因此，如何思考在亂象叢生的環境中，力圖處變不驚，自強不息，應是現代人所不容忽視的議題。

(五)人性罔顧的時代

人性是人類共同的人格、行為動機和潛在的發展力量，亦是人類共同的屬性；諸如：怕譏笑、喜讚美、愛榮譽、崇正義、敬寬容、爭自由……，在在皆是人性。當前功利主義盛行，有些人為了目的，不擇手段，導致你爭我鬥，你嘲我諷……，幾乎把人性全部抹殺殆盡，致使個人毫無尊嚴可言。

(六)投機追逐的時代

世風日下，人心不古：有些人總喜歡抱著僥倖的心理，專走捷徑，想盡辦法冀求追逐一夕致富，翹楚社會。於是六合彩、樂透彩等社會土石流因而風靡狂飆，綿延發燒，造成急功近利的投機行為競相傳布，見怪不怪。然而，大家卻從不思考：貪婪就是喪失理智的極端表現，更是自我囚禁的桎梏；投機只能贏得一時的好處，它

不但會讓人寒心，更會使人反目。

(七)人情冷漠的時代

　　敦親睦鄰、守望相助應該是一種美德；但隨著經濟繁榮突飛猛進，社會結構急遽轉型，這種純風美德、人情世故似乎也隨著悄悄蕩然無存。於是，個人自掃門前雪，不管他人瓦上霜，幾乎形成社會的常態；每個人各忙各的，緊張兮兮；雖是芳鄰，但彼此僅止寒暄問暖；即使是同事，相互亦僅公事來往；殊不知，關懷可增進社會溫馨，互助可增添人間溫情。

三、充實應付時代的能力

(一)自我肯定的能力

　　能自我肯定的人對生活必有控制力，因其知道自己的目標及如何與別人建立良好的人際關係，並培養信心努力以赴。人要享受工作樂趣，最重要的就是要有「信心」；信心是突破障礙、克服困難的防衛利器。有信心的人，必能自我肯定，且能化渺小為偉大，化平庸為神奇。充足的信心是瞭解並肯定自己的價值，把自己看成獨一無二擁有獨特的才華與能力。志工所從事的工作雖非豐功偉業，但是他們在服務過程中必須面對要求互異的形形色色，如果不是能夠堅持助人最樂的執著，有時可能會暗中自嘆何苦來哉。所以，志工應該使自己在服務中獲得自我肯定，進而使內心洋溢著服務最榮的滿足與快樂。

(二)健康維持的能力

健康是人生最富裕的產業，健康的身體是靈魂的臥室。人只要失去了健康，其他什麼榮華富貴一切都是假的；明知如此，可是每每好像到了失去健康才覺得健康的可貴。志工不是位高權重、家財萬貫的人，他的付出完全有賴健康身心的維持。因爲，有了健康的身心，志工始能眞正體悟愛的眞諦，適時爲需要幫助的民眾同胞伸出援手，給予關懷。我們應該深切瞭解，活力是健康的精髓，健康是幸福人生的基石；人的健康要精心呵護，人的活力要不斷培養。

(三)時間管理的能力

時間是組成生命的要素；一切與生俱來的天然贈品，唯有時間最爲寶貴。時間是靈魂的生命，拖延是時間之賊。只要你能在選定的時間範圍內做你最珍惜的事情，就是一種時間管理。具有良好的時間管理能力，必能以適當的時間完成重要的事。選擇時機，就是節省時間；任何一件事情在適當的時機去做，確能節省時間；背道而馳，往往會徒勞無功。時間是一種成本，每時每刻都有無窮的利息；日計不足，歲計有餘。時間對誰來說都是一樣公平的，關鍵是要巧於安排，精於管理。志工發自內心的自由意志，奉獻所餘，致力服務；雖然時間有限，惟如能夠恰當地利用它，必會經常覺得擁有足夠的時間去服務亟需援助的人，進而展現服務的價值。大家務須體認，合理利用寶貴時間，就是與時間爭奪寶貴的生命。

(四)工作調適的能力

瓜無滾圓，人無完人。聰明的人要能正確認識自己，別與自己過不去。放縱自己，固然容易誤入歧途；但苛求自己，也往往會活

得太累。人的欲望無窮，人的不滿永遠是無法消弭的；倘使我們能一方面努力我們的目標，則我們的不滿與壓力一定能大大減少。志工踴躍投入志願服務行列，一定要把參與服務當作是一種學習，且能從學習中成長，進而感受服務的樂趣；千萬不要把參與服務視若是一種負擔，甚至感覺是一種壓力，如此必完全失去了志願服務的意義。志工更須自我瞭解，過高的使命感或過度的理想化都是造成工作難以調適的根源；大家應該維持適度的工作目標，只要全心投入，全力以赴，必然問心無愧，坦然於胸。

(五)資訊運用的能力

　　現今社會已進入一個資訊爆炸的時代，資訊不僅影響到每一個人的日常生活，資訊更促使一個相互連結的資訊化社會之形成。資訊化社會的主要功能在加強並代替人類的知識能力，它是一種因應科技進步而促進成長的社會型態，也是一種充分利用資訊科技來提升服務品質的社會。在邁向志工台灣、活力社會的浪潮中，資訊運用不僅是志工用來提高服務效率與提升服務品質的技術工具，同時也是建立顧客導向之現代化志願服務的重點。在知識經濟盛行的時代，為使志願服務創造實質的服務價值，就得致力發展以知識為基礎的志願服務，傾力使所有志工培養成優質的知識志工。所謂「知識志工」意指志工投入志願服務行列，除了應該具有愛心、誠心、智慧、方法等基本素養外，更應以知識為基礎，在有限資源與有限條件下，能夠作出輕重緩急、先後順序的決定，提供最有價值的服務效能。

(六)人際溝通的能力

　　人際關係的建立、修正及結果都是靠人際溝通造成的；人際溝

通是影響別人的工具，也是改變別人的機制。致力人際溝通有助於溝通者瞭解雙方所正行使的自我狀態，並決定該自我狀態是否最為恰當；為求明確瞭解溝通者雙方的自我狀態，務須具體傾聽對方言談，仔細思考採取適當對應言行的修養。又致力人際溝通有助於人際之間問題與衝突的解決；因為，等待、抱怨、爭論、挑剔、拖延等做法，對於解決問題及化解衝突均係於事無補。志工在從事服務的過程中，要能真正瞭解服務對象的實際需求，首須領悟致力人際溝通的效能，進而培養增進人際溝通的能力；如此在與服務對象互動時，始能預防問題或衝突的發生，進而促使彼此之間在親切、愉快的氣氛下，針對服務對象的實際需求，圓滿達到服務的效果。

(七)感恩圖報的能力

人要懂得惜福，更要知道感恩；惜福與感恩可說是每個人做人所應堅守的最大原則。吾人常言，施人慎勿念，受施慎勿忘；因小惠而感恩是快樂的，一顆知恩的心就是一顆偉大及快活的心。對一件好事表示感恩，也如同做一件好事一樣偉大；感恩務須真誠，虛偽的感恩是一種罪惡。我們對於受惠的感恩，應如求取施惠一樣熱心；過河拆橋只能受益於一時，卻永遠失信於人。我們知道，君子之所以能走遍天下，且朋友布滿四海，原因就在於他能牢記別人的恩澤，並不斷回報；忘恩負義的人，必將自食其果。志工從事服務工作，雖然不時施惠於人，但仍能發揚「只問付出，不求回報」的美德；進而甚至把能有機會施惠於人，昇華為一種受惠的恩澤，倍加努力，為需要幫助的民眾更勇於付出。這種大德影響所及，每每將使受惠的服務對象在感恩之餘，力圖見賢思齊，將其圖報的善行義舉轉嫁給其他需要的人。無論如何，滴水之恩，湧泉相報，應是人人必須切記於心的做人道理。

四、如何做一個快樂的志工？

(一)要以積極的「有所爲」爲前提

◆要深切體認志願服務的真諦

　　有心參與志願服務，首須深切體認志願服務的真諦，才能做一個快樂的志工，扮演恰如其分的角色。志工千萬不要把志願服務視爲一種一窩蜂好玩、打發時間或填補無聊的隨心工作；而應該眞正瞭解，志願服務是一種：

　　　1.甘願抉擇、歡喜承受。
　　　2.只求付出、不計報酬。
　　　3.無爲無求、無怨無悔。
　　　4.奉獻節餘、施受互惠的崇高志業。

　　如此才能享受服務的樂趣。

◆要致力塑造良好的自我形象

　　志工參與志願服務，如能認清自己是什麼樣的人，而且深知自己選擇擔任志工究竟在追求什麼，相信這樣他必定比較會處理服務過程中所遭遇的壓力或衝擊。志工的主要任務是想以眞誠的心去幫助需要幫助的人；志工最應忌諱的是：好出風頭、好求表現；這樣的志工，當他未能達成其所追求的目標時，必定垂頭喪氣，花樣百出。志工期求在服務中尋求樂趣，務須善盡方法致力塑造良好的自我形象，確實做到：

　　　1.找回自己、肯定自我。

2.亦步亦趨、實事求是。

3.謙卑爲懷、有容乃大。

4.只顧服務、與世無爭。

◆要謹言愼行避作虛僞的承諾

承諾就是一種責任；志工的最大樂趣應是當他人亟需幫助時，能夠即時承諾協處問題，從而得以品嚐助人最樂的滋味。不過，有些事情往往事與願違，不是你想怎麼做，就能怎麼做；突發事件經常會把你弄得灰頭土臉，百般無奈；讓亟需獲援的對象，覺得你在畫餅充飢，心裡怨聲載道。吾人深知，要想做一個快樂的志工，務須謹言愼行避作虛僞的承諾；也就是在提供服務時，應該確實做到：

1.謹守本分、求仁得仁。

2.知所量力、有爲有守。

3.言行一致、信守承諾。

4.克服萬難、分勞解憂。

◆要善於調適服務工作遭遇的挫折

志願服務雖是一種施惠於人的助人工作，但在服務的過程中，難免也會遭遇莫名其妙、不明不白的挫折；更嚴重的是，行善非但未能獲得善意的回應，反而遭致服務對象側目以待。這種景象的發生，或許正是考驗志工無怨無悔、有容乃大的能耐。做志工簡單，要想做一個名副其實的快樂志工的確不太容易。個人認爲，面對服務中所遭遇的困難問題，能夠善於調適，應是快樂志工的另一個基本要件；在這方面，志工務須做到：

1.面對事實、善於應變。

2.逆來順受、控制憂慮。

3.欣賞擁有、忘掉所無。

4.常懷喜悅、笑顏常開。

◆要潛心增強服務方法

　　志願服務的對象是人，人除了有七情六慾，更有人格尊嚴。大部分志工往往熱心有餘，衝勁十足；惟因其未必學有專精，甚至連志願服務的基本理念亦一片茫然；以此條件投入志願服務行列，擔負起協處人的困難問題，有時難免感到力不從心，超越所能。因為，行善靠愛心，服務講方法；僅憑愛心，而不講方法，非但對於志願服務的成效可能大打折扣，尤更可能引發志工的挫折紛起而致參與興趣大減。為期減輕志工的壓力，並促使每位志工均成為快樂的志工，志工本身應該深切體悟服務方法的重要性與必要性，並潛心鑽研，力圖增強。在這方面，志工應該做到：

1.汲取新知、充實自我。

2.學習成長、知所開悟。

3.分享經驗、複製成果。

4.原諒錯誤、激勵自新。

◆要重視奉獻的服務價值

　　志工的可佩在於持續不斷地勇於付出，但不求回饋；雖如此，其付出的價值何在，應該予以重視；否則只有窮忙，並增加一些疲勞，實在毫無意義。所謂「服務價值」係指：志工應該瞭解服務對象的急切需求是什麼、服務對象的需求是否需要我們的服務、如何針對服務對象的需求凸顯出我們的服務所能創造的價值、服務對象是否在乎我們的服務所帶來的價值、服務對象所需要的服務是否被整體社會所接受或肯定、服務對象對於我們所提供的服務是否感到滿意。說實在的，志工的奉獻，應該重在服務價值的取得；凡服務

價值越高，志工必越感到快樂。依個人經驗，服務價值的展現，有
賴志工：

1.朝氣蓬勃、樂觀進取。
2.勇於負責、坦誠以對。
3.持之以恆、有始有終。
4.評估得失、致力創新。

(二)要以消極的「有所不為」作警惕

◆不要以另有目的的心態參與志願服務

志工參與志願服務貴在有心與誠心，絕對不應該懷有其他不正
當的動機存在；也就是說，千萬不可想藉志願服務之名達到非志願
服務之實的目的。如果這樣，則參與志願服務非但不能施惠於人，
反而可能造成他人的傷害；更甚的，或許會引發社會的亂象。個人
認為，志工欲求在服務中尋求樂趣，務須做到：

1.不勉強應付、牢騷滿腹。
2.不怨天尤人、怪東怪西。
3.不苛求獎勵、患得患失。
4.不別有所求、過分期待。

唯有如此，始能無憂無慮，其樂融融。

◆不要以參與志願服務而氣勢凌人

志工最需忌諱的是，切勿任意把自己貼上標籤，而表現出一副
不可一世的姿態；進而自以為平常急於助人，即使稍有違規，亦應
獲得特別寬宥。假若志工盡存這種心態，則志工越多，社會必定越
亂。大家應該知道，志工之所以受到社會一致的肯定與推崇，主要

就在其雖不斷付出，但仍不炫不求；不僅不致氣勢凌人，尤其更是彬彬有禮。所以，志工期求在服務中發覺樂趣，亦須做到：

1.不窮拉關係、猛耍特權。

2.不傲慢自大、狐假虎威。

3.不自命不凡、自認清高。

4.不天馬行空、光說不練。

◆不要因參與志願服務而造成壓力

志工應該把參與志願服務當作是一種學習、聯誼、休閒或運動，而不應該把它視為是一種負擔或累贅；如果志工把參與志願服務視為是一種負擔或累贅，則必造成個人的壓力；果如此，非但未能對他人有利，同樣地對自己也必有害無益。志工不論他能對社會產生多大的貢獻，但只要於服務時盡自己最大的努力全力以赴，毫不懈怠，就可以算是一個稱職的志工，這樣的志工也必定是一個快樂的志工。因此，志工要能做到不把參與志願服務當作一種壓力，而且滿懷喜悅，務須力求做到：

1.不逃避困難、畏首畏尾。

2.不遇挫則退、逢敗則餒。

3.不憂柔寡斷、變化無常。

4.不愁眉苦臉、鬱鬱寡歡。

◆不要把志願服務當作是一種表演作秀的工作

有的志工滿口「助人最樂，服務最榮」，但其參與志願服務並非出自自己內心的意願，而是看到芳鄰左右、親朋好友均紛紛參與，深以為他人能，我何以不能？因而「閹雞學鳳飛」（台語發音），自己也莫名其妙地跟著亂飛。結果人家做志工，真心做、努

力做，做得不亦樂乎；而他卻完全是表演式的、作秀式的，非但一點也不認真，而且還欲罷難言似的；簡直就是心不甘、意不願，勉強應付，毫無熱忱；像這樣的志工，期盼在服務中找到樂趣，絕對是緣木求魚，海底撈針。說實在的，參與志願服務，理念重於方法；缺乏正確的理念，而僅憑良好的方法，相信他的服務必定難以產生服務的價值，更難以成為快樂的志工。基此，志工要能獲取真正的快樂，應該把握下列基本原則：

1. 不自欺欺人、有名無實。
2. 不吹毛求疵、小題大作。
3. 不疲態百出、有氣無力。
4. 不斤斤計較、爭名奪利。

◆不要把志願服務認為是一種隨心所欲的工作

有些志工常認為志願服務是一種自由抉擇的奉獻工作，既無報酬，又無升遷，應該是愛怎麼做就怎麼做，做多少算多少，做的好壞又怎樣……，也就是完全持著一種蠻不在乎、隨心所欲的心態參與。以這樣的心態參與志願服務，對亟需獲援的服務對象，如果巧合碰到他的服務，真的是人生一大不幸。吾人深知，台灣有句諺語：「允人比欠人還慘」，那就是說，既然答應人家，就比欠人家債務還操心。既然志工的基本精神是只求付出，不計回報，那麼既然出自內心自發的意願，理應等同領薪的專職人員一樣，遵守運用單位的規章，兢兢業業，克竟事功，以有利於保障服務對象的應有權益；也唯有如此，才能從服務中體會助人最樂的感受。因之，志工應該：

1. 不但求付出、不計成效。
2. 不憑恃經驗、土法煉鋼。

3.不安於現狀、得過且過。

4.不爭功諉過、敷衍塞責。

如此才能扮演恰當的角色，並成為快樂的志工。

◆不要把志願服務視若是一種上班謀生的工作

有些志工完全沒有體認志願服務的真諦，因而，走火入魔一頭栽入志願服務的漩渦，把志願服務做得比上班還來勁；不但服務的單位多，而且服務的時數也超過正常上班的時間；每天東奔西跑，忙來忙去；看似奉獻良多，事實可能只有苦勞與疲勞。藉此個人要特別呼籲志工朋友建立共識的是，志工的付出應該重質不重量，一個志工每週服務單位以不超過三個，服務時數不超過九小時，且能持續不斷，持之以恆，就應已達到服務的標準；千萬不要抱著比賽的心態，致力爭取更多的服務單位及時數。因為，志願服務本來就是奉獻所餘，助人不足；它並非一種上班謀生的工作；如果要求自己如同上班一樣，全心投入，那便有違志願服務的基本精神。設若如此，非但不能因參與志願服務而獲得快樂，反而可能因負擔過重，而帶來無限的痛苦。所以，快樂的志工應該：

1.不好高騖遠、不切實際。

2.不有的無的、過猶不及。

3.不野心勃勃、期轉乾坤。

4.不好大喜功、圖挽狂瀾。

五、結語──自我惕勵、快樂無比

的確，追求快樂，不如發現快樂；快樂的指標實在很難界定。不過，個人認為，志工參與志願服務如果能夠經常以下列指標自我

惕勵，相信必能快樂無比。

1.如係自願，必能做得甘願。
2.如係誠心，必能做得開心。
3.如常磨練，必能做得熟練。
4.如常充實，必能做得踏實。
5.如能安分，必能知道守分。
6.如能知足，必能感到滿足。
7.如肯付出，必能表現傑出。

PART 2

進階篇

第7章
志願服務哲理

一、引言

　　志願服務是人類一種愛與關懷的自然行為的表現；參與志願服務非但要有只有「施」沒有「受」，只有「予」沒有「取」，只有「給」沒有「得」的心理準備；尤應展現但求「奉獻」不求「回饋」，只想「支出」不想「收入」，僅問「耕耘」不問「收穫」的大愛精神。事實上，如果你曾參與志願服務，相信你必定能從服務經驗中體會到，參與志願服務不但可享受「犧牲」、獲取「喜悅」、得到「心安」；尤可深切地感受到，參與志願服務最大的「回饋」應是：「無形」勝於「有形」；最大的「收入」應是：「精神」重於「物質」；最大的「收穫」應是：「福報」優於「酬報」。

　　說實在的，值此功利主義盛行、社會亂象叢生之際，在人生的旅程中，如果能夠經常保持「手心向下」，而免「手心向上」，相信人活在社會裡，必定感覺到格外有意義，且更有價值；因為，「手心向下」是助人，「手心向上」是求人；助人最樂，而求人最苦；設若得以快樂助人，總比痛苦求人更好。我們可以肯定的說，只要有心，並實際付諸行動；每個人都能成為「甘願做，歡喜受」的快樂志工。

二、志工應有的人生觀——退一步想，海闊天空

　　所謂「人生觀」（the philosophy of life）應指一個人對其生活的意義和價值的詮釋與評價的方法，也就是一個人對人生所秉持的態度。換言之，「人生觀」乃一個人透過社會化的過程，經由教育訓練、社會薰陶，由其性格、教養、學識、歷練、經驗等所累積形成對人生的看法。茲以推廣志願服務多年的經驗，個人深切體認，

參與志願服務的有志之士務須確實擁有「退一步想，海闊天空」的
價值觀念，才能毫無牽掛、快快樂樂的默默行善。

(一)心中有愛的人生觀

只要人人「心中有愛」，社會必能「溫情常在」；志工既以助
人、服務為宏願，就應抱持「心中有愛」的人生觀，隨時準備把愛
送給需要愛的人，把關懷送給需要關懷的同胞。

在這到處充斥講求人情事故的社會裡，幾乎事事都需要找關
係、託熟人，唯有志工，只要人們有需要，服務就到；所以，志
工所表現的愛一定是「真愛」；因為，志工的服務絕對秉持大公無
私、不偏不倚的作為；既無貴賤之分，也無親疏之別；一視同仁，
義無反顧。因之，志工這種「心中有愛」的人生觀可以說正是中國
傳統「俠骨柔情」的代表；因為「俠骨」，所以志工急公好義，由
於「柔情」，所以志工悲天憫人。

(二)為善最樂的人生觀

快樂是成功、財富與幸福的前驅和後果。「金榜題名時」、
「洞房花燭夜」固然是人生最大喜事；但如果當他人急切需要的
時候，能夠盡一己之力去幫助他人，相信其在內心所得到的快樂應
該更高；此乃所謂「為善最樂」的人生意境。一個人不論其知識、
地位、財勢如何，當他必須求人的時候，內心的感觸必然是五味雜
陳；而當他人有所求的時候，如果能有足夠的能力給予協助，則心
裡必感到無限的滿足與快樂；這就是聖經上所說的「施比受更有
福」的最佳註解。

吾人深知，內心真正的快樂應是一個人覺得自己不時從事一些
有益社會的活動，參加一些積德揚善的公益事業所感到的喜悅。志

願服務的眞諦本來就是一種奉獻、利他的偉大志業;所以,志工務須持有「爲善最樂」的人生觀,才能竭盡所能爲理想而奮鬥。哲學家告訴我們,爲善最樂的「樂」應是從道德產生出來的快樂;凡是爲理想而奮鬥的人必能獲得這種快樂,因爲理想的本質就含有道德的價值。

(三)人溺己溺的人生觀

人活著不應該只限於一己之私,即便是退潮的海水,也在海灘上留下美麗的貝殼。人之異乎常人而特別讓人感到偉大或值得尊敬,絕對不是在於他僅限於只顧一己之生命,而是當他人面臨最需要幫忙的時候,他能勇於伸出援手助人一臂之力。志工之所以受到社會大眾所肯定與嘉許,主要就在於當他人急待協助的時候,他能毫不猶豫,傾力相助;面對徬徨失措的人,他能主動關懷,協處急困。

說實在的,如果志工心想連自己的家庭都缺乏時間照顧,如何還能奢言服務人群、嘉惠社會,如此他在生活中必定總是感覺缺乏一些東西,在工作時也必定經常感覺勉強與無奈;因之,志工務須抱持「人溺己溺」的人生觀,視他人之不幸遭遇猶如自己的處境;則相信志工必能從生活的體驗中逐漸發覺自己想要的人生目標。

(四)憂人之憂的人生觀

「皇帝不急,急死太監」這句大家朗朗上口的話,可以說就是「憂人之憂」的典型寫實。志願服務的弘揚推廣就是要有這種多管閒事的「雞婆」,使出「自掃個人門前雪,猶管他人瓦上霜」的傻勁,才能使志願服務的果實一天比一天成長、壯大。

古人常說,「日頭赤炎炎,隨人顧生命」(台語發音),只要自己能夠三餐塡飽,平安無事,他人怎樣或他人發生什麼事情,

與我們有何相干。如果社會人人都存有這種想法，相信志願服務絕對沒有發展的空間；所以，志工務須破除這種迷思，抱持「憂人之憂」的人生觀；本著「先天下之憂而憂，後天下之樂而樂」的慈悲胸懷，把他人的苦難視同自己的苦難，把他人的不幸遭遇當作自己的感受；這樣才能真正發揮「我為人人，人人不必為我」的布施精神，而把志願服務做到盡善盡美的境地。

(五)無我至上的人生觀

佛家以為人之所以為非作歹或姦淫搶奪，完全是因為自私自利的「私」字所致。如果人不為私，便不會有許多不法的情事接二連三的發生。要想消除自私，必須先把「我」除去，每個人只要能夠把「我」去掉，則必能化戾氣為祥和，建構一個溫情洋溢的芬芳社會。

佛陀以為肉身的「我」並不是「真我」，因此，他主張發現真我，尋求真我；佛陀更指出，人們的痛苦，完全都是來自「自我」的幻想所引起的。所以，志工應該抱持「無我至上」的人生觀，拋棄「自我」，展現「置個人自我於度外」的無我精神；致力服務，散布溫情；如此才能真正遠離痛苦，免於怨尤。

(六)助人榮己的人生觀

志工為了完成扶危濟傾的神聖使命，在在務須展現「只求付出，不計代價」的仁心善舉，這種偉大的德操可以說正與佛教的慈悲為懷、基督教的博愛濟眾、道教的功德圓滿、天主教的福音廣被相互輝映，也正是國父所說的「助人為快樂之本」的最佳寫照。就事實而論，在這爭權奪利橫行、社會秩序紊亂的大環境中，志工還能秉持「志願服務，捨我其誰」的理念，在社會亂象中致力服務，在你爭我鬥中散布溫情，這種無為無求、無怨無悔的善行義舉，雖

或未能喚醒暴力的、感化自私的、說服圖利的；但亦足以使胡作非為的暴力者懺悔、一毛不拔的自私者汗顏、一夜致富的圖利者羞愧。所以，志工如能抱持「助人榮己」的人生觀，其行為舉止將是冷卻名利狂熱的清涼劑，尤是開創生命尊嚴的新標竿。

三、志工應有的自我期許——希望越高，失望越大

人無完人，千萬不要認為自己無所不能；因為，人不可能樣樣精通。聰明的人總是能正確認識自己；放縱自己，固然容易誤入歧途；但苛求自己，往往會活得太累。要想成為快樂的志工務須要有恰適的自我期許（self-expectation）；絕對必須破除好高騖遠、一步登天的奢望，而力求實事求是、一步一趨；因為，凡事「希望越高」，則必「失望越大」。

(一)只求做「螺絲釘」——無須做「大引擎」

凡是開過車的人多少一定都有經驗，一輛車子的故障，未必都是因為大引擎出了毛病，而任何一顆螺絲釘的鬆動，都有可能造成車子的拋錨。由此可以看出，螺絲釘與大引擎對整部車子而言，都有它既定的功能存在，只不過功能的大小有別而已。至盼志工應以扮演「螺絲釘」的角色自我期許，因為，任何一顆螺絲釘對於整部車子而言，其所產生的貢獻應該同樣受到肯定的。

(二)只求做「潤滑劑」——無須做「重機油」

吾人深知，一部機器如果長期閒置不用，突然間想要再啟動，有時未必能夠順利運轉，其主要原因或許因為機器久置生鏽；這時候，假若稍微點幾滴潤滑劑，可能機器就能夠立刻轉動，運作如

常。固然一部大機器的轉動需要有充足的重機油才能促成；但同樣的，在開始啓動的時候，如果不先點幾滴潤滑劑，就算重機油加得滿滿的，恐怕也無法順利運轉。由此亦可說明「潤滑劑」與「重機油」對整部大機器而言，也同樣有其不同的功能存在；至盼志工凡事必須務實，誓以做「潤滑劑」爲奉獻指標，無須虛懷大志，因善小而不爲。

(三)只求做「調味品」——無須做「大補帖」

一碗熱呼呼的麵，看起來應該很好吃，可是一入口似乎吃不出什麼味道來；但稍微加幾滴香油或其他佐料，就覺得湯頭好極了，吃起來津津有味，欲罷不能；足見小小的調味品所產生的作用仍然不可忽視。

志工既以助人爲己任，千萬不可存有「善小而不爲」的觀念，因爲志工是要做善事、做有意義的事，而不是要做大事、做豐功偉業。雖然調味品不像大補帖一樣能夠強壯人的身體，但它仍然應有其既存的作用；因之，至盼志工能以追求扮演「調味品」的角色爲先，無須強求一定要如「大補帖」那樣發揮不同凡響的特定功效。

(四)只求做「手電筒」——無須做「探照燈」

溫馨的社會裡，難免會有苦悶孤寂的朋友；炎陽的普照中，總會有些照射不到的陰霾之處。志工在社會上默默付出、貢獻心力，就如同黑暗中一盞盞明燈，其所散布的光與熱，不時在溫暖苦悶孤寂的人們，隨時在照亮每個陰暗無光的角落。縱使志工散布出來的光猶如手電筒的照明，其所照射的面積僅是局部的，但只要能夠發揮「愛及所需」的效能，它的貢獻應與探照燈同樣受到嘉許。

志工參與志願服務最需加強心理建設的，是不要過分異想天

開，不要以為只要自己加入志工行列，所有疑難雜症均能因你迎刃而解。至盼志工應以扮演「手電筒」的角色為榮，雖然手電筒的光不能像「探照燈」一樣強光四射，但是，黑暗的夜，只要有手電筒的光，相信必能指引暗中摸索的人順利到達他所要到的地方。

(五)只求做「小起子」——無須做「千斤頂」

社會越進步，分工越精細，行業不同，必各有所司；儘管各行業的所作所為互有差異，但就整個社會的需求面而言，每一部門應各有其不可磨滅的貢獻。所以，一個人固然不應該過分自我膨脹，但亦無須過於妄自菲薄；因為，社會的需求是廣泛的、多元的，缺一不可。

吾人深知，「聰明才智越大者，當盡其能力以服千萬人之務，造千萬人之福；聰明才智略小者，當盡其能力以服十百人之務，造十百人之福。」志工既以服務為目的，則須腳踏實地，量力而為；無須奮求像「千斤頂」一樣要舉千萬斤之重，結果導致超載之窘境；固然小起子僅能起起小鐵釘，但缺少了它，社會仍有諸多不便之處；因此，至盼志工不時應以只求做「小起子」自我策勉。

(六)只求做「巡邏警」——無須做「大捕頭」

「預防重於治療」應是人人皆曉的不變真理。就以社會治安為例，治安的嚴重敗壞，固然有賴大捕頭針對影響治安的殺人、搶劫、勒索、綁票、走私、逃稅等重大案件，發揮專業權威儘速偵破；不過，諸如宵小偷竊、兒童受虐、性侵害犯罪、家庭暴力、少年飆車、群眾互毆等事件，如果巡邏警能夠善盡職責，加強巡邏，相信對於犯罪事件的防範，亦必能產生一定的嚇阻作用。

志願服務貴在但求施予，不計回報；只要肯付出，相信對於社

會必有一定的貢獻；因此，至盼志工應以只求做「巡邏警」而心存滿足，無須奢望做「大捕頭」，企求創建震撼社會的輝煌功績；因為，此種想法只有徒增無謂煩惱，對於服務工作絕無任何助益。

(七)只求做「瞄子手」──無須做「指揮官」

消防員是火神的剋星，災害的終結者。消防員之所以受民眾稱讚、社會推崇，主要是因為：火災時，人家都往外衝，消防員必須往裡跑；颱風天，人家都躲在屋內避難，消防員仍須走出戶外救災。儘管消防員的一切作為都是為了圓滿達成搶險救難的神聖使命，但其任務的達成可以說完全有賴團隊精神的發揮；如果沒有專業負責的瞄子手群策群力，勇往邁進，相信僅靠指揮官卓越的領導統御，仍然無濟於事。

志願服務本是一種救人苦難、給人希望的工作；當人家緊急待援時，你能伸出援手；有人徬徨落寞時，你能適時給予關懷與鼓勵；這就是志願服務的最高意境。所以，至盼志工隨時以充當基層的「瞄子手」自居，無須奢求充當「指揮官」擔負重責大任；因為，兩者對於拯危救難、維護安全都有其不平凡的貢獻。

四、志工應有的基本素養──淬鍊自我，服務別人

志工既以助人為己任，服務為職志，除了應該體認志願服務的真諦，尤應持有「淬鍊自我，服務別人」的基本素養（basic-discipline），也就是應從修身做起，進而才能幫助別人，造福社會。

(一)以「七心」為起點

1.愛心：要慈愛廣被、樂善好施；不虛應故事、勉強應付。

2.誠心：要行之以誠、樂在服務；不華而不實、真偽混跡。

3.耐心：要溝通協調、廣納建言；不堅持己見、意氣用事。

4.信心：要建立自信、勇於任事；不畏首畏尾、躊躇不前。

5.恆心：要持之以恆、貫徹始終；不隨風而起、無疾而終。

6.同理心：要感同身受、將心比心；不刻薄責難、冷漠無情。

7.責任心：要崇本務實、克盡職責；不敷衍了事、光說不練。

(二)持「七力」作基石

1.定力：要堅定立場、屹立不搖；不朝秦暮楚、任憑擺布。

2.活力：要朝氣蓬勃、樂觀進取；不鬱鬱寡歡、膽怯木訥。

3.毅力：要剛毅不屈、勇往直前；不逢挫則退、遇敗則餒。

4.巧力：要充實知能、精研方法；不墨守成規、因循苟且。

5.群力：要敬業樂群、廣結善緣；不自負傲慢、排除異己。

6.親和力：要平易近人、和藹可親；不氣勢凌人、高不可攀。

7.應變力：要因勢利導、當機立斷；不顧東慮西、憂柔寡斷。

五、結語──以服務充實人生，用關懷散布溫情

總之，志願服務是一種犧牲奉獻、助人利他的崇高志業。一位稱職而受肯定的志工，必須要有：(1)純潔的動機；(2)正確的觀念；(3)真誠的態度；(4)熟練的方法。同時也要瞭解：(1)機構的政策；(2)組織的目標；(3)行政的程序；(4)社會的需求。

尤其志工之間及志工與督導之間更應建立互惠、互賴、互信、互補的友善關係；進而秉持「以服務充實人生，用關懷散布溫情」的信念；全心投入，全力以赴；甘願付出，歡喜承受；如此每一位志工將都成為勝任愉快、成就非凡的快樂志工。

第8章
志願服務面面觀

一、引言

志願服務在我國有稱：志願工作、義務工作、志願服務工作、義務服務工作；對於從事志願服務的熱心人士，有稱：志願工作者、義務工作者、志工、義工等。雖然其名稱各異，然在今日民主社會中的志願服務，其基本的信念至少應根源於個人：(1)奉獻誠心；(2)利他情操；(3)助人豪情；(4)服務壯志的仁義胸懷；(5)只問耕耘；(6)不求回收的自由抉擇。

依據上述的涵義，志願服務應該具有下列的主要特質：

1.志願服務是一種自由意志的選擇，絕非外力介入的驅迫。
2.志願服務是一種利他而非利己的志業。
3.志願服務是一種以個人節餘，達助人不足的具體行動。
4.志願服務是一種只問奉獻、不求回饋的神聖工作。
5.志願服務是一種有計畫、有目標的經常性作為。
6.志願服務是一種人人可參與、處處能展開的普遍性工作。
7.志願服務是一種應用科際整合的助人方法。
8.志願服務是一種施者與受者同蒙其惠的互動過程。
9.志願服務是一種貴在有恆、持續不斷的長期投入。
10.志願服務是一種以愛心為起點、用信心致效果的仁心義舉。

二、多數機構陸續運用志工的動機

1.認為志工可彌補機構人力資源的不足。
2.認為志工可協助機構拓展服務範疇。
3.認為志工可協助機構提升服務品質。

4.認爲志工可向機構直接回應民衆的問題與需求。

5.認爲志工可作爲機構與民衆之間的溝通橋樑。

6.認爲志工可協助機構處理一些非屬公權力行使的例行性工作。

7.認爲志工可協助機構與民衆提供較個人化的服務。

8.認爲志工可協助機構爲民衆提供更多溫馨關懷的機會。

9.認爲志工可作爲機構業務宣導的最佳媒介。

10.認爲志工可對機構專職員工產生激勵作用。

三、部分機構排斥運用志工的原因

1.認爲志工素質參差不齊，不能符合工作要求。

2.認爲志工參與服務的動機與誠意相當值得懷疑。

3.認爲志工的期望與要求無法予以滿足。

4.認爲志工不求報酬，較難管理，更難解職。

5.認爲志工的流動率與流失率大，會影響服務工作的推展。

6.認爲志工缺乏專業認知，對機構的協助、效用不大。

7.認爲志工的加入，會使機構員工感到不安或遭受威脅。

8.認爲志工會對機構帶來麻煩，影響團隊士氣。

9.認爲機構未有足夠的時間和精神訓練志工。

10.認爲機構缺乏甄選及任用志工的專業知能。

11.認爲機構缺乏同仁間的支持，任何人無法獨力承擔運用志工的成敗責任。

12.認爲機構根本沒有長期運用志工的計畫。

四、正確認識志工的基本需求

志工參與志願服務應有下列的基本需求：

(一)「歸屬感」的需求

「歸屬感」的需求（the need for the feeling of belonging），此乃志工企盼隸屬志工團隊，凝塑團隊意識，進而塑造相互依賴、相互信任的工作氣氛，建立共同價值觀念與服務目標的需求。

(二)「參與感」的需求

「參與感」的需求（the need for the feeling of participation），此乃志工企盼在服務過程中吐露心聲，表達意見，進而提供看法與參與決定的需求。

(三)「方向感」的需求

「方向感」的需求（the need for the feeling of orientation），此乃志工企盼督導人員明確告知應有的任務，誠懇給予正確的導航，進而讓志工想做，而知道怎麼做；肯做，又能做得好的需求。

(四)「新鮮感」的需求

「新鮮感」的需求（the need for the feeling of freshness），此乃志工企盼突破傳統，跳脫窠臼，進而追求工作模式多樣化與工作性質有挑戰的需求。

(五)「使命感」的需求

「使命感」的需求（the need for the feeling of mission），此乃志工企盼全心投入，全力以赴，進而協助機構完成任務與實現目標的需求。

(六)「樂趣感」的需求

「樂趣感」的需求（the need for the feeling of fun），此乃志工企盼尋求工作刺激，接受工作考驗，進而體會享受犧牲與工作樂趣的需求。

(七)「自我感」的需求

「自我感」的需求（the need for the feeling of uniqueness），此乃志工企盼感受尊重，獲得肯定，進而能夠顯露自我特性與自我價值的需求。

(八)「激勵感」的需求

「激勵感」的需求（the need for the feeling of encourage-ment），此乃志工企盼普獲接納，廣受鼓舞，進而贏得掌聲，增強信心的需求。

(九)「成就感」的需求

「成就感」的需求（the need for the feeling of achievement），此乃志工企盼能夠真正發揮功能，展現成效，進而協助服務對象紓解急困，化戾氣為祥和的需求。

(十)「榮譽感」的需求

「榮譽感」的需求（the need for the feeling of honor），此乃志工企盼秉持「予與取皆有幸」、「施與受皆有福」的理念，進而感受到以給人希望為榮與救人苦難為樂的需求。

五、妥善運用志工應有的先決條件

(一)政策計畫要制定

凡事豫則立，不豫則廢；運用志工務須政策明朗，計畫周詳；俾使志願工作的推展，能在明確的指導方針下循序漸進。

(二)甄選任用要審慎

來者不拒是推展志願工作失敗的主因；為免請神容易送神難，寧可先小人後君子；運用志工務須甄選細膩，任用謹嚴。

(三)任務分配要明確

凡事不要在想像中建立障礙；為免志工猶如「無舵之船」，迷失航向；運用志工務須對志工應負的任務作清楚、明確的交待。

(四)服務過程要支持

重視與肯定是維繫志工的最佳動力；冀使志工的參與，確實發揮應有的功能；運用志工務須對志工的服務過程，予以適當的關注、輔導與支持。

(五)工作士氣要激勵

激勵是一種刺激，也是一種驅力；志工獻身服務，所求無他；旨在希望獲得機構的肯定與尊重。運用志工務須善加應用激勵方法，透過對志工的不時關懷與鼓勵，以激發志工的持續參與。

(六)教育訓練要落實

教育可變化個人氣質，訓練可充實工作知能；運用志工務須落實教育訓練，以期有計畫、有步驟、有效益地增強志工從事志願服務的方法與技巧。

(七)心理互動要暢通

志工的支持力量在機構，志工的需求滿足更決定在機構；運用志工欲期產生最佳利益，務須機構同仁與志工之間的意見交流與心理聯繫暢通無阻、互動無礙。

(八)督導體系要健全

志願服務工作的順利推動有賴健全的督導體系；運用志工務須對於志工朋友與機構員工的層級關係與管理層次，建立完整、清晰且有意義的督導體系。

(九)獎勵表揚要公正

志工參與志願服務，絕對不應該是以獲取獎勵表揚為目的：惟獎勵表揚對於志願服務的弘揚推廣，確有其肯定的激勵作用。運用志工務須秉持公正客觀的態度，對於志工的善行義舉適度地予以獎勵表揚，以達鼓舞士氣，並收見賢思齊之功效。

(十)制度規章要建立

制度是強制約束的規範紀律，規章是行為規範的制約準則。運用志工對於志工的甄選任用、教育訓練、福利聯誼、獎勵表揚及組織運作等各方面，務須建立周密完備、持久可行的制度規章，以求志願服務工作的永續經營。

六、結語──發揚「七度」空間，追求「雙贏」成果

志工要能不負眾望，弘揚效能；個人認為，務須志工夥伴攜手連心，有效發揚「七度」空間，致力追求「雙贏」成果；則志工散為萬殊、集為一體的光與熱，深信必能廣為輻射，照亮社會上需要愛與關懷的每一個角落。

(一)有效發揚「七度」空間

1.宗教家的「熱度」──身隨心赴。
2.運動家的「速度」──及時參與。
3.哲學家的「廣度」──弘揚推廣。
4.科學家的「深度」──找尋意境。
5.數學家的「精度」──實事求是。
6.藝術家的「巧度」──講求方法。
7.企業家的「效度」──力創紅盤。

(二)致力追求「雙贏」成果

1.「施」者──滿面春風送關愛。
2.「受」者──笑顏逐開長緬懷。

第9章
志工的角色及任務

一、引言——現代志願服務的理念

(一)傳統的觀念

傳統的觀念常常認為：

1. 只要抱著慈悲為懷、樂善好施的心理就可做志願服務，且把志願服務完全當作是一種單方面的施捨。
2. 志願服務只是為了減輕受薪人員或專業人士的工作負擔，且服務單位常把志工當作是「愛管閒事的雞婆」或「免費廉價的勞工」。
3. 只有家庭富有、不愁衣食，且有足夠空閒的人才能參加志願服務；說實在的，這些觀念都是陳舊、落伍的看法。

(二)現代的理念

但就現代、前瞻的理念而論：

1. 志願服務應是人類一種「愛」與「關懷」的自然行為，它可拉近人與人間的距離，對於減低社會存在的「疏離感」及強化人際關係的「歸屬感」應有一定的幫助。
2. 志願服務的推廣可有效運用社會充沛的人力資源，用以彌補、加強及發展各項服務之不足，以促進社會之健全發展。
3. 志願服務的發揚光大應是「公民意識」的培養與凝塑；而所謂「公民意識」係指人們秉持「命運共同體」的認知，其日常生活、社會行動的態度與模式，除了要為自身利益考慮外，也應站在「公共」的角度，為社會做出積極性、建設性

的考量與實踐。

綜上觀之，志願服務應指任何人只要志願貢獻時間及精神，在只問耕耘、不求回饋的情況下，致力於改造或促進所提供的服務；它可增強群己關係之融洽，更可增進人類社會之福祉。

(三)「志工」與「義工」之別

至於「志工」或「義工」究竟如何稱呼為宜？到目前為止仍有參與志願服務的朋友經常提出疑問，而且似乎對此問題困擾不已；其實那都是多餘的憂慮，不論「志工」或「義工」，只要你喜歡，怎樣稱呼並無不可；例如：福利志工、文化義工、環保義工、勞動志工、鳳凰志工……各種稱呼在在皆是。不過，如要嚴格區分，「志工」顧名思義乃「志願工作」，而「義工」則為「義務工作」，故二者之不同為：

◆志願工作是所「願為」，義務工作是所「當為」

「願為」是屬於道德之範疇，無任何拘束力，只要不在法令許可範圍之外，凡是心之所願，性之所趨，愛怎麼做就怎麼做。而「當為」是屬於法的體系，縱使做得相當無奈，也必然非做不可，如有違背，應受懲處。

◆志願工作是「服務」，毫無界線；義務工作是「責任」，應有限定

志願工作是個人本「助人最樂，服務最榮」的意念，為所願為，其本質是積極，予取之關係不必對等，應無權利、義務之爭執。義務工作是法令規定人民應負的責任，非為不可，其本質是消極的，予取之關係乃交換之行為，既是義務，則小應享有權利。

總之，「志工」與「義工」幾乎已成為當今社會服務活動中大家所耳熟能詳、朗朗上口的通用名詞，一般人對此二者並無嚴格之

區分，完全任憑個人之習慣認知而稱之。雖然如此，個人認為仍以採行「志工」一詞為宜，因為「志願服務」乃個人本犧牲奉獻、助人榮己之精神，出自內心所願為的一種志業或事業，它絕對不是一種負有責任而所當為的義務工作；尤其「志工」更蘊涵著「志定於前，功成於後」之深遠意義，況且「志願服務法」第3條亦明文規定，志願服務者簡稱為志工。不過在此特別要提及的是，志願服務一直強調貢獻有餘，助人不足：其所謂「有餘」，應係指「節餘」而非「剩餘」，是指「膽餘」而非「結餘」。倘若「志工」朋友人人均能秉持正確的理念、執著的定力，學習技巧、運用方法，妥切扮演螺絲釘、及時雨、潤滑劑、調味品、小起子、瞄子手或救世軍的角色，發揚燃燒自己、照亮別人的精神，同心協力將個體行為連結成整體力量，則必能充分展現轉化社會、造福人群之功能。

二、影響志工致力服務的因素

推廣志願服務絕非單方面的期望與努力，務須：(1)任用志工的單位；(2)參與服務的志工；(3)接受服務的對象三者之間良性互動及緊密配合，志願服務工作的推動始能達到預期的效果；否則，即使任用志工，不但對業務單位未必有所助益，而且對服務對象亦必無濟於事；一般言之，影響志工致力服務的因素不外：

(一)政策未明

1.機構對於推廣志願服務缺乏明確的政策目標與完善的推行方案。
2.機構沒有完整的工作架構配合運用志工的需求，致使志工未能在明朗的政策期望下，提供更多、更有意義的服務。

3.機構的領導者對於運用志工的效能抱持質疑的態度，雖未反
　對，亦不表支持，完全採取可有可無的放任政策。

(二)指令不清

1.機構內部的督導架構繁複重疊，對志工未能提出一致的要
　求。
2.機構的督導體系多頭馬車，且又缺乏清楚的指示，志工不知
　如何是好。
3.機構未能建立完整的督導體制，下達的指令出自多門，志工
　究應向誰負責，毫無所悉。

(三)任務模糊

1.志工不清楚機構的期望、要求及標準。
2.志工未瞭解其在機構服務的職責範圍及工作權限。
3.志工由於任務模糊不清，常會超越專職人員的職權，而造成
　誤會，影響志工與員工之間的互信。

(四)互動欠佳

1.機構員工懷疑志工參與服務的熱忱度與穩定性。
2.機構員工質疑志工的能力是否足以因應工作要求。
3.機構員工常因志工容易取悅服務對象，而造成其工作表現的
　壓力。

(五)溝通不良

1.機構員工對志工的表現，未能有效反映其認許之評價或改進
　之建議。

2.志工對機構員工的態度,也同樣不便反映其溝通之不良或期待之不滿。

3.機構缺乏溝通管道讓決策者與督導人員雙方仔細商討,提出加強運用志工的可行計畫。

(六)督導不足

1.志工督導由於專業知能不足,未能細心規劃,妥適安排志工的服務項目。

2.志工督導傾向安排志工做一些較不重要或簡單的瑣碎工作,或更甚者,常將自己應該承擔的工作推給志工去執行。

3.志工督導對於分配志工所擔任的服務工作,未能給予適當的指引及充分的協調。

(七)訓練不夠

1.機構未能提供志工參加教育訓練、充實服務知能的機會。

2.機構未能透過個案討論、工作座談或定期研習的方式,讓志工獲得增強學習、矯正錯誤的管道。

3.機構未能設法給予志工學習新技能或增加責任感的歷練時機。

(八)激勵無方

1.志工督導很少利用業務上的互動機會支持志工的工作或給予志工適度的讚賞。

2.機構對志工表現之優劣,缺乏客觀、公正的獎懲標準,常使志工在是非不分的情況下,影響工作士氣。

3.機構或志工督導未能適時向有關單位爭取志工獎勵表揚的機

會，即使爭取，亦常徇私偏袒感情較好的志工，致使激勵不公，造成負面作用。

三、志工應有的角色

任何有志之士，不分年齡、性別、學歷、職業、種族、宗教或政治背景，只要肯誠心利用自己的時間去承擔社會的責任，拿出勇氣面對可能產生的困難和挫折，不為任何酬勞，努力為改造社會或促進祥和而奉獻服務，均可成為可敬的志工。惟大家要彼此共勉的是，固然志工是志願付出，不求回報，但只要充當，就應委為扮演應有的角色；切忌為趕時潮，敷衍應付，破壞志工形象，遭受社會非議。在此僅就個人體驗，對於志工應有的角色略述管見，至盼敬愛的志工朋友相互勉勵。

(一)對服務對象而言，其應扮演的角色

◆關懷者

擔任志工的朋友，基本的前提是要以愛心為起點，而以關懷為基石；也就是要盡其所能讓遭遇急困的同胞，在接受真誠的關懷中，感到有信心，覺得有溫情，而能努力奮進，衝破難關。

◆支持者

志願服務是一種助人的行為，志工的精神總期能使亟待協助的不幸者，及時解決問題，化險為夷；惟作為一個支持者，應該設法支持服務對象增強自我照顧的能力，讓其在受助之餘感受到既溫馨，又有尊嚴。

◆建言者

志工面對求助者的困難問題，應該抱持誠懇的態度為其提供解決困難問題的建議，而非代其主導一切紓困的作為；故其建言務須中肯而實際，絕不可反客為主，強迫接受。

◆行動者

志願服務不能僅憑意念，而不付諸行動；或空談理論，而不履行。志工既然出自內心的啟發而想奉獻，則須想做、肯做、而真做；尤其更應持之以恆，全力以赴；凡是隨風而起的作秀式服務，不但自欺欺人，也毫無意義。

(二)對運用單位而言，其應扮演的角色

◆輔助者

志願服務的主要功能之一，就是它能彌補機構業務之不足，而收輔助未及之功效。志工不論其所參與的服務項目為何，其所作所為均應配合機構的服務計畫及有關規定，務求輔助服務機構確能加強各類服務的發展。

◆媒合者

志願服務是一種人性極致發揮的藝術工作；志工由於服務工作的積極參與，不但可作為機構、社區與服務對象的橋樑，尤可扮演媒合者的角色，拉近彼此之間的關係；化分歧為一致，融己見為整體。

◆轉介者

志工朋友絕非萬事通，不可能對任何求助者所發生的問題，均能提供完全的協助，迎刃而解；因為，每一個機構均有不同的性質與功能。志工人員如果碰到服務機構或本身能力所未及的問題，應

該迅即協助尋求適當的機構，立刻妥予轉介。

◆開拓者

志願服務由於社會需求日益殷切，志工朋友所展開的服務項目，經由耳之所聞、目之所見或心之所感，不應僅限於過去的人飢送飯、天寒施衣的慈善服務；志工經由精實的教育訓練，在機構督導的指導下，應該嘗試開拓一些更為新穎且富有意義的服務範疇。

(三)對整體社會而言，其應扮演的角色

◆社會建設的參與者

志工本著要取先予、要收先種，甚至進而能秉持「施者不圖報」的理念，致力服務，為社會不斷地提供愛與關懷；這種志工積極參與各類社會服務的過程，事實已正扮演著社會建設參與者的角色。

◆社會改革的催化者

志願服務的弘揚推廣，洶湧澎湃；奔流所及，激盪推行，不但可美化自己，更可造化社會；志工朋友的個人所為，看來只不過是點滴枝節，微不足道；但如匯集而成，則必猶如百川奔流，沛不可擋；其相互推動的力量，不但可形成溫和的心靈改造運動，尤可為社會改革帶來一股無形壯大的催化力量。

◆社會教育的示範者

所謂「社會教育」應該是一種繼續教育、全民教育、終身教育及全面教育；它不僅可將教育活動推廣到整個社會，尤可將教育內涵擴及到人類生活的每一個層面。志工朋友推己及人、致力服務的善行義舉，對個人而言，雖是自我心性的陶冶與人生意境的提升；對社會而言，應是社會大眾學習仿效的良好示範與見賢思齊的最佳

楷模。

◆社會和諧的促進者

　　隨著社會結構的轉變，功利主義的盛行，人與人之間的關係逐漸疏離，促進人際關係的脈絡及管道亦受到重重障礙；但我們深信，人性本善，人間有愛；透過志願服務的弘揚，志工善行義舉的展現，不但可濃化人際關係的溫情，更可抗衡社會變遷導致的冷漠與疏離；因此，志工的積極參與，應是強化社會關係、促進社會和諧的動力。

四、志工應有的任務

　　志願工作者雖是發自內心志願奉獻，但一旦參與，就應如同領薪的專職人員一樣，努力以赴，克盡職責，堅守志工倫理，肩負所賦予的任務。

(一)對志工本身而言

◆自我瞭解

　　志工應深切瞭解服務的性質與目標，是否符合自己的志趣與能力。

◆負責盡職

　　志工應具有責任心與使命感，對承諾的服務工作，務須排除萬難，盡力完成。

◆永續經營

　　志工應持之以恆，無論對短期性或定期性的服務，均需持續參

與，履行任務；如有變動，亦應事先告知。

◆接受訓練

　　志工應樂於參加教育訓練，力求充實工作知能；對工作上所發生的困難或疑問，應主動提出，虛心求教。

(二)對服務對象而言

◆誠懇以待

　　志工對於服務對象應秉持關懷與協助的理念，以友善、熱忱的態度提供服務；絕對不可存有施捨、憐憫的心態。

◆瞭解需要

　　志工應設法認識及瞭解服務對象的實際需要，設身處地、感同身受地去探析服務對象的困難及處境，並作誠意的認同與回應。

◆協處問題

　　志工應絕對尊重服務對象的想法及決定，不可將個人的價值觀念強求服務對象接納。

◆保持和諧

　　志工應與服務對象維持適當及良好的友誼關係，但應避免造成服務對象對志工的過分依賴；尤需尊重服務對象的隱私權。

(三)對運用單位而言

◆恪遵機構規則

　　志工應認識運用單位的服務宗旨及工作範圍，恪遵單位規則及督導人員提示，不可擅作主張或越俎代庖。

◆**維護機構形象**

　　志工對不瞭解的事情不可任意妄加批評，如有期待改善的意見，應適時、委婉地提出。

◆**建立互動關係**

　　志工應與機構的督導人員保持密切的互動關係，按照規定報告工作情況與進度，並虛心接納督導的意見，如有疑難應主動與督導溝通，共商解決之道。

◆**檢討服務績效**

　　志工應積極參與機構所舉辦或推介參加之教育訓練及研討活動，對於服務的效果應審慎檢討，並應客觀而負責任地向機構提出改善或發展服務的建議。

五、激發志工積極參與的前提

(一)尊重意願

　　志願服務的推展應尊重志工自己的意願，在沒有工作壓力和精神負擔的情況下，讓志工貢獻自己節餘的時間和精力。

(二)迎合志趣

　　機構對於服務項目的指派，應力求符合志工本身的興趣、需求與期望，以激發志工強烈的參與感。

(三)善用專長

對於志工服務工作的安排，除應強調服務的價值和意義，尤應關注到善用志工專長，讓志工充分發揮自我潛能。

(四)賦予使命

志願工作雖是一項不計酬勞的服務工作，但仍應讓志工深切瞭解其工作的重要性，嚴謹負責地完成其使命。

(五)增進成長

服務也是一種學習，如能從服務經驗中讓志工運用智慧，面對工作挑戰，增進成長機會，則必能增強志工熱烈參與的動力。

(六)加強訓練

訓練是汲取新知、充實技能的途徑，志願服務的推展應能提供志工適當的教育訓練，藉以增強志工參與服務的信心。

(七)激勵士氣

鼓勵可提高工作效率，一些來自機構、督導、同工及服務對象等對志工的認同與嘉勉，相信應是維繫志工永續參與的有效誘因。

(八)訂立規範

規範是行動的方針，機構運用志工到底要其協助處理哪些事務，及志工究應遵守哪些機構規則，均應明確規範，否則，志工無所適從或漫無頭緒，勢必影響其積極參與的恆心。

六、結語

　　因應政策趨向與社會需求，志願服務的推動應可從慈善性、福利性的範疇，推展到預防性、發展性的層面；而服務對象也不一定局限於弱勢族群。就事實而言，社會上龐大的志工資源如能善加整合運用，合力推行一些創新性、開拓性的服務方案，鼓勵民眾同胞互助互愛、尊重關懷，對提高生活品質，促進社會福利定有積極的作用。盼望志工朋友群策群力，相互策勉，致力塑造良好的形象，共同開拓璀璨的未來。

第10章
志工應有的社會福利認知

一、引言

　　志工提供服務的對象大都以弱勢族群居多，隸屬社會福利的領域；因此，志工對於社會福利的概念應該要有一定程度的認知，以期得以因應需要，真正發揮服務的效能。美國加州大學華德‧弗蘭德教授（Walter A. Friedlander）認為，「社會福利」（social welfare）是一種用以協助個人與團體獲得生活與健康的適足標準之有組織的福利服務；透過這種服務期使每個人得以發展其充分能力，增進他們所在社區生活需要的福祉，而達到個人和社會關係的和諧發展。我國台灣大學社會工作學系林萬億教授則指出，社會福利包括兩個重要的面向：(1)人們從社會得到什麼（方案、給付、服務）？(2)人們的需求（社會、經濟、教育與健康）被滿足到何種程度？

二、社會福利的目的

　　依據行政院於民國93年2月13日修正核定之「社會福利政策綱領」揭示，社會福利的目的在於保障國民之基本生存、家庭之和諧穩定、社會之互助團結、人力品質之提升、經濟資源之累積及民主政治之穩定，期使人民能夠生活安定、健康，且有尊嚴。

三、社會福利的範圍

　　行政院於民國101年1月9日修正核定之「中華民國建國一百年社會福利政策綱領——邁向公平、包容與正義的新社會」明白揭示，社會福利的範圍區分為：社會救助與津貼、社會保險、福利服務、健康與醫療照護、就業安全、居住正義與社區營造等六大項。在此

謹將狹義的社會福利：社會救助、社會津貼、社會保險及福利服務等與志工提供服務時應有的基本認知，將其重點內涵臚列如後。

(一)社會救助

係指國家透過資產調查，對所得低於貧窮線的國民，以及因緊急事件或突發狀況而產生困境的國民，基於生存權應予保障的人道精神，予以經濟之保護，以滿足其基本生活需求，或維持其最低生活水準。其財源來自國家的稅收（周怡君，2009）。依「社會救助法」規定，社會救助包括：生活扶助、醫療補助、急難救助及災害救助。

1.生活扶助：旨在保障收入低於貧窮線標準之低收入家庭得以維持基本生活。
2.醫療補助：旨在保障低收入者得有能力接受醫療照護，以恢復身體健康。
3.急難救助：旨在協助遭受緊急困難者得以即時脫離困境，而免淪為低收入者危機。
4.災害救助：旨在協助因遭遇突發事故者，免於影響家庭正常生活功能。

「建國一百年社會福利政策綱領」對社會救助措施計有下列各項規定，擇重列述如下：

1.政府社會救助之設計應以能維持國民之基本經濟生活水準。
2.政府應定期檢討社會救助的請領資格、給付水準及行政程序，以確保國民得到適切的救助。
3.政府應積極協助低所得家庭累積資產與開創人力資本，鼓勵其家庭及早脫貧。
4.政府應提供低所得家庭多元社會參與管道，擴增其社會資

源，避免社會排除。

5.政府應結合民間資源提供補充性之社會救助，讓無法納入救助體系的弱勢者得到適時協助。

6.政府對於國民因重大災難所造成的損害，應施予災害救助，以利國民儘速生活重建。

7.政府對於國民罹患嚴重傷病無力負擔所需醫療費用，應予以補助。

8.政府對於國民因遭逢急難變故致生活陷困，應予以急難救助，提供及時紓困。

9.政府應結合金融機構推展微型貸款、微型保險、發展帳戶、逆向房貸、財產信託等方案，增進弱勢民眾資產累積或抵禦風險的能力。

(二)社會津貼

它係對社會特殊群體所提供的現金給付、費用補助與費用優免，其目的在於力求社會特殊群體生活機會的平等。社會津貼的財源來自國家的稅收（周怡君，2009）。當前我國實施的社會津貼計有：中低收入老人生活津貼、中低收入老人重度失能者特別照顧津貼、老年農民福利津貼及榮民院外就養金。另「建國一百年社會福利政策綱領」亦明定：社會津貼應因應國民特殊的需求而設計，針對社會保險不足之處予以補充，逐步整合成國民基本所得保障。

(三)社會保險

它是由政府所主辦，藉由強制多數人口的投保行為，以分擔發生的生活風險，保障被保險人之經濟生活與身心健康，並具有所得重分配功能之非營利性的社會安全制度。其財源以被保險人繳納的

保費收入為主（周怡君，2009）。完整的社會保險體系應包括：健康保險、年金保險、就業保險、職業災害保險及長期照護保險。其中除長期照護保險正在積極規劃實施外，茲將其他四種社會保險的重點內涵分述如下：

◆全民健康保險

主要功能在保障全體國民的身心健康。依我國「全民健康保險法」規定，凡具有中華民國國籍，在台閩地區設有戶籍四個月以上者，均應參加全民健康保險。在保險期間發生疾病、傷害或生育等事故時，則由保險醫事服務機構提供門診或住院醫療，並由被保險人分擔掛號費和部分醫療費用。

◆國民年金保險

主要功能在確保未能於相關社會保險獲得適足保障之國民於老年及發生身心障礙時之基本經濟安全，並謀其遺屬生活之安定。此保險之保險事故，分為老年、身心障礙及死亡三種。被保險人在保險有效期間發生保險事故時，分別給予老年年金給付、身心障礙年金給付、喪葬給付及遺屬年金給付。

◆就業保險

主要功能在保障勞工於失業一定期間得以維持基本生活之安定，並輔導其儘速重新就業。依我國「就業保險法」規定，年滿15歲以上，65歲以下，受僱之本國籍勞工，均應以其雇主或所屬機構參加就業保險。其保險給付分別有：失業給付、提早就業獎助津貼、職業訓練生活津貼、失業之被保險人及隨同被保險人辦理加保之眷屬全民健康保險保險費補助等五種。

◆職業災害保險

主要功能在保障勞工於工作期間，不幸發生事故，遭致身體受

到傷害，補償其因公受傷遭受的損失。此項保險之保險費原則上由雇主全部負擔，以責成雇主重視改善勞工工作環境，確保勞工工作安全。

「建國一百年社會福利政策綱領」對於社會保險措施計有下列重點規定，分別列述如下：

1.社會保險之目的在於保障全體國民免於因年老、疾病、死亡、身心障礙、生育，以及保障受僱者免於因職業災害、失業、退休，而陷入個人及家庭的經濟危機。
2.社會保險應兼顧個人與家庭的所得安全，以及各人口群、職業別的所得重分配效果。
3.社會保險應依公平正義原則對經濟弱勢者提供保險費之補助，且給付應考量適足性，以維持被保險人的經濟安全。
4.社會保險之退休給付與老年給付，應以年金化、年資可隨個人移轉的原則來優先設計。

(四)福利服務

◆兒童福利服務

1.托育服務：現代社會，年青夫妻以雙薪家庭居多，如有子女，因夫妻都要上班，其子女的照顧乃成為面臨的最大問題。因此，政府社會福利的推動，在兒童福利服務方面，托育服務乃成為迫切的需求之一。基此，政府自行或結合民間力量普設：幼兒園、安親班、臨時托育中心、兒童課後照顧中心、托嬰中心等，乃為民眾亟切需要的兒童福利需求。
2.兒童保護：近年來，兒童虐待案件頻傳，少數家長經常誤以為孩子是自己生的，要讓他怎樣就怎樣，殊不知兒童人權應

予以保障。惟兒童保護務須人人發揮「幼人之幼」的精神，勇敢充當兒童的守護神，如果發現鄰里、社區有兒童遭受虐待之情事，應立即向各縣市設置之二十四小時婦幼專線「113」舉發報案或請求協助，俾受虐兒童得以及時脫離困境，快樂、平安地成長。

3.發展遲緩兒童早期療育：發展遲緩兒童是指在認知發展、生理發展、語言及溝通發展、心理社會發展或生活自理技能等方面有疑似異常或可預期有發展異常情形，並經衛生主管機關認可之醫院評估確認，發給證明之兒童。至於早期療育，則指由社會福利、衛生、教育等專業人員以團隊合作方式依未滿六歲之發展遲緩兒童及其家庭之個別需求，提供必要之治療、教育、諮詢、轉介、安置與其他服務及照護。發展遲緩兒童如未能及時提供早期療育，時間拖得越長，治癒的成功率越低，最後可能轉變成障礙兒童，則不但是兒童個人之不幸，也是家庭的不幸，更是社會的負擔。因此，政府對於此項福利服務，應透過各種管道加強宣導，籲請家長重視。

◆少年福利服務

1.輔導保護：少年正值叛逆性最高的時期，如果未能好好加以管教，稍不注意就容易出些亂子。且少年最易受同儕團體的利誘，逃學、中輟、結盟鬧事；特別是女孩子更易受到物慾的驅使，而陷入特殊營業場所，貪圖安逸不可自拔。諸如此類，政府應採行心理諮商、心理輔導、緊急救援、收容安置、習藝訓練、追蹤關懷及對加害者的嚴厲處罰等措施，預防少年不幸事件之發生，促使少年身心健全發展。

2.訓練就業：少年能夠唸書就應該讓他依照教育的學制逐步力爭上游，若其對唸書沒有天分，甚至強烈排斥，就不必勉強

硬逼；而可考慮改變方向，勸導其依個人興趣，選擇參加職業訓練，學得一技之長，勝過家財萬貫，而在學成之後，協助其順利就業，開始學習獨立的生活。因為，行行出狀元，未必唸書才能成大事、賺大錢，學做麵包、學烹調、學裁縫……，而赫赫有名，揚名世界仍在在皆是。因此，政府應該結合民間力量大力推展職業訓練、就業輔導等福利措施，鼓勵有志少年踴躍參與。

3. 休閒活動：為了讓少年能有正當的休閒活動場所，各地方政府普遍設置綜合性少年福利服務中心，提供少年教育、諮詢、休閒、娛樂等福利服務。另外，各地方社政單位亦經常結合民間團體共同辦理有益少年身心健全發展的休閒活動，滿足少年身心的需求。此等做法，在在顯示政府對於少年福利服務的重視。

為有效增進兒童及少年福利及保障兒童及少年權益，原「兒童及少年福利法」特別於民國100年11月30日修正核定為「兒童及少年福利與權益保障法」，另「建國一百年社會福利政策綱領」對於兒童及少年福利的增進及權益的保障，也有明確規定，茲將其擇重列述於後。

1. 政府對經濟弱勢之兒童及少年應有適切協助，以提升生活品質。
2. 政府與民間應協力營造有利於兒童與少年身心健全發展之環境。兒童與少年其家庭或照顧者若有經濟、社會與心理支持、衛生醫療、及其他有關家庭功能發揮之需求時，政府應給予協助。當原生家庭不利於兒童與少年的身心健全發展時，政府應保護之，並提供適當之照顧或安置資源，以利其健康成長。

3.政府應整合社會福利、衛生、教育等部門，提供兒童早期療
育服務。

4.政府應建構完整之兒童教育與照顧服務體系，落實整合托
兒、學前教育及學齡兒童課後服務，並對處於經濟、文化、
區域、族群發展等不利條件下的兒童及少年，保障其接受平
等普及且高品質之照顧支持的機會。

5.政府應結合民間協助兒童與少年建立自尊、培養社區歸屬
感、熱愛生命、因應生活壓力、學習獨立自主、參與公共事
務及發展潛能。

◆婦女福利服務

1.就業支持：現代社會，為了維持家庭生活需要，婦女投入就
業市場的比率日益增加。因此，婦女就業支持乃成為政府推
動婦女福利服務的重要課題，在這方面，最重要的是：避免
婦女就業歧視、同工不得不同酬；另外，有關婦女投入勞動
市場時子女照顧問題及婦女二度就業第二專長訓練等，都是
政府不容忽視的婦女福利措施。

2.婦女保護：我國憲法增修條文明定：國家應維護婦女之人格
尊嚴，保障婦女之人身安全，消除性別歧視，促進兩性地位
之實質平等；顯見政府對於婦女保護之關注。目前台灣地區
各縣市均設有二十四小時提供服務的「婦幼專線──113」，
萬一婦女不幸遭遇家庭暴力、性侵害、性騷擾等人身安全事
故時，均可善加利用婦幼專線，提供緊急救援、心理支持、
關懷輔導、陪同偵訊、心理諮商、法律諮詢及轉介服務等保
護措施，協助不幸婦女度過恐怖的難關。

3.諮詢服務：面臨社會結構的急遽變遷，婦女角色亦隨之有所
轉變。當代婦女經常必須面對婚姻調適、婆媳相處、子女教

育、親子關係、工作壓力、照顧公婆等問題。台灣地區各縣市均普遍設置婦女福利服務中心，以因應婦女的需求，適時提供專業的諮詢服務。

「建國一百年社會福利政策綱領」對於婦女福利服務之重點規定計有下列兩項：

1. 政府推動各項福利服務措施應有性別意識，政策擬訂前應執行性別影響評估，以保障性別平等，消除性別歧視。
2. 政府應強化司法、警政、社政、衛政、教育、勞政、戶政等系統之整合與協調合作，建構反性別暴力之安全網，完備保障民眾人身安全之法令，加強對加害人之約制、落實對被害人之保護，確保被害人人身安全、尊嚴與權益。

◆**老人福利服務**

1. 醫療保健：此項福利服務是一般老人最為迫切的優先需求；因為，沒有健康的身體，活得再長壽，除了增加自己痛苦及家人負擔，對個人而言，完全如同烏有，毫無意義。在醫療保健方面，政府所提供之福利服務包括：老人定期健康檢查及保健服務，並依健康檢查結果，進行追蹤；全民健保之保費及醫療必須部分負擔費用無力負擔者，政府應給予補助。
2. 經濟安全：老年人從職場退休，收入中斷，經濟難免較為拮据。政府在老人經濟安全之福利服務方面包括：低收入生活扶助、中低收入老人生活津貼、中低收入老人重度失能者特別照顧津貼、禁治產宣告、財產交付信託、長期照護補助及國民年金等。
3. 休閒育樂：提供老人正當的休閒活動及終身學習的機會，各級政府普遍設置社區大學、長青大學、老人文康中心、松

柏俱樂部及樂齡服務中心等，並結合民間團體經常辦理各類休閒活動，在在希望老人能夠維護個人尊嚴，活得健康、快樂。

4.居住安養：家庭經濟困難身體能夠自理或行動不便的老人，由政府設置之長期照護機構及安養機構予以安置收容，讓其生活無後顧之憂。若經濟能夠自行負擔者，則可委由民間設立之老人福利機構或老人自費安養中心負責安養。

5.敬老服務：為發揮尊敬崇老的傳統美德，老人搭乘大眾運輸工具、進入康樂場所及參觀文教設施，予以半價優待。並鼓勵各機關、團體、學校配合重陽節為老人舉辦慶生、園遊會、健康講座等敬老活動。

6.其他服務：除了以上各項福利服務外，政府並結合民眾力量為老人實施日托照顧、設置關懷據點為老人提供營養餐食、建立老人保護網絡及居家服務等。

「建國一百年社會福利政策綱領」對老人福利服務，計有下列重點規定，茲列述如下：

1.政府針對經濟弱勢之老人應有適切協助，以提升生活品質。

2.政府與民間應整合社會福利、衛生醫療、教育及相關資源，營造高齡友善環境，保障老人尊嚴自主與健康安全。

3.政府應結合民間倡導活躍老化，鼓勵老人社會參與，提供教育學習機會，提升生活調適能力，豐富高齡生活內涵。並強化代間交流，倡導家庭價值，鼓勵世代傳承，營造悅齡親老與世代融合社會。

4.政府照顧老人應以居家式和社區式服務為主，機構式服務為輔。

◆**障礙者權益保障**

1. 醫療權益保障：提供身心障礙者健康維護及生育保健是政府應有的責任，也是障礙者醫療復健權益應有的保障。在這方面，「身心障礙者權益保障法」規定計包括：全民健保保費之補助、為障礙者設置服務窗口、為住院障礙者提供出院準備計畫、設立障礙者特別門診、設立醫療復健機構及護理之家、醫療費用及醫療輔具之補助等。

2. 教育權益保障：障礙者只是不便，並非不能（除非弱智障礙者），因之，障礙者之教育權益不容忽視。在這方面，「身心障礙者權益保障法」之規定計含：規劃特殊教育學校或特殊教育班、補助障礙者就學交通費、依障礙者之家庭經濟條件補助受教育所需相關經費、編製障礙者特殊教材及輔助器材、規劃辦理學前教育及視障者可使用之圖書資源、規劃設計障礙者參加國家考試應考所需之教育資源、獎助障礙者接受高中以上學校之教育。

3. 就業權益保障：給他一條魚，不如送他釣竿教他自己去釣魚，可說是障礙者共同的期盼。因之，如何協助具有就業意願及就業能力之障礙者獲得就業之機會，乃政府應予重視的重要課題。在這方面，「身心障礙者權益保障法」之規定計涵蓋：提供障礙者無障礙個別化職業重建服務、規劃辦理支持性就業服務及庇護性就業服務、推動設立障礙者職業訓練機構及就業服務機構、協助庇護工場營運及產品推廣、舉辦障礙者特種考試、進用障礙者應力行同工同酬、設置障礙者就業基金、擴大視障者就業機會、明定政府機關及公私立機構學校定額進用之比例（公立單位不得低於員工總人數百分之三，私立單位不得低於百分之一）。

4.經濟安全保障：維持障礙者基本生活的需求，是政府責無旁貸的福利服務。因之，障礙者經濟安全的保障乃為政府推展社會福利措施重要的一環。在這方面，「身心障礙者權益保障法」明定：政府機關對障礙者應依需求評估結果，提供下列補助，並不得有設籍時間的限制；其補助包括：生活補助費、日間照顧及住宿式照顧費用補助、醫療費用補助、輔具費用補助、房屋租金及購屋貸款利息補貼、購買停車位貸款利息補貼或承租停車位補助及其他必要之費用補助；另外還有繳納稅捐依法給予適當之減免、社會保險保險費之補助。

5.支持服務：為使障礙者不同之生涯福利需求得以銜接，政府機關相關部門應積極溝通、協調，制定生涯轉銜計畫，提供身心障礙者整體性及持續性之支持服務，並不得有設籍時間之限制。在這方面，「身心障礙者權益保障法」明文規定政府應有的作為包括：居家照顧、生活重建、心理重建、社區居住、婚姻及生育輔導、日間及住宿式照顧、課後照顧；另外尚有：協助提高家庭照顧障礙者之能力、協助障礙者參與各項社會活動、提供障礙者無障礙運輸服務、公共建築物及活動場所無障礙生活環境之建構、公共停車場停車位之優先保留、申請公共場所設置庇護工場或申請在國民住宅提供居住服務優先核准、搭乘國內大眾運輸工具半價優待、進入收費之公營風景區及康樂場所與文教設施應予免費、民營者半價優待、結合民間力量設立障礙者福利機構等。

「建國一百年社會福利政策綱領」對於障礙者權益保障計有下列重點規定，茲列述如下：

1.政府針對經濟弱勢之身心障礙者應有適切協助，以提升生活品質。

2.政府應積極推動無歧視與無障礙之社區居住及生活環境，讓身心障礙者可以在人性化與有尊嚴的環境中發展，有充分的社會參與及發揮其潛能的機會。

3.政府應保障身心障礙者接受教育、就業、居住及醫療等權益，使其轉銜無礙，並應結合民間資源提供其支持服務、經濟安全、身體及財產保護。

四、社會福利的規劃原則

(一)需求滿足原則

社會福利以滿足國人需求為出發點，因此，應定期舉辦福利人口群需求狀況調查或長期蒐集相關資料，確實瞭解各福利人口群福利需求的變化，隨時因應和調整福利政策，使福利政策與民意需求相契合。

(二)可行便利原則

任何福利方案的規劃和設計，貴在可行；因此，在規劃時除了應考量民意需求外，更應確保方案的便利可行，其基本考量是應力求簡化申請手續，使福利消費者與福利供給者之間具有高度的「可近性」。

(三)整體規劃原則

社會福利以滿足民眾全人的需求為目的，因此，社會福利的規劃策略務須全盤的、整體的研究考量。尤其是社會福利涵蓋的範圍至為廣泛，包括：衛生、教育、司法、勞工及社政等層面，唯有落

實整體規劃原則，始能確保社會福利之推展奏效。

(四)激勵參與原則

　　好的政策應該讓更多人參與，人人袖手旁觀的政策必得不到支持；參與的範圍愈廣，愈易達成共識，政策愈易施行。所謂參與，其內涵應包括政策的規劃、制定與執行；最具體的做法是在政策制定過程，有效結合學術與民間表示意見，形成共識，而在政策制定完成之後，更需借重民間力量全力配合，共同推動。社會福利政策關係全民福祉，且與每個人生活權益息息相關；唯有透過充分參與，才能獲得普遍認可，進而熱烈支持。

(五)公平正義原則

　　公平是指「公正的分享」，正義是指「合理的分配」；政府應該保證資源絕對做到公正分享、合理分配；亦即一切應依民眾不同的需求給予不同的扶助。換言之，政府所推動的社會福利要能致力發展「全民性福利」，但更應特別關注弱勢族群的「優先性福利」。

(六)財政穩定原則

　　具體可行的社會福利政策必須兼顧社會與經濟的均衡發展。不可只顧社會福利的推展，影響財政之穩定，也不可著重財政支出的考量，忽略社會福利之實施。因此，在社會福利政策規劃的同時，務須重視財政穩定原則。也就是一方面要維持財政支出的平衡，另一方面要調整社會福利支出的先後順序；以加強生產性支出，使民眾在稅負負擔的合理限度下，享有適切的福利水準。

五、社會福利的發展取向

(一)家庭化

　　以家庭為單位；致力弘揚家庭功能作為推展社會福利的屏障；因為社會福利僅能協助弘揚家庭的功能，社會福利未能完全取代家庭的功能。

(二)社區化

　　以社區為中心；盡力結合社區可資運用的各項資源，激發社區居民發揮守望相助、敦親睦鄰的精神，挺身而出，共同投入照顧社區需要照顧的居民。

(三)均衡化

　　以均衡為指標；重視都市與鄉村社會福利資源的均衡分配，並採行「福利優先區」的創新措施，使鄉村與都市民眾同享應有的福利措施與關懷照顧。

(四)民營化

　　以民營為導向；廣大結合民間有志參與社會福利的機構、團體或民間善心人士，積極響應社會福利政策，並採「公設民營」或「委託辦理」的方式，鼓勵民間踴躍參與社會福利的推展。

(五)專業化

以專業為目標:妥善結合學者專家的力量提供建言,作為推展社會福利的理論基礎,並廣泛進用社會工作師或社會工作員充當推動社會福利的尖兵;以期理論與實務相結合,使社會福利因為專業方法的應用而更邁向卓越。

(六)志工化

以志工為助力:積極推展志願服務工作,廣大結合熱心社會福利的志工朋友,熱烈參與社會福利的推廣,使社會福利因為民眾的普遍參與而更奏效,尤更發展。

六、結語

吾人深知,社會福利的有效建制,已成為一個國家邁向文明、進步的重要指標。我國憲法及增修條文,對於各項社會福利措施,均有原則性規定,政府及人民亟應本此原則,共同促進社會福利的健全發展。近年來,我國政府社會福利的政策方向已有相當幅度的轉變;在理念方面,已由選擇性的扶助走向需要性的均衡發展;在功能方面,已由消極救助趨向積極福利;在範圍方面,已由過去的局部推動做到目前的全面開展。儘管如此,個人認為,社會福利絕對不可萬箭齊發,更不能包山包海;務必在平衡國家財政預算的前提下,區分輕重緩急,循序漸進;秉持「有多少力,做多少事」的原則,以最需要照顧的民眾同胞為優先考量,而後再逐步擴及至全民。

第11章
社會資源與志願服務

一、引言

　　適值政治民主化、經濟自由化、社會多元化的急遽轉型時期，非但功利主義日厲，社會風氣日靡，社會問題亦因之而層出不窮，尤更漸趨嚴重；諸如：疾病無人相扶持、老殘缺乏妥照顧、婚姻暴力、斂財騙色、交通紊亂、環境汙染等在在皆是，屢見不鮮。面臨此等衝擊，為謀解決之道，固有賴政府公權力的有效伸張，唯如民間力量能夠廣為協助配合，相信必能彌補政府之不足，而達移風易俗、化戾氣為祥和與重建社會秩序的良好效果。因此，如何激發熱心公益人士，秉持「助人最樂，服務最榮」之精神，踴躍參與志願服務的行列；有力者疾以助人，有財者勉以分人，熱烈提供自己的餘財、餘物、餘力或餘知，協助需要關懷的民眾同胞，獲得妥切的支援與照顧；則不僅足以充分顯現社會之溫暖滿人間，尤更能因民間力量與政府職能之同展現，而促使功利之風、暴戾之氣相消減。

二、志願服務是什麼？

　　依據聯合國的定義：「志願服務者，是一種有組織、有目的、有方法，在調整與增進個人對環境的適應，其志趣相接近，不計酬勞的人，謂之。」美國社會工作協會認為：「一群人追求公共利益，不計酬勞，本著自我意願與選擇而結合，稱之為志願團體，參與這類團體工作者，稱為志願服務人員。」志願服務乃個人本濟世之胸懷，利他之德操，助人之豪情，服務之壯志；不計名利，不求回饋，志願貢獻自己之有餘，藉以幫助他人之不足，進而致力改造或促進的一種事業；其目的旨在促使群己關係更融洽，社會福祉更增進。分析言之，志願服務的特性為：

1. 它是出自奉獻的誠心，服務的意願，自動自發，毫無外力強迫的服務工作。
2. 它是不計酬勞、不求名利、利他而利己的行為。
3. 它必須由組織的團隊來推動，才能獲致預期的目標。
4. 它必須講求助人的技巧、服務的方法，才能達到事半功倍的績效。
5. 它雖是一種「施人慎勿念」的奉獻，但仍以和諧群己關係、增進社會福祉為最終目的。
6. 它所追求的是社會大眾的公共利益。

三、社會資源知多少

社會資源或稱民間資源，其係指社會或民間所擁有、可資運用的潛在力量與資產，不論是屬於物質的或非物質的，只要善加運用，激發效能，對於整個社會的安和樂利，或國家的繁榮富足，將產生無可限量的貢獻。一般言之，社會資源依其性質可分為：

(一)物質資源

物質資源（material resources）包括財力、物力、配備等。

1. 財力（money）：指公益團體、社會人士捐款用以急難救助、獎助學金、修橋鋪路或美化公園等。
2. 物力（material）：指寒冷送衣服、飢餓送食物、良心傘或博愛杖等。
3. 配備（machine）：指協助推展福利服務的錄音機、照相機、摩托車、器具、制服、活動空間或天然資源等。

(二)非物質資源

非物質資源（immaterial resources）包括人力、智力、專業方法、社會意識、社會需求、協調配合或維護觀念、管理要領等。

1. 人力（manpower）：指民間或學校志願服務團隊所提供的志工或義務領袖；或熱心公益之士自由參與服務工作所奉獻的力量等。
2. 智力：指推展志願服務所需運用的智慧及思維。
3. 專業方法（method）：指協助推展服務工作的專業知識與技巧，包括個案工作的會談技術、團體工作的團康技巧及公共行政的法令規章等。
4. 社會意識（mind）：指社會大眾參與服務工作的心理認同、價值取向、意識力量及自我信念等。
5. 社會需求（market）：指民眾同胞對於福利機構、民間團體、社區組織資源需求的程度等。
6. 協調配合（matching）：指各服務機構、團體相互之間，與其工作人員彼此之間及工作人員與社會大眾來往之間的協調與合作關係等。
7. 維護觀念（maintenance）：指對於結合之社會資源應該妥予維護，善加利用，以期發揮最大的服務效能等。
8. 管理要領（management）：指對於結合運用之社會資源務必分門別類，建立檔案，以作爲獎勵表揚之參據，或持續運用之參考等。

四、推展志願服務活動方案的要領

服務要方法，關懷講技巧；志願服務如果單靠投資而不開源，僅憑奉獻而不開拓，則不斷地投資必難望持續，而無限地奉獻亦難望持久；為使志願服務工作不致徒勞無功，而能更趨蓬勃發展，如何精研推展方法，實乃從事志願服務刻不容緩的要務。試以舉辦影響層面較廣之團體活動為例，說明推展志願服務活動方案的要領（**圖11-1**）。

(一)承受活動方案

概括言之，活動方案的來源有三：

1.所屬服務單位要求辦理之方案。

2.其他服務機構請求協辦之方案。

3.服務團隊自行擬辦之方案。

(二)召集幹部研商

當團隊負責人承受活動方案之後，立即應該召集幹部研商因應措施，透過腦力激盪、集思廣益之途徑，仔細思考如何辦理之腹案。

(三)擬訂實施計畫並編列經費概算

實施計畫之撰擬務須依據幹部研商之腹案而定，計畫除首需確定名稱外，其所應涵蓋之項目為：(1)依據；(2)宗旨（或目的）；(3)主辦單位；(4)協辦單位；(5)指導單位；(6)實施時間；(7)實施地

圖11-1　推展志願服務活動方案的要領（以團體活動為例）

點；(8)實施方式（或實施要項、具體做法）；(9)預期效果；(10)經費來源；(11)附則。其中經費來源一項應該說明所需經費之總額，並編列經費概算明細表，在編列概算時尤須注意撙節、務實之原則。

(四)召開分工會議

分工越細膩，活動必推展得越順利；蓋辦團體活動務必把握分層負責之原則，儘早成立工作小組，該小組除召集人、副召集人及執行秘書外，依據實際需要至少應包括：(1)綜規組或秘書組；(2)活動組或典禮組、大會組；(3)接待組；(4)服務組；(5)秩序組；(6)財務組；(7)行政組等；如有摸彩助興，則需增列摸彩組，如須報到，則應增列報到組，一切總依實際需要分工設職。

(五)隨時檢查籌辦情形

預備、預檢、預演、預見乃辦理活動必經的程序，在籌辦的過程中，如能隨時預為檢查，遇有不妥，立即補救，則必能使失誤減少到最低的程度；其檢查之方式，或開會研商，或小組聚談，得視需要而定。

(六)結合社會資源協助或協調有關單位（或個人）支援

當擬訂實施方案預估經費預算不足，或人力調配不夠時，則須迅即設法尋求社會資源協助，或情商有關單位或個人支援，以期方案的實施由於內部與外力的相結合而能順利達成預期效果。

(七)召開協調會議

凡活動需要其他單位或個人協助配合時,則須及早召開協調會議,會中明確提出請求支援事項,相互溝通意見,達成協議後,按照決議配合辦理。

(八)安排時間向上級提報籌備情形

籌備情形是否能夠滿足上級長官之需求,務必安排時間專案提報,如有不同意見應予妥切說明,如有指示,應即遵照指示意見修正,以期方案之實施,能夠確實達到長官之要求。

(九)召開檢查會議作實施前之最後檢查

這個程序至少應在方案實施前三天舉行,以期檢查後萬一仍需稍作修正,留有處理的空間作最後的調整。

(十)方案實施

活動正式展開時,最重要的是要按各組的任務分配,各就各位依既定的程序貫徹執行,如臨時需做些更動,至少應在副召集人的指令下始可變更,以免多頭馬車,自亂陣腳;相信有條不紊,按部實施,成功必定在握。

(十一)召開檢討會議

活動結束後,最好能在一週內召開檢討會議;以期檢討過去,策勵未來;檢討是手段,改進是目的;必須勇於發現缺點,檢討得失,始能研究改進,開創新猷。

(十二)成果彙整

　　自實施計畫之草擬、簽奉核定，以至召開各種協調會議的過程、印製各種文件，而至活動完畢後的媒體報導資料、活動照片等，均應按照發生時間之先後彙集成冊，以便留存爾後作為再予辦理之參據。

(十三)陳報實施成果並函謝支援單位及個人

　　成果彙整後，除一冊留存參考外，他冊也應簽（函）報長官或上級機關，俾其瞭解活動實施過程之狀況；尤應發函感謝各相關支援單位及個人，俾為爾後請求繼續支援預留空間。

五、運用社會資源的前提

　　社會資源如能運用得體，處置得當，則必取之不盡，用之不竭；無形的勝於有形，未來的多於現在；蓋運用社會資源的原則為：

(一)認識資源

　　運用資源首需認識資源的性質，哪些資源可以運用、哪些資源不可運用，應該弄得清清楚楚，可用的資源才結合，不可用的資源則不要亂碰。

(二)發掘資源

　　當我們將可用與不可用的資源分辨清楚後，則須設法發掘可用的資源，並累積資源，俾俟需要之時，妥加結合，善予運用。

(三)培養資源

培養資源是一件費時而艱辛的工作,當我們發現所需的資源無從發掘時,則有賴運用專業技巧積極培養,俾能開發新的資源,而使資源的供給面能與社會的需求面相互迎合。

(四)結合資源

推展志願服務單靠一己之力量,難免會有心餘力絀之感;如能廣結社會資源,協助支援,二者相輔相成,彼此呼應,則必能使志願服務的績效事半而功倍。

(五)善用資源

社會資源結合困難,耗費容易;如對所結合的資源,未能善加利用,不但造成資源的浪費,尤更有愧於資源的提供者,甚至影響爾後資源的再利用。

(六)評估資源

社會資源運用之後,務必審慎評估所用資源的實質效益與可再利用之價值,俾便再予運用時作為取捨之參據;舉凡可能產生沽名釣譽的資源,千萬要敬而遠之,婉予謝絕。

(七)維護資源

資源之運用貴在定期保養與修護,俾可維持資源的既有效能;尤其對於人力資源更須不斷地保持聯繫,一來可以瞭解原有的資源是否仍然存在,再則可以聯絡感情,並藉其善心義舉影響他人踴躍

參與。

(八)宣揚資源

　　運用社會資源如能訂定獎勵辦法，遵循一定的方法與程序，實施定期評鑑，對於著見績效者，公開予以宣介與表揚，則不但可讓資源的提供者增強服務信心，尤可藉此激勵其持續奉獻的宏願，進而蔚爲「見賢思齊」的善良風氣。

六、社會資源與志願服務的關係

　　志願服務是一種助人榮己的志業，其欲期順利展開工作，有效達成目標；除了個人務須發揮犧牲奉獻的精神外，有時仍有賴社會資源的協助配合，始能克竟事功。而社會資源的結合與運用，財力的捐獻、物力的提供，固然最爲重要，惟人力的支援、技術的應用，應該也不容忽視；因爲：

　　1.從廣度言：懂得運用社會資源可延伸志願服務的範圍。
　　2.從深度言：善加運用社會資源可穩固志願服務的基石。
　　3.從精度言：妥切運用社會資源可展現志願服務的新猷。
　　4.從效度言：致力運用社會資源可凸顯志願服務的效能。
　　5.從巧度言：有效運用社會資源可提升志願服務的意境。

七、結語

　　總之，社會資源的結合與運用在志願服務的過程中，應居關鍵位置，也是基礎工作；在推動志願服務的過程當中，除了需要注意結合與運用現在的社會資源外，更應該注意社會資源的維護、保

養、成長與培植。不但要靈活運用社會資源，以達物盡其用；尤應持續培養社會資源，而期開源節流。最後謹以：(1)志願服務有賴社會資源之妥善運用而弘揚；(2)社會資源有賴志願服務之積極推廣而奏效；作為本章之總結。

第12章
社會資源的結合與運用

一、引言

　　我國自古以來即有社會福利的思想觀念，尤其是禮運大同篇的理想在「使老有所終，壯有所用，幼有所長，鰥寡孤獨廢疾者皆有所養」，更為中外人士所樂道。目前世界民主國家的潮流莫不以推展社會福利事業、提升人民生活品質、增進全民福祉為施政的主要目標，而推展社會福利事業，非有充裕之經費及周詳之工作計畫，實不足克竟全功。目前我國興辦社會福利事業法定經費來源大致分為下列四種：

1. 政府編列年度預算。
2. 社會福利基金。
3. 雇主及受僱人或要保人與政府按比例繳納。
4. 以獎勵及稅捐豁免方式鼓勵民間捐資興辦。

　　由上述四種經費來源分析，前三種經費較具穩定性，卻也常因政策重點之調整，無法充分發揮積極、彈性之功效；於是如何結合與運用最具開發潛力之社會資源積極參與社會福利事業，遂成當務之急。

　　先總統蔣公曾說：「因民眾之力，以造民間之福」，又指示：「從事社會工作的人員，應該有一認識，即民眾之事，必須以民眾力量去做，社會事業應以社會力量去推辦，不能完全憑行政力量或政府籌款去辦。」已故美國總統甘迺迪也曾說：「漠視私人資源與企業所提供的力量，就如同帶一隊傘兵去『撲滅貧窮』，整個兵團卻按兵不動。」綜此，從事社會福利事業，不可全由政府去辦理，唯有多方倡導及鼓勵民眾踴躍提供人力、智力、物力、財力等社會資源，發動民間力量協助政府全面推展社會福利事業，才能使社會

福利事業達到精神與物質並重，社會建設與經濟建設平衡發展的理想目標。

二、社會資源之內涵及特質

(一)社會資源之內涵

凡為了因應社會需要，滿足社會需求，所有非政府提供而足以轉化為具體服務內涵的客體，皆可稱為社會資源（或稱為民間資源）。具體而言，它蘊涵了有形的物質資源與無形的精神資源。

◆有形的物質資源

包括物力、財力、活動空間及天然資源等。

1.物力：指飢餓送食物、寒冷送衣服及設備、器材等。
2.財力：指公益團體、熱心人士捐獻建橋、修路的經費，或設置獎助學金等。
3.活動空間：指提供辦理社會福利或服務工作的活動場所等。
4.天然資源：指土地、水及天然風景區等。

◆無形的精神資源

包括人力、智力、專業技術、社會意識、社會關係、組織結構等。

1.人力資源：指民間或學校志願服務團隊所提供的志工及義務領袖等。
2.專業技術：指協助推展社會福利工作所提供之社會的專業技巧與知識，並包括各項福利法規等。

3.社會意識：指民眾參與社會福利工作的價值觀念、意識力量
　與信念等。

4.社會關係：指福利機構或團體之間，與其工作人員之間以及
　工作人員與外界之間的協調與合作關係等。

5.組織結構：指各種參與社會福利工作之民間團體、福利機
　構、社區組織等。

(二)社會資源之特質

◆就資源的做法來說

　　社會資源為多元性，其效用也具多目標性，如就資源的做法來
說，大概又可分為：

1.積極的做法：包括穩紮穩打型、積極主動型、急公好義型、
　默默行善型、細水長流型。

2.消極的做法：包括曇花一現型、虎頭蛇尾型、有名無實型、
　沽名釣譽型、另有目的型。

◆就資源的使用過程而言

　　再從資源的使用過程來分，分為：

1.獨立自主型：即由民間團體或個人，自行提供資源自行辦理
　福利服務工作。

2.委由中介型：即由民間團體或個人，委由政府或其他機構辦
　理福利服務工作。

3.互助合作型：即由民間團體或個人，提供資源與政府或其他
　機構共同合作辦理福利服務工作。

三、結合與運用社會資源的有效做法

　　以社會資源來彌補政府公共事務之不足，已是風氣所趨，但要將風氣蔚爲潮流就必須講求方法，更要重視內涵。方法在求合乎人的需要與重視人的尊嚴；內涵在乎資源的運用，不但要實質有意義，尤其更要蘊涵著溫情；必須激發同胞愛，讓國人不僅能爲，而且願爲，才會讓其覺得奉獻最樂、服務最榮。

(一)結合與運用社會資源應考慮的因素

◆計畫的實施目的

　　具體說明計畫的推行係因政策指示或因社會需要。

◆計畫的經費需求

　　編擬計畫所需之經費概算務必確實，尤應考量結合社會資源之可行性。

◆計畫的投資效益

　　注意計畫實施的投資效益，以免社會資源之運用趨於浪費浮濫。

◆計畫的配合措施

　　考慮計畫之執行除了經費之外，人力配合的質與量是否確無問題。

◆計畫的預期效果

　　預估計畫執行後可能產生的實際效果，並考量執行成果對提供資源者可能產生的回饋，以利社會資源之再運用。

(二)結合與運用社會資源應遵守的原則

◆尊重提供資源者意願

結合的資源應依提供資源之團體或個人的意願辦理，尊重其抉擇，共同研訂具體的運用方案，依照既定的方案實施。

◆榮譽歸於提供資源者

把握榮譽歸於提供資源者的原則，讓奉獻者由參與而得到殊榮，引發其繼續擴大參與、提供資源的意願。

◆收支帳目保證分明且由提供資源者自核

募集的財力資源必須給據，並專戶儲存；經費務必定期徵信，保證一切資源取之社會，用之社會，而有益於社會大眾；最好運用「互助合作型」的方式，由民間與政府共同合辦，以符規定，而昭公信。

◆活動過程與成果代為蒐集及彙整

將活動的成果留個痕跡，不但可使其從成果的顯示中體會到榮譽感，更可以藉作拋磚引玉的示範作用，喚起更多的熱心人士普遍響應。

◆德行義舉代為宣介及讚揚

訂定獎勵辦法，定期評鑑，循一定的程序和方法，透過適度的公開讚揚與宣介，使提供資源者獲得政府贈與的榮譽，而從奉獻中彰顯德行，由參與中展現義舉；更進而引起社會的共鳴，蔚為「見賢思齊」的良好風氣。

(三)結合與運用社會資源應採行的做法

◆要提供服務方案供採擇

透過專業工作者就經驗之體悟，針對民眾的實際需要，研擬各種不同的實例，訂定完整的方法，提供各民間團體或熱心公益人士作選擇參採之用，以擴大服務的效果。

◆要以方法與技巧來創造物力與財力

人具有推行、維護、改革、創新等諸項功能，而財與物可藉人的運轉發揮其效益；如果人人透過方法與技巧，匯集了財，發掘了物，而能善加珍惜與運用，則必使財力與物力的資源滾滾而來。

◆要讓提供資源者在服務之餘產生成就感

「施者慎勿念」固然是志願服務的最高意境，惟提供資源者在服務之餘，如能讓受益人亦能深切體悟到世間人情之溫暖，而於仰事俯畜、人助自助之餘，也能以同樣心情，推及他人，回報社會，則必能引發施者無價之成就感，而使社會資源之運用生生不息。

◆要從成果顯示中來增進服務者的信心

熱心公益的民間團體或社會人士本著犧牲的自我意願，利用所餘，助人不足，來表達對社會之愛意，對同胞之關懷，固然在短期內未必能收立竿見影之效，但持之以恆，必能臻功。如能於恰當時機給予適度的獎勵與表揚，肯定其所貢獻的成果，相信必可增強服務者的信心，而激發其持續奉獻的宏願。

◆要加強宣導來激勵參與蔚為風尚

人間樂上可以靠雙手來締造，透過人為的努力，可以彌補社會資源之不足；人人體認、個個參與的結果，必可使社會更進步、

更繁榮。如果能夠透過大眾傳播中廣播電視及報章雜誌的報導、傳單小冊的散發以及社會領袖的影響，促使人人樂於踴躍提供社會資源，則必能漸次蔚為社會上一種善良風尚，而使社會資源的運用無形的勝於有形，未來的多於現在。

四、結合與運用社會資源的未來展望

李前總統於民國87年7月20日全國社會福利會議開幕致詞時指出：「推動社會福利應該把握六大原則：(1)需求原則；(2)積極原則；(3)效率原則；(4)前瞻原則；(5)均衡原則；(6)整合原則。」其中整合原則係指：要運用科際的整合，研擬相關措施，並加強機關間的協調及公、私部門的合作，以強化整體力量。行政院蕭前院長亦於民國87年7月21日閉幕致詞時表示：「政府部門與民間資源要全面檢討結合，才能使每一分資源都用在最優先的需要上⋯⋯。」足見，結合與運用社會資源，用以拓展社會福利，不但是時代的潮流，更是政府的政策，個人認為欲使該項政策能夠貫徹執行，未來必須努力的方向應為：

1.要澈底瞭解可資運用的社會資源的能量，認識社會資源的性質，分別予以歸類；並進一步做全盤性的探討分析，確實瞭解社會需求的狀況，從而做有效的運用，而使社會資源與民眾需求相迎合。

2.結合資源的工作方案或計畫，目標應具體，方法要踏實；並提供多重選擇或多種替選方案，讓資源的提供者有參與目標訂定及確立方案的機會；使方案既切乎資源結合的需求，也滿足資源提供者的意願；既滿足資源提供者參與的自我期許，亦滿足其受尊重、被肯定的自尊需要，及獲得自我實現

的價值觀等。

3.提供的服務機會應能切合資源提供者的組織宗旨、個人興趣、能力所及，以減少其挫折感；最好富有些許的挑戰性，有助於激發潛能，而使資源的提供者獲得更高的成就感。

4.提供資源的提供者各種成長或發展的機會，包括其人際成長、知識成長、人格成長及技能成長，以滿足其自我實現的需要，並授予相當的工作角色，使其有被重視的感覺，滿足其自重的需求。

5.對於資源的提供者或組織，應不斷提供其技術支援及專業諮詢，以及其他行政或庶務工作的支援，以協助其服務目標的達成，而有助於結合或運用資源單位建立協調配合的良好形象。

6.應提供正式或非正式、結構式或非結構式的溝通網絡來建立共識，引起共鳴，使資源的提供者由「不知」→「知」→「產生興趣」→「樂於接受」→「予以重視」→「積極奉獻」。

7.培養志願服務或結合與運用社會資源的專業人才，使組織內的成員獲得較佳的行政督導，進而轉化爲結合社會資源的力量；因此應有結合與運用社會資源專業人才的訓練，採取短期的專業研習，或配合在職訓練實施。

五、結語

社會資源取之不盡，用之不竭，無論從社會的、歷史的、政治的或經濟的任何角度來看，都可體察到社會資源種類繁多，數量龐大；以無形的資源來激發有形的資源，以有形的資源來促進無形的資源，乃是透過意識的認同而形成動力的加強；如能以組織體系及

企業管理的方法將社會資源作有計畫、有系統的妥善運用，在工作
項目上避免重複浪費，並力求新穎生動，當可使社會資源發揮最大
的功效，而有助於志願服務工作的創新與開拓。

第13章
民間團體與社會資源

一、引言

　　社會發展的目的，是要瞭解社會的問題、社會的需要，並動員社會的資源，配合政府的政策，以解決問題，滿足需要，促進社會福利，增進國家安全；如何妥善發掘社會資源，如何有效運用社會資源，是社會發展工作中最重要的一環。

　　民主國家，政府與民眾是一體的兩面；追求國家富強，是政府的目標，也是人民的期望；改善民眾生活是政府的職責，也是大眾的義務；為國家社會進步而貢獻，非僅是政府與民眾共有的責任，兩者更是成敗一體，榮辱與共的關聯；而整個社會國家單靠政府的力量支援，能力畢竟有限，因此，總不若透過有理想、有組織、有效率的民間團體策動大眾參與支援來得有效。

　　民間團體不論是職團、社團或基金會……，個個都是社會的中堅，國家的支柱，更是政府機關與民眾之間的橋樑；我們要人民安居樂業、祥和樂利、社會進步、國家富強，首先應確認民間團體在整個社會國家中應有的地位，因為民間團體對上可以溝通民意，對下可以聯繫民心；因此不問是職緣、血緣、地緣及趣緣等各種不同的團體，雖性質不一樣，而具有的功能卻是相似的。

二、運用團體資源的先決條件

　　今天我們從民間團體談社會資源之運用，首先應該探討政府應具備的幾項先決條件，茲將其敘述如下：

(一)要先訂政策

因為明朗的政策才能激起團體的響應，讓團體認識、暸解提供各項社會資源的目的及意義何在。政府在擬訂任何一項福利服務計畫時，一方面要求均衡、配合與協調，另一方面事先應有完善的推行方案、完整的工作架構，更應明訂政策的目標、期望，與如何相互配合運用之需求，期使各種團體在認清政府的明朗政策之下，貢獻專長，提供更多、更有意義的社會資源。

(二)要健全團體

健全的團體才能有具體的活動，健全團體組織，非僅是要求團體按期召開會議，按期辦理選舉，或經常加強聯誼；更重要的是健全團體人事、會務、業務及財務，維持成員的水準，促進社會服務功能，讓團體有共同意識、共同信念，彼此有互通鼻息之感；人人視團體如大家庭，各盡職責，履行章程，成員個個願為團體效力；如此團體才能生氣蓬勃，蒸蒸日上，所能提供的各項社會資源，亦較具體完整。

(三)要專人指導

恰適的指導才能增進工作的成效，有了健全的團體，除其能遵循章程行事外，還需要有專人指導；雖然專業的工作人員不是無所不能的人，但卻是學有專長的工作者與協調者；他具有凝聚、激發、創造的功能，這種功能可以形成整體努力，關心別人，協助別人充滿信心與鬥志。由於社會資源具有綜合性、地區性與實際性，所以如何配合社會實際需要做基本的締造運轉，除了政府必須具備整體、長遠考量的認識外，更需要受過專業訓練的工作人員作恰適

的指導，增進各種民間團體的熱心參與，社會資源方能滾滾而來。

(四)要具體獎勵

政府應做有效的獎勵，才能促成團體的持續貢獻；人多勢大方能眾志成城，團體提供社會資源，因係出自志願，故不宜採用懲罰或責備；但為了維繫、加速與擴大成效，適當的鼓勵應是必要的；不問是橫的平行的鼓勵，或縱的隸屬的獎勵，都有助工作的推展與群眾的重視；各種團體志願提供社會資源，社會應予以適當之補償，以勵來茲；至少應該給予領導幹部或工作人員適當的證明，或予以實質的獎勵與部分義務的豁免等；嚴禁沽名釣譽或投機取巧混跡其間，不准團體利用社會資源的提供，作為升官發財的捷徑；應純以公益事業為前提，如此才不失其志願提供社會資源之純化與淨化。

三、運用團體資源的具體做法

民間團體大多具有雄厚的實力，其中包括財力資源、物力資源與人力資源等等，我們要國家成為安和、樂利、均富的社會，充分運用民間團體本身具有的資源，實為一大策略。如何使各種民間團體配合社區、社會、國家的需要，提供有效的社會資源，其基本的運轉與應有的做法，乃是我們所應積極研究的主要課題。

(一)做能量的探討與實際需求的分析

深入瞭解民間團體整個會務、業務及財務情形；因為各種民間團體都有其特性，哪些性質相近的團體具有哪些實力、能提供哪些資源，如能進一步做全盤性的探討分析，從而做有效的運用，相互配合，必能提供具體的福利服務。

(二)引導團體實踐宗旨

各種團體均有其特定的性質，章程內又大多有謀求會員福利的條文；這種共同約束的規定，不僅可以使團體致力於共同的目標，開拓團體的新事業，更可藉服務弘揚效果，促進社會各階層的進步與合作；因此每個團體皆能遵照既定的宗旨與目標行事，則非但健全了團體本身，也鞏固了國家由下而上的基礎。

(三)提供實用範例供採擇

為團體先思考項目，合理分配各項社會福利、社會救助、服務設施、醫療基金等服務項目。配合社會的進步，必須以新項目擴大服務境界；今日談社會資源，若再以施茶、施粥、施棺為範疇，不僅不切實際，而且也嫌落伍；我們必須以汲取新知識、運用新方法來擴大服務功能；也需要福利機構相配合，才能呼援有門，而貢獻有處；更需要將服務項目與社會需要結為一體，才能想得平實，做得切實。

(四)要求團體發揮功能

例如：

1. 宗親會援宗親，提供同姓宗親學子獎學金、助學金，及創設同舟共濟等聯誼活動。
2. 同學會可以幫助同校學弟、學妹求學、就業，提供課業上或職業上的服務。
3. 醫師公會辦義診，更可聯合醫師的集體力量，提供聯合義務門診，幫助貧苦居民、育幼院、老人院等做免費醫療服務，

及身體健康檢查等。

4.律師公會提供法律常識服務、法令解釋、紛爭調處等，解決人們法律上的疑難問題。

(五)聯合與個別推展並行不悖

各種民間團體可藉集體行動，集合整體力量，群策群力，提供社會資源，致力社會服務；亦可藉個別力量，在能力所及範圍內，利用餘力、餘知、餘財、餘物提供社會資源，作為拋磚引玉之示範作用；是故無論聯合或個別提供社會資源，雖殊途而異，但終其目的則是一致的。

(六)要以人力與智力來吸引、創造物力與財力

人具有推行、維護、改革、創新諸項功能；而財與物可藉人的運用發揮其功能，唯其成果的大小端視團體支持的意願強弱而定；社會資源透過了有組織、有紀律的人民團體發揮組織功能，凝聚了人，匯集了財，發掘了物，使得社會資源的力量倍增；當然，要發揮這些功能，就必須要團體彼此意見溝通、集思廣益，匯集大眾的心聲，使大家看法一致，成敗的責任就由每一個人來分擔；人人視公事如家事，不推諉，不逃避，如此透過公共的意見、人為的努力，也就間接的提供了社會資源的物力與財力。

(七)要讓被服務者在受益之餘產生回饋

施者慎勿念，受者長緬懷；民間團體能對社會的不幸，視而有見，急予協助；對人間的疾苦，人猶如己，給予關懷；若能如此，則人人必能盡到對自己國家應負的責任，盡己而不為己；各種團體提供各項社會資源，亦是取之於社會，用之於社會，而讓受益人亦

能深切領會到世間人情的溫暖；於仰事俯畜自足之餘，亦能以同樣心情，推及他人，回報於社會；則整個社會或國家，將生生不息，永遠充滿溫情，生氣蓬勃。

(八)要從成果展現中來增進團體的信心

各種民間團體本著自我意願，利用餘知、餘力、餘財、餘物，來表達對社會的愛慕，對同胞的關懷；提供物質與精神兼具的奉獻，對自己不求報酬與讚揚，予受助者在困難中得到滿足，社會上應予以適度的補償與獎勵；固然部分社會資源項目，短期內未必能收立竿見影之效，但持之以恆，必能臻功。因此，肯定民間團體對國家所貢獻的各項社會資源，給予團體的信心而激發其持續參與的宏願，應是必要的。

(九)要漸次讓社會大眾普遍參與蔚為風氣

我們深信人間樂土可以靠雙手來締造，透過了人為的努力，可以彌補社會資源的不足；人人體認、個個參與的結果，必可使社會更進步、更繁榮；如果能夠透過大眾傳播中報章雜誌及廣播電視的報導、傳單小冊的散發，及社會領袖的影響，這種重視自己，也關心別人，注意一己權益，亦不忘社會大眾整體福利的胸襟，必能使社會形成一種風氣，人人視提供社會資源不僅是所願為，也是所當為；如此，社會大眾若能普遍參與，自能漸次蔚為社會上一種善良風氣。

四、結語

社會進步是永無止境，不斷前進；民間團體包羅萬象，社會人

士以一己之職緣、趣緣、地緣或血緣而參與不同的組織；各組織又本既有之宗旨與目標，旗幟分明，萬眾一心，所以成效至大；例如扶輪社、獅子會、青商會、同濟會、紅十字會、基金會等，這些組織彼此如能分工配合，其力量一定不只是相加，而且是倍增；尤其各團體既有分支組織，其聲勢不僅是浩大，而且是無窮；我們要民間團體提供社會資源，是意識的變更、觀念的轉化，而非靠人情所及，威權所致；因此一方面需要透過教育灌輸，大眾傳播工具的介紹、散發，團體領袖的鼓吹與號召，同時更重要的是所提供的社會資源，要能針對社會的需要，發揮具體的效果，讓所有參與人及受益人有口皆碑地義務宣傳；如此才能上下交互影響，政府與民眾共同推動，使社會形成一種風氣；讓每一個人瞭解生存的目的，不僅僅是為自己、為家庭，而更應瞭解個人、家庭、社會國家之間的關係是休戚與共，互為表裡；這樣社會資源才不至於為人力所限制，貢獻範疇也不會偏限於一隅。

PART 3 成長篇

第14章
志願服務的原則與方法

一、引言

　　志願服務或稱志願工作可說是一項愛與關懷的善行義舉，它可把志工、服務對象、運用單位與社會串聯起來，透過服務的途徑為社會做出不求名利的貢獻。其貢獻包括：

1.對志工：增進個人成長。
2.對服務對象：提供適切協助。
3.對運用單位：提高服務品質。
4.對社會：愛與關懷得以充分表達。

　　志願服務的精神乃建基於個人對社會的價值取向，其最終目標係為有效運用社會資源，協助解決社會問題，強化社會關係，促進社會祥和；它絕不應被視為一項透過服務經驗，培養志工個人成長的手段。所以，志願服務的正確觀念，應該是先有服務需要，然後再召募適當人選貢獻時間妥為輔助支援，而非先廣招志工人力，再以志願服務為手段，透過教育訓練，達致增進志工個人的成長。因此，推展志願服務須先將目標與手段釐清，以免本末倒置，主從不分；非但造成志工人力的浪費，尤其有失志願服務的實質意義。

　　具體言之，志願服務乃個人出自奉獻的誠心、服務的意願，自動自發、毫無外力強迫，只問付出、不求回饋，利他不利己、施人不圖報，致力追求社會公共利益的一種崇高志業。志願服務的有效推展，除了機構務必建立正確的觀念，妥為規劃，永續經營；尤賴志工朋友以愛心為起點，信心致效果，恆心求發展；持續參與，致力服務。

二、志願服務的原則

(一)就服務機會言——人人可參與

　　任何有志之士，不分年齡、性別、學歷、職業、種族、宗教及政黨，只要肯志願利用自己節餘的時間，不爲酬勞，去爲社會改造致力奉獻的工作，均可參加志願服務的行列。

(二)就服務處所言——處處能展開

　　因應社會需求，不論政府機關、福利機構、社教單位、公園名勝、學校、廠場、民間團體、醫療院所，或不論城鄉、都市、山地、漁村、前線、後方……，只要肯奉獻，到處均可展現服務的效能。

(三)就服務項目言——事事可支援

　　隨著民衆期許之日益殷切，志願服務的範圍也日趨廣闊，舉凡：文書工作、電話接聽、福利服務、環保宣導、社教活動、諮商晤談、心理輔導、勞工諮詢、義消、義交……，樣樣均需志工的人力支援。

(四)就服務時效言——時時生效用

　　社會問題的發生錯綜複雜，經緯萬端；因此，不論急困待助時、徬徨失措時、迷失方向時、心情煩悶時、孤單寂寞時、病痛纏身時、家庭失和時；或不論白天、晚上、黎明、黃昏……，只要有

問題發生的時候，必有志願服務積極參與的急切需求。

(五)就服務資源言——物物可捐獻

「有錢出錢、有力出力」乃志願服務的最佳寫照；志願服務的推廣，人力、智慧固然重要，財力、物力更不可忽視；如何以人力及智慧來吸引、創造財力與物力，以開拓志願服務充沛的資源，乃推展志願服務所應努力的方向。

(六)就服務態度言——對象要一體

志願服務是一種添溫馨、增溫情的服務工作，當急困待援、徬徨失措的民眾同胞亟需志工協助的時候，志願服務絕不可因男女、老幼、籍貫、膚色、貧富、宗教、政黨而有差別待遇。

(七)就服務成果言——機構要肯定

機構給予志工適當的支持、鼓勵與嘉許，不但可使志工感覺備受重視與肯定，尤可讓志工瞭解工作的重要性，獲得工作的滿足感；進而增添志工信心，促使志工認同服務的意義、維繫服務的參與、促進工作成果的彰顯。

(八)就服務風氣言——社會應認同

傳統的觀念強調為善不欲人知，但其美中不足在於志工的優良事蹟與服務成果無法讓社會大眾仿效學習，而達見賢思齊之功效。因此，志工的善行義舉，社會應給予普遍的認同與嘉勉，並給予適度的獎勵與表揚；如此，透過媒體的報導，輿論的傳播，必能導引更多有志之士熱烈參與，而使志願服務蔚為善良的風氣。

三、志願服務的方法

助人靠技巧，服務講要領；志願服務如能講求推展方法，號召更廣泛的民眾參與，結合更眾多的民間捐輸；則必能開拓志願服務範圍，恢宏志願服務動力。為使志願服務有效發展，如何精研推展方法應係不可或缺的要素。

(一)就運用單位來說

◆要有明朗的政策

因為明朗的政策才能激發志工的響應，讓志工認識、瞭解提供服務的目的及意義。機構在擬訂任何一項服務計畫時，一方面務求具體、可行，另一方面應有完善的推行方案、完整的工作架構，更應明訂政策的目標、期望與標準；期使有意參與服務的志工，在認清機構的政策之下，貢獻所長，努力以赴。

◆要有周詳的規劃

機構如有需要且有準備任用志工，事前均應做完整而周詳的規劃，以免任用志工之後，因為志工無事或無適性的事可做，或志工與督導未能產生良性互動，造成志工頻繁流動或機構無謂困擾。注意要點如下：

1.如何甄選志工？
2.如何辦理志工教育訓練（包括：職前訓練、在職訓練與加強訓練等）？
3.如何安排志工適當的工作？
4.志工應如何排班執行任務？

5.需要志工協助哪些業務？

6.志工與專職人員業務應如何劃分清楚？

7.志工在機構應遵守哪些規則？

8.志工有何獎懲規定？

9.志工的權益如何？

◆要有健全的組織

個別的力量有限，團隊的力量無窮；因為單槍匹馬、孤軍奮鬥，總不如百川匯集，力不可擋；但這並非意謂著個人不可參與志願服務，而是因為單一而無組織的奉獻，對志工而言，未能產生自治、自制的功能，對機構也難以顯現輔助的作用；所以，機構在任用志工的時候，務必力求讓參與的志工組成團隊（二十人即可組成一個團隊），並輔導志工團隊透過民主的運作，健全組織，強化功能，凝聚團隊意識，形成共同信念；以期激發團隊生氣，產生堅強的活力，提高工作效率，開拓服務的創意。

◆要有精實的訓練

訓練是一個過程，藉此過程可分享理念、激發問題、修正態度及發展技巧。參與服務的志工朋友如果對於下列問題事前未能充分瞭解，僅為一窩蜂式的牽強附會，事中也未能深切體認，只是蜻蜓點水式的作秀粉飾，則志願服務的推展必定於事無補，雖有似無。

1.志願服務是什麼？

2.志工應扮演什麼角色及承擔什麼任務？

3.志工應如何面對服務對象？

4.志工應如何與督導人員產生良性的互動關係？

5.志工應如何輔助機構發揮服務功能？

因此，志工在參與之前及參與之中，機構務必落實辦理不同層次的教育訓練，導引志工啓發服務的價值觀念，增強助人的工作技巧。

◆要有專人的指導

　　恰適的指導才能明示服務的方針及增進工作的成效。有了訓練有素的熱忱志工及功能堅強的健全團隊，除其能秉持誠懇的服務態度依章行事外，更需要有專人的指導；雖然專業的督導人員未必無所不能，但卻是學有專長的諮詢者與協調者；他具有凝聚、啓發、矯正、創造的功能，這種功能可以協助志工建立堅定的信心，激發旺盛的鬥志。由於志願服務須配合社會需求做適切的締造運轉，除了機構應該具備整體、長遠的考量外，更須學有專長的督導人員給予恰適指導，如此，志願服務工作的推展，方能有成。

◆要有具體的獎勵

　　有效的獎勵是激發持續參與的動力。我們應該承認，志工參與服務絕不是爲了獲得獎勵，如果眞有志工爲了獲得獎勵而參與服務，誠摯地奉勸其最好儘速脫離志願服務的領域，以免因其動機不純混跡其間，破壞志工清純的聲譽。人多勢大方能衆志成城，志工提供服務，因係出自志願，故不宜輕易責備或懲罰；但爲了維繫、加速與擴大服務的成效，適當的獎勵應是必要的。不問是橫的平行的鼓勵，或是縱的隸屬的表揚，均有助於工作的推展與群衆的重視，進而造成潮流，蔚爲風尙。惟獎勵的前提務必嚴禁沽名釣譽，力求客觀公正，如此才不致使志願服務失其純化與淨化。

(二)就志工方面而言

◆要建立正確的服務觀念

志願服務是一種只問付出、不求回報的崇高志業，這是在推展志願服務的過程中，任何志工所應堅持不變的理念；除此而外，志工應該要把參與服務當作是一種學習、休閒、聯誼、運動，甚至是生活內涵的充實或人生意境的提升；千萬不要把服務視為是一種負擔、壓力，甚或是令人煩惱的苦差事；因為，唯有志工人人擁有「助人最樂、服務最榮」的正確體認，志願服務的推展才能事半功倍。

◆要展現誠懇的服務態度

人之相處貴乎「誠」，至誠足以感人，尤可化敵意為友誼。志工面對遭遇不幸、急待紓困的民眾同胞，首須展現在服務對象面前的應是和藹、親切、友善、尊重的誠懇態度。因為，姑且不論志工伸出援手是否能夠達到互助共濟、紓解問題的效果，但站在協助的立場，最起碼總要讓服務對象感到既有尊嚴，又有安全，如此才有助於彼此建立共同解決問題的良好關係。

◆要力求充實服務的工作技巧

技巧是一種方法，更是一種藝術。同樣是志工，可是其所提供的服務，對於服務對象，有的感到既受尊重，又有溫情；有的覺得越幫越忙，敬而遠之；推究其因，就在匡扶談技巧，慰藉講方法。的確，很多服務工作常因有人員而欠方法，有熱情而無技巧，致使觀念正確的措施，每因方法欠缺而變質；態度誠懇的服務，亦因技巧不夠而落空。是以，志願服務的有效推展，志工亟需從服務歷程中，發現問題，學習經驗，力求充實服務的工作技巧。

◆要嚴謹而負責地承擔工作崗位的責任

承諾就是一種責任，志工既然承諾提供服務，就應嚴謹而負責地擔負起工作崗位的責任。所謂責任，就是志工在提供服務時：

1.要有主動積極的衝動，積極參與，努力以赴。
2.要有溝通協調的耐力，克服障礙，征服困難。
3.要有善用思考的求知欲，學習成長，充實自我。
4.要有實事求是的使命感，崇法務實，克盡職責。

唯有如此，志願服務才能想得平實，做得踏實。

◆要善加運用社會資源

社會資源涵蓋有形的物質資源與無形的非物質資源，前者包括財力、物力、天然資源與活動空間等；後者包括人力、智力、技術與合作協調等。透過志願服務的管道，協助困難問題的解決，有時絕非單靠志工一己的力量，或服務機構一個單位的資源所能應付；而須仰賴其他力量的支持，或相關機構的配合，始能克服；故志願服務的順利推動，志工應該懂得善用社會資源，尤其對於社會資源的維護更須重視。

◆要尊重服務對象的個別差異

每個人由於出生家庭背景、經歷的生活環境及接觸的人際關係各有不同，故不論在人格特質、思想觀念或人生際遇等各方面必有或多或少的個別差異。因此，志工在面對不同的服務對象，雖其遭遇的困難問題雷同，但須考慮到人的個別差異，因應不同服務對象的個別需要，採取不同的處理方式；如此，對於協助解決困難問題所付出的心力才不致徒勞而無功。

◆要維護服務對象的隱私

任何人都有不必他人知道的隱私；服務對象固然暫時或因遭遇不幸，或因頓失方向，或因稍有挫折而亟需尋求適當協助；惟志工在幫助過程當中，為求達成任務，或許有必要深入瞭解觸及個人較為敏感的事情；此時，若服務對象不願或礙難告知，則應完全尊重；即若坦然以告，更應對其隱私絕對予以維護，以免隱私外洩，節外生枝，造成服務對象無謂困擾或二度傷害。

◆要以同理心為服務對象著想

所謂「同理心」就是設身處地、感同身受及將心比心。志工面對服務對象緊急求助時，如果能夠假設自己就是對方目前所處的境遇，又感覺到對方所遭遇的困難如同本身受到挫折一樣，而將對方的心理感受比做自己的心理感受；以這樣的角度去思考協助的模式，志工所採取的工作方法及表現的服務態度應將更為積極而進取；在此情況下，相信志願服務所產生的力量必定不只是相加，而且是倍增。

◆要建立服務對象參與自決的信心

志工在協助處理服務對象的困難問題時，首先應該把握的原則是要細心傾聽服務對象表達的意見，而後根據他的陳述，審慎研析解決之道；尤更重要的是，在處理問題的過程中，亟須設法導引服務對象建立參與解決問題的勇氣與信心。因為，站在服務的立場，志工對於服務對象所要採取的態度應是：

1.尊重而非同情。
2.關懷而非憐憫。
3.接納而非施捨。
4.協助而非主導。

務必讓服務對象共同投入解決問題的行列，親身體驗問題的癥結所在，且使其體認自助人助的真諦。

◆要與服務對象建立有意義的友善關係

所謂「有意義」的關係係指在安全、舒適、信任的良好情緒與關係下，志工與服務對象，有話直說，不拐彎抹角，而能增進彼此成長的關係。因為志工協助服務對象的時候，其實就在教育、修正、改變服務對象的觀念、態度與行為。要使志工與服務對象能夠深入、穩定，雙方之間務必凝聚某種程度的互信與互賴；必須二者之關係越深入、親密，雙方越能溝通、協商；這樣，在志工與服務對象雙方建立有意義的友善關係下，志工協助服務對象解決困難問題的可能性才會越高。

◆要遵守運用單位的規則而勿反客為主

志工在信誓旦旦的承諾下，擔任機構的志願服務工作，固然出自內心意願的啟發，但最重要的就是要謹守本分，遵守機構的規則，配合機構業務的推動，真正達到輔助、促進、發展的功能。尤其要特別注意的是，志工絕對不可違背機構的規則，自作主張，反客為主。因為，志工既然在機構擔任服務工作，就應自認是機構的一份子，一切作為務須站在機構的立場行事；否則，主從不分，任做不負責任的承諾，非但可能失信於民，且更可能影響志願服務的信度與效度。

◆要尊重督導人員的專業指導而勿自行其是

督導人員是機構組織中最基層的領導者，對上級而言，他須不折不扣地完成機構賦予的任務；對志工而言，他須帶領一群人有效地達到機構既定的目標。因此，督導人員在督導志工的過程勢必面臨下列各種挑戰：

1.行政權威的維繫。
2.服務人力的充實。
3.專業品質的提升。
4.互動關係的維持。

為使督導人員在服務人力的極切需求下，仍能樹立行政的權威；在專業服務品質的提升下，仍能維持互動的情感關係；其唯一的最佳前提就是，志工朋友務須遵守督導人員的專業指導，絕對不可認為反正是志願參與的工作，而毫不接受約束，自行其是。

四、結語

成功的志願服務，必須：

1.以適應需要來決定服務內容。
2.以良好態度來爭取服務對象。
3.以力求改進來開拓服務願景。

三者融合的結果，就是要力行、要落實、要創新。易言之，也就是要有新項目、新精神與新方法。只要做得多、做得好、做得有意義；必定能使更多的志工朋友體悟到「予多於取」、「人重於己」的價值觀念；進而使志願服務的推廣在社會改造中消弭亂象，在社會重建中樹立風範。

第15章
志工應有的禁忌

一、引言

　　志願工作或義務工作？志工或義工？該怎麼稱呼，或願意怎麼稱呼，就實質而言，一點也不重要；重要的在於志願服務的推展是否能夠落實執行，有效實施，真正達到輔助、彌補、發展的功用，進而彰顯服務效果，促進社會祥和。

　　至於「志工」或「義工」？顧名思義一目了然，「志工」乃「志願工作」，而「義工」則為「義務工作」；二者之區別為：(1)志願工作是所「願為」，義務工作是所「應為」；(2)志願工作是「服務」，毫無境界；義務工作是「責任」，應有限定。雖然如此，一般人對此二者並無嚴格區分，完全任憑個人習慣認知而稱之；不過，就個人認為，仍以採行「志工」一詞為宜，因為「志願服務」乃有志之士本犧牲奉獻、助人榮己之精神，出自內心所願為的一種志業或事業，它絕對不是一種負有責任而所應為的義務工作。

二、志工應有的禁忌

　　志願工作，看起來點點滴滴，但功效似小實大；弱勢族群受惠，好似範圍有限，但影響似弱實強。人要是能為自己鄉里、為自己社區服務，就會愛他的鄉里，愛他的社區；多數人能如是，結果必是愛人如己、扶危濟傾及急公好義。近年來，有志之士參與志願工作日趨增加，志願工作亦廣受公私部門一致重視；惟參與人員或因認識不夠，或因觀念紛歧，或因內容空泛，或因方法欠缺……，以致屢有缺失，常遭批評；歸納言之，志工應有的禁忌約有下列現象：

(一)作秀

在表面上隨風而起、熱衷服務，但實際上沽名釣譽、另有所思；到處高喊「助人最樂，服務最榮」，「給人快樂是天使，救人苦難是菩薩」，儼如急功好義、樂善好施之社會名流；但事實表裡不一，只是虛應故事，作秀而已。

(二)掛羊頭賣狗肉

看起來對志願服務好似熱烈參與，其實在熱情中暗藏玄機，別有居心；或藉服務之名拉保險；或藉助人之便搞老鼠會……。不過，在此要特別公道地聲明，並非從事保險工作的人不可參與志願服務，而是不可假借服務之名，藉機牟利，為不該為之實。

(三)蜻蜓點水

因受人影響，為了面子問題，象徵性的勉強應付；一年到頭難得露臉幾次，但如打聽到有好處可取，一定會準時報到參與。

(四)虎頭蛇尾

剛開始參與的時候，熱情沸騰，雄心萬丈；經過一陣子後，卻不知不覺，毫無理由地無疾而終；這種五分鐘熱度的參與，經常給人不良印象。

(五)來去自如

對參加志願服務的觀念仍然模糊不清，以為反正是志願參加的工作，愛來就來，不高興就走，自由自在，不但來去毫無交待，更

不懂得自我約束。

(六)尸位素餐

若說他不熱心參與，名冊上卻芳名永在；如果要把他除名，可能要爭論一番，這種空占位置不做事情的現象，實在令人不敢領教。

(七)請神容易送神難

公私部門為了彌補業務不足，常飢不擇食，大肆廣招志工，來者不拒；結果明知招來者無濟於事，有不如無，可是想要下逐客令，卻比送神還難。

(八)湊熱鬧

每次參與服務工作好像熱情十足，雞婆有加；實際上猶如持香陪拜，只是湊數而已，不僅礙手礙腳，而且極惹人怨，成事不足，敗事有餘。

(九)耍特權

以為參與志願服務充當志工，就可高人一等，狐假虎威；自認闖紅燈可以不算違規、亂丟垃圾可以不必受罰……，因為少數害群之馬存有這種謬誤觀念，致使志工形象可能遭致破壞無遺。

(十)傲慢

當了志工之後，言行舉止威風凜凜，神氣十足，不但態度惡劣，說話更是氣勢凌人；致使服務對象未能先蒙其利，反而先受其害。

(十一)爭功諉過

　　有功爭相挺身而出，逢過退縮不見人影；對於服務過程中所造成的錯誤，如可隱瞞，幾乎沒人願意自動勇於承認；可是，對於值得讚美的事蹟，一有機會，就到處炫耀不已。

(十二)光說不練

　　開口閉口志願服務，說的時候海闊天空、洋洋灑灑，但是真要力行實踐之時，卻又逃之夭夭，不見蹤跡；這種僅能坐而言、不能起而行的嘴皮子，當然不受歡迎。

(十三)貪小便宜

　　明知道志願工作的本質不求任何回報，但每逢小利卻貪求無厭。事實證明的確仍有不少志工朋友，他是否踴躍參與服務工作，完全決定於參加之後，有無贈送小紀念品或有無其他小小好處。

(十四)斤斤計較

　　從不計較服務時間的長短或服務次數的多少，亦不計較服務績效的優劣或服務風評的好壞；而卻把計較的焦點集中在：誰比較受寵或誰比較不受重視、誰獲得的較多或誰獲得的較少等不該計較的無聊瑣事。

(十五)公器私用

　　公器不得私用應是人人皆知的簡單道理，但卻有志工藉著參與服務之便，或占著辦公電話做非服務之用，或利用公器處理私人之

事的不良現象發生；致使服務最樂空有假象，令人對志工的功能產生懷疑。

(十六)挑撥離間

或許因為閒著無聊沒事做，或許因為方法欠缺不會做……，由於時間過多，無所事事，只好東家長、西家短，說這個不好、講那個不對；無中生有，惹是生非；既破壞感情和諧，又影響工作士氣。

(十七)搞小圈圈

這種現象在志工團隊中屢見不鮮，或更甚者，連只有三、四個人都可能發生這種現象；致使志工之間山頭林立，各顯身手；對於服務工作未必能有貢獻，製造無謂困擾倒是麻煩重重。

(十八)勾心鬥角

因為小圈圈作祟，勾心鬥角當然不可避免；伴隨而來的爭權奪利，競求表現，以致釀成彼此之間貌合神離、暗中較勁亦必在所難免；如此，可能造成服務成效的負面影響，相信難以評估。

(十九)自命不凡

志願工作固然具有彌補機構業務的輔助功能，但志願工作絕非萬靈丹。絕對不要以為原來機構長年不能解決的疑難雜症，透過志工的協助，就可化解為無形；這種自命不凡的理想，最後必定變成夢想或妄想。

(二十)好高騖遠

志工千萬不要以為「善小而不為」，有些志工確實企圖心很強，一當了志工就想有朝一日能夠移山倒海，扭轉乾坤，對於較為繁瑣的庶務性工作幾乎不感興趣；這種好大喜功、不切實際的想法，難免引起機構的反感。

(二十一)不知分寸

志工最要把握的原則就是要遵守機構的規則，配合機構的政策目標：嚴守分寸，謹言慎行；凡是應該做的，赴湯蹈火，在所不惜；至於不該做的，就算長官施加壓力，也要勇敢說不。可是，有些志工對於機構的行政措施，遇有不盡滿意之處，常會嫌東嫌西甚至亂加批評，表現不合作的態度；這種不知天高地厚的作為，有時令人不解。

(二十二)喧賓奪主

志工除了應該謹守分寸外，尤其不可喧賓奪主。志願工作的有效推展，權責一定要分清楚；主管、督導與志工之間地位與角色須扮演得當，如果地位與角色發生衝突，必定引發問題。事實常有耳聞，有些志工比督導還「猛」，權力比督導還大；這種主從不分、越俎代庖的現象若是真正存在，的確是志願工作的一大隱憂。

(二十三)走火入魔

志願服務的前提是利用己之有餘，幫助他人之不足；所以，志工應該把參與服務工作當作是一種休閒或消遣，絕對不可變成負擔或壓力。有些志工每天行程排得滿滿，晚上有時還加班，比一般正

式上班領薪者更加忙碌；這種糟蹋自己、虐待自己的反常做法，實有過猶不及之憾。

(二十四)欺負菜鳥

志工有的參與時間較長，有的才剛投入行列；有的曾經受過多種訓練，有的一次訓練也未參加；因此必有面對工作產生熟悉與生疏之別。按照常理，資深的志工應該帶領資淺的志工，老幹應該指導新枝；可是，事實不然，確實有些資深而有經驗的志工不但沒有好好教導新的志工，反而表現一副神聖不可侵、耀武揚威的架子，排斥、指責，甚至歧視新的志工。

(二十五)口是心非

口口聲聲「志願服務，不求名利」，但是，心中所想的又是另一種期待。嘴裡嚷著「為善不欲人知」，心裡想著卻是「積善何無回報」；逢人必說服務絕不為了獲得獎勵，可是看人受獎卻臉像水餃一般彎彎曲曲；更嚴重的是，不但「愛獎」，而且想盡辦法「爭獎」；這種言不由衷、自欺欺人的虛假君子，實乃社會不敢恭維的另類人物。

三、避免禁忌發生的做法

說實在的，志願工作不論從理論或從實務而言，絕對是個人出自內心誠意、自動自發而參與的一種崇高志業；它絕不應該強迫任何人參加，而任何人也不應該被強迫參加；基於這種理念，志願工作既然是自己心甘意願、毫無所求所熱衷的一種神聖工作；既然參加，就應言行合一，全力以赴；不然，則應儘速遠離，以免害人而

又害己。客觀言之，每位志工朋友應該都是受人肯定與尊敬的可愛天使，爲免禁忌的缺失發生，影響志工清譽，志工朋友應該相互勉勵朝著下列目標努力邁進：

(一)要行之以誠

「至誠足以感人」，志工既然參與，就應誠心誠意，樂在服務；絕對不可虛情假意、作秀、沽名釣譽、搶出風頭、掛羊頭賣狗肉、口是心非、表裡不一……，俾免引發社會的詬病。

(二)要實事求是

志願服務是一種推己及人的工作，其重點應在力行實踐；因此，志工應以親切、平實的態度對待服務對象，以嚴謹、負責的毅力完成機構所賦予的任務；絕對不可光說不練、尸位素餐、湊熱鬧、走火入魔……，而招致華而不實、有不如無的批評。

(三)要建立自信

「只要信，不要怕」，這是參與志願服務的人應該堅守的座右銘；志願服務既是一種幫助別人解決問題的工作，志工本身當然首須建立充分的自信；絕對不可畏首畏尾、猶豫不決、憂柔寡斷、緊張兮兮……，而導致成事未必、敗事難免的指責。

(四)要持之以恆

「有恆爲成功之本」相信人人耳熟能詳，志願服務固然必須講求方法、技巧，但貴在是否能夠永續經營；所以，志工的參與務須持之以恆；絕對不可蜻蜓點水、來去自如、虎頭蛇尾、無疾而終……，以免遭受聞聲起舞、時晴時雨的譏諷。

(五)要自我約束

志願服務應以「公民意識」的教育與培養為基礎，其最重要的原則就是要堅持「有所為」、「有所不為」的執著；絕對不可不知分寸、耍特權、傲慢、貪小便宜、公器私用、喧賓奪主、口是心非……，以免招來越俎代庖、貪圖名利的責難。

(六)要小處著眼

志願服務不可存有「善小而不為」的心態，志工應該以扮演螺絲釘、調味品、潤滑劑、瞄子手……的角色為榮；絕對不可自命不凡、好高騖遠、野心勃勃……，而惹來希望越高、失望越大的落寞。

(七)要有容乃大

「能饒人者且饒人」、「退一步想海闊天空」這都是參與志願服務應該信守的嘉言；志願服務的本質既是助人利他，志工尤應嚴以律己、寬以待人；絕對不可斤斤計較、爭功諉過、勾心鬥角、挑撥離間、搞小圈圈、欺負菜鳥……，以免有失仁之使者、義之尖兵的風格。

四、結語

總之，無論從任何一個角度來說，值此功利主義盛行、社會亂象叢生之際，志工朋友的善行義舉，不但可純化自己、美化人生，尤可淨化社會、強化國家；志願服務的積極推展不僅是心靈改造的和平運動，尤更是化戾氣為祥和的改革功夫。吾人深信，人之初，

性本善，志工參與服務的基本動機絕對都是純潔無邪、毋庸置疑的；每一位志工應該也都是品德優美、態度誠懇與觀念正確的優秀志工；但不幸的是確實仍有少數不自愛、不自省者摻雜其間，弄得志願服務的美好清譽，有時候難免會遭到批評，稍打折扣。

　　最後謹以「只要樹頭站得在（「在」是穩的意思），不驚樹尾做風颱」（台語發音），與所有敬愛的志工夥伴共勉，至盼大家實實在在的「展現志工情、弘揚天使心」，同心同德，勇往直前，共同將人性的光與熱散布在世間的每一個角落，讓人間更增溫情，社會更添溫馨。

第16章
志願服務的方案設計

一、引言

　　「方案設計」在本質上應是任何一項開創業務的前置作業。所謂「方案」實際就是「計畫」，而「設計」應該就是「擬訂」；所以，「方案設計」應係「計畫擬訂」的另一種用語，只是「方案設計」較屬學術性的專用名詞，而「計畫擬訂」則係一般較為常用的通俗名稱。

　　具體而言，所謂「方案設計」應指：計畫擬訂者針對某一現象，經過問題探析與需求評估之後，認為為了解決問題及因應需求，極有必要在未來某一段時間裡，針對某些特定對象，研擬一套可行的計畫，訂定具體的做法，運用各種資源相互配合，以完成機構所應執行的任務，及達成計畫擬訂者所預期的目標，而所擬訂的一種行動計畫。

　　「方案設計」在推展志願服務中之應用，應該不必像公務機關或企業機構所擬訂的中、長程計畫要求那麼嚴謹，內容那麼豐富；個人認為推展志願服務的「方案設計」務須力求切合實際、簡易可行，並不宜太過繁雜；尤其在辦理志工訓練講授此項課程時，更不宜應用太多艱深理論，或講得過於玄奧；否則，不但對志工參與服務工作毫無助益，反而將會增添志工不少煩惱。至於就運用志工的機構而言，雖然其業務相關人員在推展志願服務的過程中，亦需應用「方案設計」，惟因其計畫推行的實施對象均係志願服務團體或志工人員，如其擬訂的計畫過分繁雜或不易瞭解，相關團體及志工必定難以配合遵行，如此，其所擬訂的計畫勢將變成徒勞無功。因之，「方案設計」固然本身應有其高深的理論，但為牽就事實，「志願服務」的方案設計還是應以具體可行、講求實效為主。質言之，懂得善用「方案設計」，對於志願服務的推展應可產生下列的

實質效益：

    1.懂得善用方案設計，可掌握志願服務方向。

    2.懂得善用方案設計，可變化志願服務態樣。

    3.懂得善用方案設計，可充實志願服務內涵。

    4.懂得善用方案設計，可力爭志願服務資源。

    5.懂得善用方案設計，可擴大志願服務範疇。

    6.懂得善用方案設計，可提升志願服務品質。

    7.懂得善用方案設計，可彰顯志願服務績效。

    8.懂得善用方案設計，可開創志願服務新猷。

二、方案設計的步驟

(一)探析問題

    問題是一種情境，這種情境社會大眾一致認為必須採取集體措施予以解決，以免造成社會的損害；而「方案」應是解決問題所精心設計的行動計畫。因之，方案設計的首要步驟就是「探析問題」的癥結所在，然後才能針對問題的核心，研擬具體可行的行動策略妥為因應，以求達到方案設計的預期效果。

(二)評估需求

    需求是凸顯問題的指標；民眾的需求由於經濟的快速發展、社會的急遽變遷，勢必隨著時間的轉移而日新月異；例如：過去某種程度的供給可能讓民眾一致感到雀躍歡呼；可是時至今日，同樣程度的供給，卻讓民眾不時怨聲載道。因之，公共行政的推動，如果冀能滿足民之所好，則有賴對於實際的需求先做精細的評估；而後

針對實際需求，規劃因應對策，研訂具體方案，付諸實施；因之，方案設計的第二個步驟應是「評估需求」。

(三)設定目標

目標乃組織企圖實現理想的情況。任何方案的推行必定有其極具開創性與前瞻性的預期目標與理想有待實現。因此，方案設計的第三個步驟在於如何「設定目標」，方案設計的目標越具體化及結構化，行動計畫的各項實施內涵越能配合預期的目標順利達成。事實上，任何一個方案的實施，如無企圖實現的理想及期盼達成的目標，則其方案的擬訂必毫無意義、浪費資源。

(四)決定任務

任務是工作努力的方向。當方案設計經過問題探析、需求評估及目標設定之後，接著第四個步驟就是「決定任務」。決定任務時必須在計畫擬訂中明確指出：計畫的執行與完成究竟應由哪個單位主導？哪些人或哪些單位應相互配合？計畫的實施預定達到什麼程度的效果，預定完成什麼重要的任務……；如此，始可透過責任分工的運作，形成堅強的工作團隊：大家朝著工作努力的方向，全心投入，全力以赴，共同致力於計畫的落實推行。

(五)發展方案

方案設計的第五個步驟是「發展方案」；前述探析問題、評估需求、設定目標及決定任務等，可說都是方案設計的準備階段；而「發展方案」則是方案設計的形成階段。一般來說，方案設計在發展方案的階段應該考慮「6W＋1H＋1I」等重要因素；這些重要因素應包括：

1.Why（目的）：方案實施的目的。

2.Who（分工）：方案由誰執行。

3.Whom（對象）：方案參加的對象。

4.What（性質）：方案實施的重點。

5.When（時間）：方案在什麼時候實施。

6.Where（地點）：方案在什麼地方實施。

7.How（程序）：方案如何實施。

8.If（如果）：方案實施可能遭遇的困難問題。

(六)執行計畫

計畫貴在落實執行，一個計畫如未能貫徹實施，則其計畫必毫無價值；故方案設計的第六個步驟是「執行計畫」。事實上，擬訂計畫並不很難，而如何能將計畫有效施行，且順利完成，並達到預期的效益，確是一件極其不容易的事情。吾人深知，促使計畫有效執行的因素很多，諸如人力、經費、配備、意識形態、溝通協調，甚至天氣、交通……；只要稍不留意，任何一項因素都足以造成計畫執行的障礙。除此而外，更重要的，是計畫負責人的觀念、毅力、衝勁、魄力、重視程度及執著狀況等，更是影響計畫是否能夠有效執行的關鍵所在。

(七)評量成效

任何一個計畫的執行，沒有經過成效評量，計畫不算終結；故方案設計的最後一個步驟是「評量成效」。大家務須建立共識的是，評量不是互相指責、批評，或是故意找出別人的錯處互相撻伐、攻擊；評量的目的旨在把計畫執行過程中所遭遇的困難問題，開誠布公地拿出來檢討，以尋求解決方法，作為未來的借鏡。至於

評量的內容，大致應該涵蓋：

1.目標是否達成。

2.反應是否良好。

3.參加對象是否受益。

4.工作方法是否正確。

5.工作協調是否周密。

6.有何優點及缺點。

7.有何需要改進之處。

三、方案設計的內涵

此處所指「方案設計的內涵」主要在於闡述方案設計「計畫」所應包含的要項，或指方案設計「計畫書」撰寫的格式。概括言之，一個完整的方案設計「計畫書」應包含下列必備的重點內容：

(一)方案名稱

方案設計首先應該決定方案的「名稱」；一般來講，方案的名稱務求「簡潔有力、引人入勝」，尤應兼具「知性、感性、靈性」的效果；特別應該注意的是，方案的名稱千萬不可過於八股，而且字數也不宜太多。當前較夠水準且受矚目的方案名稱，最好先訂定「主題」，作為整個方案的精神標竿，然後再以副標題顯示方案設計的實質目的。例如：「心中有愛，溫情常在──響應1997年國際志願服務日系列活動實施計畫」；其中「心中有愛，溫情常在」就是主題，而「響應1997年……」就是真正的方案名稱。

(二)緣起

這部分旨在明確指出為何要設計或舉辦此一方案，此為方案推行的動力所在。在此要項應該將與整個方案有關的背景需求、現存問題及應行策略提出詳細說明，讓參與者先入為主、一目了然領悟方案設計的真正動機。不過，在描述這些資料時應先透過各種管道蒐集具體有力的數據，作為推動此一方案的具體說明，以贏得社會大眾的回應與支持。

(三)依據

任何方案之推動一般均應有其政策、法令、規章、計畫或會議決議為其依據，因此，方案設計務須陳述其所據以實施之依據，以爭取經費預算及領導階層之支持。例如：其依據可能是「社會福利政策綱領」、「民生主義現階段社會政策」、「老人福利法」、「身心障礙者保護法」、「祥和計畫──廣結志工拓展社會福利工作」、「推動社會福利社區化實施要點」；也可能是依據某令、某函或某次會員（代表）大會、理監事會議之決議。惟如確屬創新方案，而無任何依據可循，則此項當然可予省略。

(四)目的或宗旨

此項主要在於說明實施方案之意義、價值及功能為何，並明白指出為什麼要實施此一方案、實施此一方案能夠達到什麼預期的目標。在這項敘述中經常採用一些行動取向的用詞，例如：加強、強化、增強、增進、促進、提倡、倡導、發展、預防、防範、防止、避免、免除、減少、降低……。總之，目的（或宗旨）應簡明易懂、鏗鏘有力，以極為中肯的用詞，一語道出整個方案的精髓所在。

(五)辦理單位

此項包括主辦單位、協辦單位及承辦單位（或執行單位），其完全依事實需要而定，未必三項都有，一般或許只有主辦單位而已；不過大家應該瞭解的，是不論主辦、協辦或承辦單位，不一定只有一個，有時候可能也有二、三個。

(六)指導單位及贊助單位

這兩個單位也是視方案執行的實際需要而定。其中贊助單位一般係指提供經費支援的單位，旨在給予資源提供者的榮譽，以期爾後能夠繼續獲得支持。至於指導單位常係洽請上級機關或主管機關擔任，以求增強方案執行的公權力與公信力。

(七)實施時間或期間

方案如屬活動性質的，其實施時間大都是一天或兩天，但系列活動的實施期間可能會是一週、一個月或一季，其完全要視方案的性質而定。不過，一個方案的實施，固然在執行的時候務須力求達到「只許成功，不許失敗」的目標；但是，欲求此一目標的有效達成，最為重要的應是籌備期間一定要精心策劃、謹慎思考，尤其加強溝通協調、檢查修正更是要務；所謂「凡事豫則立，不豫則廢」，可見籌備工作對於方案實施成敗與否的重要影響。

(八)實施地點

一個方案的實施如果只有一天，其實施地點應該只有一個，如係系列活動，則其實施地點不一定只有一個。無論怎樣，方案的實

施地點務必注意：大小適宜、地點適中、交通便利、環境舒適等原則；俾使參與者在參與過程中深深感受到，參與其間海闊天空、氣定神閒、如沐春風、心曠神怡。

(九)參加對象

此乃依方案設計的性質而邀請，但邀請參加的人數必須與辦理地點與實施內容相互配合，以免造成冷冷清清或擠沙丁魚的兩極現象，或準備的東西供不應求的狀況發生。尤其邀請參加對象的健康狀況更應予以慎重考量，因為任何一個活動方案的實施，熱烈固然重要，安全更應絕對要求。

(十)實施要項

此項也可稱實施方式或實施內容，端視方案設計者配合方案的需求而斟酌使用。事實上，這一部分應是方案的精華所在，因為一個方案究要如何執行、具體的做法為何、包含哪些重要項目，應該在此部分生動、活潑地展現出來，俾讓接受邀請參加的對象，一看到方案的內容，就躍躍欲試、熱烈參與。

(十一)預期效益

一個方案的實施必然有其預期實現的理想與達成的目標，故在方案設計的時候，務須以客觀的態度，預測該方案實施之後，對參加對象能有什麼助益、對社會大眾能有什麼影響、對主辦單位能達到什麼目的等期待獲致的效益慎加評估，並以耀眼奪目的文句在方案中予以陳述；如此，必能促使各方面深切感受到方案執行的實質意義，而樂於熱烈響應，全力支持。

(十二)經費

這是依實施要項之內容、配備及地點等需求經費，一一列出編列預算；在編列預算時務求崇尚節約，撙節開支。至於經費來源，可能是年度編列之預算，也可能是要爭取補助，或結合社會資源支援；不論其來源如何，均應詳細說明。

(十三)附則

此乃整個方案的限制條件。例如：本方案陳奉核定後實施，或本方案提經某某會議決議後實施，或本方案經主協辦單位共同協商決定後實施……，修正時亦同。這主要在於說明方案發生效力或修正補充的程序。

四、應用方案設計的功能

任何一種社會現象，必定先有「問題」的產生，而後再針對問題的核心思考因應的策略，研訂具體可行的「政策」，以作為解決問題的指導原則或基本方針；而為了落實政策的執行，則需透過「立法」的程序制定法案，作為落實政策執行的有力依據；惟法案務須付諸施行，才能展現預期的效果，所以必須運用「行政」的措施，設計「方案」，形成「行動計畫」，有效推行；始能完成政策任務，實現政策目標，解決社會問題，增進社會福祉。從以上這個環環相扣的邏輯關係，吾人深知，「方案設計」乃是為了解決問題或滿足需求所擬訂的「行動計畫」；這個行動計畫經由擬訂者的精心策劃，務須朝著某一個目標方向進行，使方案在社會資源的有效運用下，克服預測可能發生的困難與障礙，順利推動，產生效果，

而符合參加對象的興趣與需要。由此可見，應用「方案設計」應可獲致下列的重要功能：

1.可針對問題，掌握需求，完成政策任務。
2.可面對未來，決定目標，推動行政工作。
3.可選定議題，加強宣導，蔚爲社會風尙。
4.可激發認知，凝聚共識，滿足民眾需求。
5.可整合資源，運用網路，分享服務動力。
6.可精練方法，增進知能，儲備專業人才。
7.可跳脫窠臼，開拓創新，提振組織活力。

五、結語

總之，任何一個方案儘管其內涵各有不同，但所有的方案應該都是爲著社區或社會帶來衝擊或影響而用心設計的；方案設計的時候，不但要順應社會的變遷，因應世界的潮流，尤需配合機構的行政取向。質言之，一個良好而成功的方案，應可顯現下列的特點：

1.有清楚、明確的政策目標。
2.有承先啓後的工作方向。
3.有充足的社會資源可資運用配合。
4.能針對社會大眾的興趣和需求設計。
5.方案的提出恰是時候。
6.方案設計者擁有規劃和執行的能力。
7.方案的設計可預測在執行時可能遭遇的困難，並將其阻力減至最低程度。
8.方案的內容切合實際，具體可行，且富有挑戰性與前瞻性。

9.方案的推動能獲得機構內部組織和外界環境的全力支持。

10.方案的執行能激發參加對象的踴躍參與，並引起熱烈的回應。

第17章
志工團隊的運作與成長

一、引言──志工團隊的本質

所謂「志工團隊」應指基於奉獻、志趣、心願或回饋等動機而參與志願服務的朋友，為了擴大服務層面，恢宏服務效果，依照政府相關規定，以助人利他、服務人群為目的所結合的組織。

志工團隊固然亦屬社會組織當中重要之一環，惟其組織型態與籌組設立，並非依據「人民團體法」規定所許可立案之社團，故其與法定的人民團體有別。所以，志工團隊的領導幹部務必深切認知，志工團隊應係隸屬機關、機構、團體、學校或廠場的內部組織，它絕對不得脫離所屬單位的名義，而以自行命名的團隊名稱獨立對外行文或運作，以免觸法，甚或有損團隊的聲譽。

在此要特別一提的是，並非個人不可從事志願服務，而需參加團隊始能實踐善行，主要是因個人力量有限，孤掌難鳴，比較不易凸顯服務的成效；如果聚集志同道合的朋友組成服務團隊，彼此集思廣益，腦力激盪，則必更能造成風氣，蔚為潮流；遠比個人孤軍奮鬥，尤可增強服務的影響效果。

二、志工團隊應有的功能

(一)服務的功能──愛及所需

志願服務最主要的功能就是「服務為先，愛及所需」，適時把愛送給最需要愛的人，讓頓時陷入徬徨失措的人，能在志工的妥切協助之下，儘速脫離困境，重現希望。

(二)關懷的功能──散布溫情

　　志願服務係助人意願的主動參與，故它應能惠而不費地散布關懷，傳送溫情；及時向亟待幫助的同胞伸出愛的援手，助其一臂之力，化解不幸，增添溫馨。

(三)反映的功能──表達心聲

　　志工團隊是代表志工朋友的結合體，志工可憑藉團隊向所服務的單位表達其意見，尤可透過團隊的管道向政府透露其心聲；如此，志願服務工作必能獲得重視，志工的困難問題亦能贏得關注。

(四)溝通的功能──建立共識

　　志工團隊應能扮演志工與服務單位雙方之間的中介角色，尤能發揮溝通媒合的功能，當志工與服務單位之間意見未能交流，或看法難趨一致時，經由團隊居中協調，折衷滑潤，必能建立共識，化誤解為諒解。

(五)激勵的功能──鼓勵進取

　　競爭是加速進步的動力，志工朋友參與團隊各項服務活動，彼此相互觀摩、學習、歷練、鼓勵，由於「榮譽心」與「成就感」的驅使，必能激發個人更加積極進取，見賢思齊。

(六)教育的功能──增進知能

　　教育不但可變化個人氣質，尤可充實生活內涵；透過志工團隊加強辦理或鼓勵參與志願服務教育訓練，則必能讓志工增廣社會見

聞，強化服務技巧，而有助於增強志工學習成長的機會及參與服務的信心。

(七)倡導的功能──樹立典範

志工參與志願服務不論是本著天主的仁愛、基督的博愛，或佛教的慈愛，其犧牲奉獻的動機均足作爲社會學習的標竿；志工團隊如能透過志工表現的善行義舉，樹立典範，加強倡導「助人最樂」、「服務最榮」的理念，則必能使社會產生善的連鎖。

(八)傳播的功能──蔚爲風尚

傳播觀念，造成潮流，雖有恃個人努力，但個人往往不如有組織的團隊能夠持久，並可作有計畫、有系統的推廣與傳播；透過團隊的整體功能，有步驟、有目標的弘揚志願服務理念，必比志工個人更能達到影響效果，而能使志願服務蔚爲善良風尙。

三、志工團隊應有的運作方法

(一)團隊組織自由化

所謂「自由」並非意謂志工團隊是散漫而無秩序的，而是指志工參加團隊應是憑藉自我意願的啓發與選擇。因爲，志工如果是在被人控制、操縱、指揮或拘束的情況下參與服務，其必無法實現自我理想，施展自我抱負，而團隊意識亦必難以凝聚。

(二)志工要求細膩化

在目前到處高喊「人力精簡」的情勢下，各單位為彌補人力不足的困境，大都紛紛運用志工予以協助。因此，志工團隊對於所屬志工到底應該扮演什麼角色、應該如何與服務單位密切配合、應該如何與督導產生互動關係，均需細膩要求，交待清楚，以免讓服務單位感到志工的存在反而「越幫越忙」或「有不如無」。

(三)幹部領導積極化

所謂幹部係指團隊的領導人員，包括團（隊）長、副團（隊）長及組長、副組長等。雖然領導幹部僅是責任的加重，且與其他成員一樣不計任何酬勞；惟一旦擔當任務，則需秉持主動積極、專心致志、踴躍參與、公正無私的服務精神，經常向團隊成員澄清服務的目標，注意保持團隊成員互動的愉快關係；俾增強成員的互信與互賴，激發成員致力服務的工作士氣。

(四)團務經營民主化

志工團隊是志工自由意志的結合體，其實際負責推動團（隊）務工作的固然是領導幹部，但最高權力仍應尊重志工多數人的共同意見。因此，志工團隊的領導幹部務必深切體認「團隊的主權在志工」，對於志工應有的權益，諸如：幹部的選擇、活動的舉辦、計畫的訂定……，皆應絕對給予尊重，透過民主的方式，集思廣益取決於多數，而非將一切決定均操之於領導幹部手中。

(五)助人技巧專業化

服務隨心願，助人靠技巧；所謂「技巧」就是務須發揮專業知能。一般言之，專業應該兼含敬業、樂業、永業；志工朋友參與服務固然是意願的啓發，只問奉獻，不計回饋，但總不能任意隨心所欲，毫無約束；乘興而起，無疾而終；尤需忠心職守，實事求是；平易近人，樂觀以赴；設法贏得服務對象的信任感，力求激發服務對象的奮進心。

(六)服務觀念現代化

志願服務是凡具有人性崇高互助情感者就能參與的工作，它可說是人間眞愛的展現，也是人性至善的弘揚。「不食嗟來食」相信是一句人人耳熟能詳的平凡用語，不過，它應是服務觀念務須順應時代潮流的最佳警惕。不可否認的，過去的服務可說僅限於消極的飢餓給飯吃，寒凍施衣穿；而現代的觀念，則應將層次提升爲服務是一種關懷而非憐憫，是協助而非同情；尤其更是一種社會的連帶責任，絕非個人的慈善施捨。

(七)工作動力激勵化

爲善不欲人知固然是種美德，但美中不足的是，其善行義舉未能讓他人模仿學習，見賢思齊，而達弘揚愛心、傳送溫情之功效。志工參與服務的動機固然不是爲了獲得獎勵表揚，但依據「激勵理論」的原理，「激勵」是促使人們努力去做某一件事或不想去做某一件事的有效誘因。志願服務的發揚光大貴在持之以恆，爲了激發志工持續不斷熱烈參與志願服務的動力，適度的激勵，藉以滿足志工朋友的成就感與榮譽感絕對有其必要；惟要特別注意的是，獎勵

務求客觀公正、實至名歸，切忌人情用事、徇私偏祖。

(八)倫理關係體系化

「倫理」是人與人之間立身處事的行為規範，也就是人之言行當中有所當為、有所不能為的尺度與準則。為了弘揚志願服務的美德，確保志願服務的品質，志工在從事志願服務的過程中，凡是有所當為者理應勇往直前、全力以赴；而有所不能為者則應敬而遠之、嚴加規避；這個完整的架構體系，除應包括志工本身務須遵守的倫理守則外，更應涵蓋志工與服務對象、志工與督導、志工與社會人群，甚至志工與志工之間的倫理關係。

四、志工團隊應有的成長目標

(一)就團隊本身而言──健全組織、強化功能

志願服務是否能夠有效推展，端賴志工團隊能否強化組織功能為基本前提；因為，唯有健全的志工團隊，才智兼具的有志之士始願熱烈參與。基此，志工團隊欲求達成服務的目標，在成長的過程中務須致力健全組織、強化功能；其具體做法為：

1. 依照有關規定推展團（隊）務，團隊的領導幹部最好經由民主的方式選舉產生。
2. 全力配合服務單位的需求，積極推展各項有關的服務活動。
3. 建立簡易的會計制度，不論經費多少均應力求公開。
4. 倡行會議規範，培養民主素養，使志工朋友充分瞭解服務績效的達成應建立在集思廣益的基礎上。

(二)就服務對象來說──協處急困、扶植成長

志願服務的可貴在於當人遭遇急困而徬徨失措的時候，能及時伸出愛的援手，讓亟需幫助的人適時獲得關懷與支持。志工團隊應該力求透過教育訓練促使參與服務者：

1.以誠懇平實的態度來對待服務對象。
2.以協助扶持的方法來決定服務內涵。
3.以扶植成長的理念來達成服務目標。

務須三者相互融合，始能使「施」與「受」雙方充分體會到「助人榮己」與「溫情洋溢」的成就與溫馨；而使志工團隊的功能日益精實壯大，贏得社會絕對的肯定與信賴。

(三)就機構配合來講──精誠合作、彌補不足

近年來，在政策取向大力倡行組織精簡的情況下，各政府機關、福利機構、醫療院所及社教單位……均感人力嚴重不足，業務難以順利推動；為有效解決人力缺乏之現象，各單位無不積極致力召募志工或義工，以期彌補人力之短缺，而利協助例行業務之推展。吾人深知，志願服務的範圍其大無外，其小無內；諸如：社會福利、環保宣導、文化活動、諮詢服務、關懷晤談、病人探訪、居家照顧、心理輔導、更生保護、名勝導覽、水土保持、消防救難……在在都有志工朋友服務奉獻的痕跡及助人立人的溫情。志願服務最大的功能就在其具有協助業務推展的輔助性與補充性；因此，志工團隊在發展的歷程中，應該嚴格要求所屬成員務須堅守志工倫理，與服務單位精誠合作，全力配合，確實達到彌補人力不足、協助業務推展的實質效能。

(四)就社會需求而論——迎合需要、增添溫情

各政府機關或民間單位有些不具公權力的例行業務,如由專人負責,每日千篇一律,一成不變,亟易讓主事者產生職業倦怠或工作疲勞,甚至造成服務態度欠佳,引發民怨,破壞形象。

志願服務完全是有志之士性之所近、興之所趨,導自內心奉獻、回饋、同理、感恩等自動自發的多重心理,把助人利他當樂趣,視服務濟世為光榮;其所作所為見之於民眾,形之於社會,點點滴滴都是為了實踐理想與施展抱負而努力。志願服務的範圍至為寬廣,任何一種生活層面均可加入;志願服務的動力最重要的前提就是要掌握社會需求,跳脫傳統窠臼,開拓創新行動,增添關懷溫情。

(五)就效益評估探究——弘揚效能、促進祥和

現代化國家所致力追求的目標應是政治上的權力、經濟上的富裕與社會上的公平。這些權、富、平的歧見與衝突,只要人人能體悟「施比受更有福」、「予比取更快樂」的真諦,透過志願服務的積極參與,應該都可予以紓解與調適,尤可將戾氣化為祥和。

志願服務的最高意境是民胞物與,捨我其誰;也就是讓社會人人達到投訴有門、貢獻有處,需要別人幫助的與期盼幫助別人的,都可以各得其所。說實在的,值此爭權奪利猖獗、投機取巧日盛之際,仍有可敬的志工朋友樂意紛紛投入志願服務工作,這種善行義舉委實值得喝采與嘉許;因此,志工團隊所要努力的方向應是激勵士氣,整合力量,弘揚服務效能,促進社會祥和。

五、結語

　　總之，志工團隊是推動志願服務的重要組織，不但是志工集思廣益的基石，更是機構人力資源的主力；團隊得運用集體力量，溝通機構與志工之間的意見，將志工的困難問題與具體建議反映給機構，機構的各項決策與做法，更可透過團隊的傳達，獲得志工的配合與支持。足見，志工團隊的健全發展與否，不但關係志工的向心與信賴，對於是否能夠真正發揮服務的積極功能影響更鉅。因此，展望未來，各志工團隊亟應強化組織，自立自律；以完善的服務、高度的效率，心手相連共同為志願服務的發揚光大開拓更美好的願景。

第18章
民主素養與志工團隊

一、引言——民主的真諦

民主的真諦在於：法治、自由、平等、尊重、溝通及少數服從多數。志工團隊是擁有奉獻心願的一群人，只問耕耘，不計回饋，秉持「助人最樂，服務最榮」的信念，發自內心驅力的自然結合。志工團隊既是自我意志的結合，其運作方式當然應該塑造民主素養，讓獻身志願服務的夥伴，能在「法治中有自由，尊重中講平等」，並以「充分溝通」、「少數服從多數」的互動模式，凝聚共識，激發參與；如此，始能使志願服務的推動，永續發展，日見成效。

二、志工團隊為何要塑造民主素養？

民主的最高原則是在不違背法令的範圍之內，大家都有講話的自由。志工團隊既然是誠心奉獻的朋友發自內心驅力自然形成的組織，有關志工團隊重大事情的決定，志工應該要有平等表達意見的機會與權利；因為只有透過開會以民主的方式來決定志工團隊的重要事項，及志工共同興趣所趨的服務項目與方向，志工的服務動力才能激發，志工的服務效果始能彰顯。

民國80年6月22日台北市志願服務協會所召開的全國「志願服務聯繫會報」第五次會議曾經討論通過「志願服務團（隊）組織準則」，其中第12條規定：「志願服務團（隊）的最高決策機構是團（隊）員大會，執行單位是委員會」；又第15條、第16條亦均明訂團（隊）員大會與委員會的應有職權，其在條文當中明定舉凡志工團隊的重要決策事項及執行事項均需透過團（隊）員大會或委員會的開會決定。固然，志工團隊並非依「人民團體法」規定所組成

的法定社團，但它應屬機關、機構、團體或學校內部認定的服務單位，如其能夠仿效法定社團的運作模式妥為經營，則不但可提升志工團隊的社會地位，更可弘揚志工團隊的服務效能。故志工團隊確有塑造民主素養的必要，蓋其塑造民主素養應可產生下列的功能：

1.可集思廣益，眾志成城。

2.可從共同研商中產生新的發現。

3.可順利傳遞機構的政策目標與工作方針。

4.可藉溝通管道使機構與團隊的服務方向協調一致。

5.可迅速而妥善地解決問題。

6.可促進人際關係的和諧團結與分工合作。

7.可凝塑向心力，提高參與感。

8.可檢討過去，策勵未來。

三、民主溝通的運作模式──妥切應用開會要領

(一)開會要有「周全的準備」

1.審慎決定邀請參加會議的對象。

2.適時通知參加會議的人員。

3.妥善擬訂會議研商的議案。

4.仔細準備會議所需的資料。

(二)開會要注意「開會額數」

1.開會得自定其開會額數，如無規定，一般係以出席人超過應到人數之半數，始得開會。所謂「開會額數」即指出席人超

過應到人數之半數。

2.前述「應到人數」（或稱應出席人數），係以全體總人數減除因公、因病人數計算之。

(三)開會主持會議要「乾淨俐落」

1.主席應熟悉會議規範的運作要領。

2.主席應沉著、冷靜、客觀、公正、機警、靈敏、明智、果斷。

3.主席應設法讓會眾多發言，自己儘量少講話。

4.主席對會眾所發表的意見，除適做接述外，應不宜表示自己的見解。

5.主席應注意傾聽會眾發言，俾能對會眾發言的內容適做結論，並表示尊重。

6.主席不得以主席的身分發表個人的意見，或參與表決。

一般言之，主席是會議的領導人，也是會場的公僕，主席不必滿足每一會眾的要求，但必須迎合大多數會眾的意向。大體來說，會眾最喜歡的主席類型應是：(1)博採眾議型；(2)重視協商型；(3)明快果斷型；(4)善作結論型。而會眾最不喜歡的主席類型則為：(1)拖泥帶水型；(2)畏首畏尾型；(3)小題大作型；(4)霸道跋扈型。

(四)開會發言要「有禮講理」

1.發言應取得發言地位，惟：(1)權宜問題；(2)秩序問題；(3)會議詢問；(4)申訴動議等事項無須取得發言地位，並得間斷他人發言。

2.發言應先聲明發言的性質。所謂聲明發言的性質就是表明發言的立場，其立場或為贊成，或為反對，或為修正，或為其他有關動議。

3.發言應有禮貌，絕對避免人身攻擊。開會表達意見務須就題論事，除了以對人為主體之議案外，不得涉及私人私事。

4.發言應簡明扼要、把握時間。對同一議案最多以發言兩次為原則，每次以五分鐘為度。

5.發言先後次序之指定應妥慎。凡二人以上同時請求發言者，主席得就下列情形指定其先行發言：(1)原提案人有所補充或解釋者；(2)就討論之議案，發言最少，或尚未發言者；(3)距離主席較遠者。

(五)開會處理動議要「井然有序」

◆動議的種類

動議的種類大分為：主動議、附屬動議與偶發動議三種。

1.主動議：包括一般主動議和特殊主動議。特殊主動議又分為：復議動議、取銷動議、抽出動議、預定議程動議等四種，而以復議動議最常使用。

2.附屬動議：包括散會動議、擱置動議、停止討論動議、延期討論動議、付委動議、修正動議、無期延期動議。

3.偶發動議：包括權宜問題、秩序問題、會議詢問、申訴動議等十種。

◆動議處理的優先順序

動議處理的優先順序應把握三項原則：

1.偶發動議之處理優先於附屬動議，附屬動議之處理優先於主動議。

2.附屬動議處理之優先順序為：散、擱、停、延、付、修、無。

3.替代案之處理優先於第二修正案，第二修正案之處理優先於第一修正案，第一修正案之處理優先於本題。

◆動議的收回與提案的撤回均應合乎程序

1.動議未經附議前，得由動議人收回；動議經附議後，非經附議人同意，不得收回；動議經主席接述後，原動議人如欲收回，須經主席徵詢全體無異議後始得收回，如有異議，由主席逕付表決定之；動議經修正者，不得收回。

2.提案在未經主席宣付討論前，得由提案人徵求附署人同意後撤回；提案經主席宣付討論後，原提案人如欲撤回，除需徵得附署人同意外，並須由主席徵詢全體無異議後始得撤回；提案經修正者，不得撤回。

◆復議動議的提出應合乎條件

1.議案經表決通過或否決後，如有新情勢變遷或有新資料發現，而認為原決議案確有重加研討之必要時，得依規定提請復議。

2.決議案提請復議應具備下列條件：

(1)原決議案尚未著手執行者。

(2)具有與原決議案不同之理由。

(3)須提出於同次會，惟提出於同次會，須有他事相間。

(六)開會進行表決要「服從多數，尊重少數」

◆表決的額數

1.比較多數。

2.超過半數。

3.絕對多數。

絕對多數係指務須達到參加表決之三分之二或四分之三。

◆**表決的方式**

1.舉手表決。

2.投票表決。

3.起立表決。

4.正反兩方分立表決。

5.唱名表決。

唱名表決之表決方式，如經出席人提議，並得五分之一以上之贊同，即應採用。

◆**表決的次序**

關於人選、款項、時間、數字等，均依提出之先後順序，依次表決至通過其一為止，亦即「先提先表決」。但動議及修正案則有後提出先處理的情形，亦即「後提先表決」。

◆**表決要兩面俱呈**

表決應就贊成與反對兩面俱呈，並由主席宣布其結果。

◆**重行表決**

出席人對表決結果發生疑問時，得提出權宜問題，經主席認可，重行表決，但以一次為限。

◆**無異議認可**

凡：(1)宣讀會議程序；(2)宣讀前次會議紀錄；(3)依照預定時間宣布散會或休息；(4)例行之報告等各事項，得由主席徵詢全體人意見，如無異議，即為認可；如有異議，仍應提付討論及表決。凡以獲參加表決之多數為可決之議案，得比照以徵詢無異議之方式處

理。無異議認可之效力與表決通過相同。

(七)開會議案之決議要「決而必行」

　　一般人討厭開會的主要原因是：會議意見紛歧，雖有多人發言，而無人肯聽；或會議作空洞冗長的辯論，發言海闊天空，無法達成決議；以致使會議經常流於會而不議，議而不決，決而不行。說實在的，議而不決、決而不行的會議最好不要開；即使開了，亦僅浪費時間，有害而無益。因此，會議既然召開，就應廣泛討論，充分溝通，議而要決，決而必行。

四、結語

　　民主社會貴在重視溝通與協調，而溝通與協調經常均須透過會議的途徑以實現。成功的會議應能將個人的寶貴意見，為大家所共享，亦能將個人考慮欠周的地方，由大家來補充。志工團隊是個人本著濟世的胸懷、利他的情操、助人的豪情及服務的壯志所自由結合的組織，如能致力塑造民主素養，妥切應用開會要領，則必可在既能尊重民主，又能崇尚法治的前提下，理性溝通，凝聚感情，而將助人榮己的光與熱散布在社會的每一個角落。

PART
4

管理篇

第19章
志工的召募、任用與管理

一、引言

　　值此功利主義盛行、投機心態瀰漫之際，有些人常會質疑是否真會有人願意投入只問付出、不期回報的志願工作，去幫助一些所謂「非親非友，毫無關係」的人。當問到一些志工為何願意參與志願工作，他們的答案總是那麼簡單：「志願工作有意義」、「服務是一個學習的機會」、「志工可幫助需要幫助的人」……。或許這是一種無條件的奉獻，很多人僅憑一個單純的信念──「愛心」，不去計較任何的種種付出，致使志工朋友往往忽略了自己參與志願工作的真正動機。

　　概括言之，社會有志之士或學校青少年參與志願工作的主要動機不外：

1.認為志願工作甚有意義。

2.認為可善盡公民責任，回饋社會。

3.認為可把愛送給需要愛的人。

4.認為可把關懷送給需要關懷的同胞。

5.認為可發揮自己所長。

6.認為可使自己感覺更有存在價值。

7.認為可汲取新知識，學習新技能。

8.認為可豐富經驗，促進成長。

9.認為可取得他人認許及群體位置。

10.認為可尋求新鮮刺激及擴大生活體驗。

11.認為可結交更多志同道合的朋友。

12.認為可實現自己心想已久的宿願。

13.認為可為自己未來的工作善作準備。

坦誠地說，如果志工朋友參與志願工作並非基於以上的任何一個動機，他的參與絕對不可能達到「助人最樂，服務最榮」的意境。

二、召募志工應有的準備

召募志工的方式很多，不論是透過個別接觸、其他志工朋友介紹、民間團體推薦，或經由大眾傳播媒體（包括報紙、廣播、電視）報導，總希望有志參與的人士能夠踴躍投入志工行列，協助機構完成任務。雖如此，為期能夠有效召募到理想的志工，在召募之前，機構應有周全的準備，俾能達到「凡事豫則立，不豫則廢」的目標。

(一)要釐訂可行的工作計畫

計畫是達成目標的指導原則與工作指標；既然機構決定需要志工協助，在召募志工之前首應釐訂周詳可行的工作計畫，明確指出：召募志工的目的、召募的人數、召募的方式、工作的性質、服務的時間以及如何參與等，俾使有志之士能夠貢獻有處、參與有門，實現其助人最樂的強烈意願。

(二)要辦理審慎的面談甄選

有些機構因為業務膨脹不堪負荷，急需志工的協助支援，於是乃大肆廣招志工；但從不考慮其適任與否，來者不拒，結果經常造成「請神容易送神難」的窘境。志願服務是一種協助他人解決困難的工作，不但參與的動機要純、態度要誠、觀念要正，尤需做到語言要謙、行為要端、品德要美。所以，召募志工絕對必須辦理審慎

的面談甄選，以期選擇既適合參與者志趣，又能真正協助推展工作的優秀志工。

(三)要準備完善的督導工作

督導工作的主要功能在於提供志工執行工作的方向及完成任務的方法；我們可以武斷地說，志工的運用如無專業人員的督導，其所能產生的效果必定相當值得懷疑；因此，機構召募志工首須準備完善的督導工作，指派行政經驗與專業知能均佳的專職人員負責擔任督導；千萬不可認為把志工招來再說，要不要督導、管理另當別論，任其隨性而為，愛怎麼做就怎麼做；如此，不僅於事無補，反而可能增添麻煩。

(四)要建構順暢的溝通管道

志工具有輔助、彌補、加強、發展的功能；志工所能發揮的效果，其影響所及絕不是僅限於督導人員或機構的某一些人，而應是機構的每一個人。於是，機構召募志工首須建構順暢的溝通管道，讓機構的所有人員均能深切瞭解：為什麼要召募志工？哪些工作有賴志工協助？志工的權責範圍為何？專職人員應如何與志工產生良好的互動關係？當志工在服務過程中發生困難問題時，其所能請教的管道為何？任用志工究是善意的支援抑或別有用意？……均應讓機構的全體人員建立共同的認知，以免機構的人員對於志工的召募產生觀望或排斥的心理。

(五)要設計有效的評估方法

機構召募志工務須相信志工的任用絕對會有助於機構業務的推展及服務品質的提升，否則，任用志工必毫無意義，志工的參與

亦僅純係消遣玩意。因之,機構召募志工事先應設計一套有效的評估方法,清楚地告知應徵者機構對於運用志工的管理、考核制度,讓應徵者明白凡是在機構擔任志工,在服務過程中,如經發現確有不適任者,或有違背機構規則或政策者,甚或有嚴重損害機構聲譽者,機構當視情節輕重考量是否可予「寬容」,但絕不「縱容」;同時亦應讓應徵者充分瞭解,機構對於志工一定給予「信任」,但絕不「放任」;俾應徵者在參與志工行列前知所警惕,慎作抉擇。

(六)要研訂適當的獎勵原則

獎勵足以提振士氣,激發參與;我們完全可以肯定志工的參與,絕對不是爲了獎勵;不過,機構應於決定召募志工的同時,研訂適當的獎勵原則提供應徵者參考,或委婉告知應徵者當前志工可能獲得的獎項有哪些?俾有助於讓應徵者瞭解機構不但對志工的服務成效相當重視,且訂有適當、合理的激勵原則;期盼志工能在服務的歷程中,發揮所長,致力服務。但機構要特別注意的是,切勿存有以獎勵作爲召募志工主要誘因的心態,以免引發應徵者對機構產生「不受尊重」的感覺,而導致志工的運用完全失去志願服務的基本精神。

三、志工甄選的面談技巧

面談是志工甄選的必經途徑,面談的主要目的是希望藉著面談者與應徵者的互動關係,將機構對於任用志工的目的與志工管理的做法先讓應徵者瞭解,並藉以瞭解應徵者參與志願服務的眞正意願與動機,俾能甄選志趣吻合的優秀志工,並期先行約法三章,而免爾後實際參與志工行列時發生無謂的困擾。一般言之,志工甄選的

面談技巧務須把握下列原則：

(一)要讓應徵者感到自然

志願服務是一種只問付出、不計酬勞的奉獻工作，其應與一般支薪的有酬工作有別；因此，面談者在面談的時候，應該儘量設法讓應徵者感覺舒適、自然、輕鬆，且毫無壓力。

(二)要讓應徵者有話可說

所謂「面談」應是面談者與應徵者彼此之間充分表達意見互動自如的過程。在面談過程中，面談者除了應將機構召募志工的目的及相關事項先予說明外，問話的用字遣詞尤應考慮到如何留給對方能有或願意表達意見的空間。

(三)要讓應徵者回應問題

成功的面談絕不是僅限於單方面的「請聽我說」，更重要的是設法激發對方勇於做出適切的回應，俾在面談的時候能夠真正瞭解應徵者對志願服務的看法，以及評斷其是否適合擔任志工，而確實達到面談的實質目的。

(四)要以友善的態度提出詢問

參與志願服務應是個人價值觀念的轉化，更是人生意境的提升；甄選志工之所以要辦理面談，旨在藉此能讓應徵者更加認識志願服務的真諦，以使其下定參與的決心。因之，甄選志工的面談應與民眾求職的諮詢以及學生應考的口試有別，面談者在提出詢問時，態度、語氣務須力求友善而不脅迫，平和而不急進。

(五)要以技巧的方式突破靜默

人的人格特質各有不同，有的比較開朗，有的比較拘謹；有的比較活躍，有的比較沉默；在進行面談時，面談者可能會碰到自己講了半天卻得不到任何反應的情況；此時，面談者不要急於突破靜默，而應以更加沉穩的耐性面對，以期待對方的自然回響。

(六)要以互動的關係決定選擇

既是「面談」，只要相關的事情應該均可無所不談；應徵者既有餘力，且有宏願樂意參加志願工作的行列，在面談的過程中，他當然會想進一步瞭解志願服務的種種狀況，而面談者也很想從彼此的對話中更加瞭解對方想參與服務的真正動機，及其究竟是否適合充任志工……，說明白一點，就是機構要挑志工，志工也要挑機構，雙方是互相選擇的；在這種現實情況下，雙方務須在極其友善、坦誠與理智的互動關係中決定選擇，對於未來志願工作的推展才會產生助益。

四、任用志工應考慮的因素

「召募」應是志願服務推展的前奏，而「任用」則是志願服務推展的實踐；志願服務的實施，如果前奏能夠奠定良好的基礎，則實踐必定能有穩定的發展。惟為期達到穩定發展的目標，任用志工仍應考慮下列的重要因素：

(一)要考慮如何訂定明朗政策

政策是目標的指針，也是要求的準則；機構任用志工務須要有

明朗的政策才能激發志工的熱烈響應，讓志工充分認識、瞭解提供服務究竟有何意義與價值，然後決定踴躍參與，致力服務。

(二)要考慮如何辦理職前訓練

訓練是引導方向與傳授方法的最佳途徑；志工興致勃勃、熱情洋溢，抱著只問耕耘、不求回收的誠心熱烈參與志願服務；雖其熱情十足，惟因欠缺方法，對於志願服務的推展定難產生具體效果；所以，如何辦理職前訓練，以提供志工服務的方向，乃是任用志工務須考慮的重要因素。

(三)要考慮如何妥切分配工作

志工是否能夠持續參與，大都決定在其參與之後是否有事做，而且是否能有適性的事情做；所以，機構在任用志工的時候，務須慎重考慮到底有哪些工作需要志工協助，以及如何能夠妥切分配給每位志工適性的工作，以達適才適所，充分滿足志工原始參與的動機。

(四)要考慮如何提供適切督導

適切的督導是有效推動志願服務的關鍵；機構務須深切瞭解，志工如無適切的督導，而僅認為只要業務繁忙，任用志工就能彌補不足，協助業務推展，那是絕對不可能的事情；因為，志工的素質參差不齊，而且志工對機構的業務也不瞭解，他根本不知道該如何協助，也不知道協助些什麼，在這種情況下任用志工，除了聊表意思，其他毫無意義。

(五)要考慮如何精進專業知能

　　志工在任用之前固須辦理職前訓練，任用之後更要持續辦理在職訓練或加強訓練，以精進志工的專業知能。說實在的，志工朋友大部分均未受過專業教育，對於專業知能的涉獵有限，唯賴專業訓練補其不足；雖志工所協助的工作非屬專業性的工作，但至少應有基本的專業認知，以有助於機構提升及發展服務品質。

(六)要考慮如何建構管理系統

　　志願服務雖是一種助人利他的崇高工作，但不能只訴諸利他的、慈善的動機，必須要有一套完整的管理系統；這個管理系統應該包括：機構內部、機構與機構之間、機構與政府之間及機構與市場之間；其間的關係除了權利義務的規範問題外，更重要的應是資源的共享與再生的議題；因之，機構任用志工對於管理系統的建構乃為急切要務。

(七)要考慮如何實施評鑑獎勵

　　志工雖然「為善不欲人知」，但機構給予志工適度的嘉許應有其必要性，因為機構對志工的嘉許：

1.可讓志工感覺自己所參與的工作獲得認同。
2.可增添志工的信心。
3.可提高工作的效率，增進服務的效能。
4.可使志工感覺身分備受重視與讚賞。

　　雖機構務須特別注意的是，對志工的嘉許、獎勵固然重要，但更重要的是，獎勵應該透過公正客觀、感情中立的評鑑據以實施，

其獎勵的效果才不至於產生負面的影響。

五、志工管理的有效措施——目標管理

　　機構運用志工不能沒有目標，但目標不能過於呆板。一般言之，目標的釐訂應該基於實際狀況的考量和判斷；但狀況會有改變，判斷也會產生錯誤，考量有時更難臻周全；所以，既定的目標仍應透過檢討、評估，彈性應變；該堅持的，則不畏萬難；當調整的，亦須勇於變更。如何審慎制定目標，對於機構妥切運用志工固然重要，但如何善用既定的目標，而不致淪為目標的奴隸，更是機構成功運用志工的必備條件。

(一)目標管理的概念

　　目標管理（management by objectives, MBO）係美國管理學大師杜拉克（Peter F. Drucker）於1954年所提出的一個管理概念，它是一種管理方法，也是一種行政手段。所謂「目標管理」，係指要求組織內的每一個人、各級單位應全力配合組織目標，而對於分內工作再自行另定目標、決定方針、擬訂計畫、編訂進度，並力求如期達成；然後自行檢討、評核成果，以作為爾後再行設定目標的參考，周而復始，循環不息；這種管理方法或行政手段就稱為目標管理。而所謂「目標」乃組織企圖實現理想的情況。一個機構如能順利實施目標管理，當然可以強化機構的體質，尤可發揮機構的組織功能。

(二)目標管理的功能

　　1.它可因應組織的需要制定適切的目標。

2.它可有助達成組織的計畫目標。

3.它可提高組織的工作效率及服務效能。

4.它可加強組織在工作上的協調與控制。

5.它可善用組織的人力資源。

6.它可增加組織成員的責任心與成就感。

(三)志工管理的具體做法

◆制定目標

志工管理首須致力制定管理的目標，制定目標所應把握的原則為：

1.目標必須明確可行。

2.目標必須可以量化。

3.目標必須易於達成。

4.目標必須切合實際。

5.目標必須具有期限。

6.目標必須妥加評估。

◆建立資料

資料是管理的主要依據，沒有資料作為依據則管理必無法推行。志工管理務須建立志工資料，其資料應包括：志工的基本背景狀況、參與的出席率、服務時數的記載、服務的績效、與有關人員相處的倫理關係……均應持續、詳細地登錄。

◆落實訓練

訓練是充實服務知能的最佳方法，為提升服務水平，加強志工訓練絕不可缺；而這種訓練必須有目標、有計畫、有步驟、有效益

的落實執行；除了訓練的層次應該逐級辦理，訓練的內容也應該包括基本理念與專業需求。

◆傳授方法

肯幹未必能幹，想做也未必會做；志工雖然熱心有餘，衝勁十足，惟方法欠缺，技巧不夠；如無機構督導人員的妥切指導、傳授方法，則不但將使志工的服務成效大打折扣，也必導致志工的參與興趣大減。

◆明示方向

人生如無方向，就像船沒有舵一樣，隨風飄搖，不知何去何從。儘管志工的參與對於機構具有輔助的功能，但假若督導人員未能給予志工明確的方向指示，志工將無從幫忙，而必造成志工人力的浪費。所以，志工的管理，督導人員務須明確告知志工：哪些工作需要志工協助？哪些工作志工可以參與？……。

◆控制工作

實施志工管理對於每位志工執行工作的情況，及其與整體計畫的配合，應該要有清晰的期望標準，並須能有一套制度化的要求模式。在控制過程中，對工作上的理想要求，務須不斷比較分析，力求改善。

◆評估績效

管理的目的在於提高組織的績效；所謂績效係包括效率與效果兩個層次；而評估係指應用科學的方法，對於一項工作，依照事前設定的基準，評估其完成績效，進而列舉其優劣的事實，並提出改進的建議。志工管理如能定期辦理績效評估，不但可以瞭解機構運用志工資源的成效，以作為獎懲的依據，進而可用來決定未來志工資源的合理分配。

◆激勵士氣

激勵是一種導引、維繫與促進志工付出努力的驅使力,志工的態度會影響其工作績效,而激勵也會影響志工的態度。志工參與服務固然不是爲了獲得獎勵或表揚,但獎勵或表揚應是激勵志工士氣、促使志工付出努力的最佳途徑。因爲,志工受到激勵,他必會全心投入,全力以赴;假若志工付出努力的方向,一致朝向機構的目標,則必產生顯著的工作績效,而有助於機構服務品質的提升及既定任務的完成;所以,志工管理務須重視激勵士氣。

六、結語

總之,由於社會結構的急遽轉型、民眾需求的日益殷切,今後對於志工的需求量與供給量勢必相對增加。因之,如何有效推展志願服務,讓有心奉獻者「貢獻有處」,亟待協助者「呼援有門」,乃是當前公、私部門不可忽視的重要議題。

運用志工的最高意境在於「志工維繫」,肯定地說,欲求維繫志工的持續參與、永續經營,在運用志工的政策、計畫、召募、面談、任用、訓練與管理的任何一個階段均應環環相扣,前後呼應。

1.在政策階段,重點在於:爲何要運用志工?是否要運用志工?運用志工的政策爲何?在此階段均須明確形成。

2.在計畫階段,重點在於:志工到機構要做些什麼?哪些工作可由志工參與?志工與專職人員的權責範圍如何?在擬訂計畫的時候均應詳細規定。

3.在召募階段,重點在於:決定要找哪一類志工?是否能夠找到預期的志工?

4.在面談階段，重點在於：如何能在輕鬆、自然的氣氛下相互選擇，讓志工得以有志能伸，機構亦能需人得人。

5.在訓練階段，重點在於：如何透過訓練讓志工習得足夠的知識與方法提供服務？讓志工從訓練時瞭解，如何在提供有品質的服務過程中，滿足自己的需求？

6.在任用期間，重點在於：專職人員是否認同？督導人員是否積極參與？領導階層是否重視與支持（包括政策、經費、配備等）。

7.在管理方面，重點在於：如何利用目標管理，達到運用志工的預期效果？如何透過績效評估，讓志工勇於檢討過去，勤於策勵未來？如何經由獎勵表揚，激勵志工士氣，肯定志工佳績？

最後，致盼志工夥伴齊以「以服務充實人生，用關懷增添溫情」相互共勉，進而心手相連，致力服務，共同為建構美麗的家園開創更璀燦的願景。

第20章

如何辦理志工訓練

一、引言

　　志工是有志之士依其意願，從事無酬工作的一群人。志工參與服務工作雖然熱情十足，雄心萬丈，但每因缺乏專業知識，技巧不足，而常導致隨興而起，敗興而歸之現象；唯賴透過教育訓練，傳授方法，以求維繫志工參與，發揮志工潛能，始有助於志願服務的弘揚推廣。

　　訓練是一個持續不斷的傳意過程（communication process），藉此過程能夠提供可資接受的意念和發展技巧的機會，這些意念和機會是由一個人（傳授者）和其他人（參訓者）共同分享，有時候老師也可從學員中學習。質言之，辦理志工訓練可瞭解志工的動機、觀念、態度、抱負、技巧和潛能；志工訓練最重要的任務，就是希望經由訓練激發問題，進而帶領志工汲取經驗和告訴志工如何去做。

　　整體而言，訓練的機會是支持志工在一個機構參與服務不可分割的一部分，當一個志工變成更具經驗和信心時，他就越發需要更複雜的知識，也需發展更純熟的技巧；尤其志工對許多服務工作越感到壓力時，他便越需要得到持續的訓練，以期從訓練中習得克服壓力的方法；因此，有效的訓練應是「志工支持」的重要因素。

二、志工訓練的目標

　　推展志願服務，理念架構不可無，方法技巧不可缺；於是教育訓練不可免，研究發展不可少。訓練應是一種有目標的活動，辦理志工訓練首須確定訓練的目標，也就是在「訓練志工」之前，務先釐清：(1)訓練要使志工瞭解些什麼？(2)志工應從訓練中知道些什

麼？具體來說，志工訓練的重要目標，就是要讓志工深切體會他們
所學的課程內容和他們所要做的服務工作息息相關；因此，志工訓
練應該要達到下列的重要目標：

(一)增強認知

　　辦理志工訓練，在認知階段首先應讓志工體認：志願服務的意
義與價值、參與志願服務應抱持的觀念與態度、志願服務的精神、
志願服務的工作內容為何⋯⋯，進而激發志工抒展志願服務的抱
負，實踐志願服務的理想，誠心誠意、有守有為，矢志為志願服務
奉獻心力。

(二)傳授知識

　　知識乃真實的訊息。志工參與服務工作雖然熱心有餘，但所需
具備的相關理念與資訊大都相當缺乏，如無透過有效的訓練，傳授
必要的知識，則志工的參與必僅限於聊具形式；非但對於機構業務
的推展於事無補，同時也必促使志工參與的興趣遞減而提早掛冠求
去。

(三)引導方法

　　助人講方法，服務要技巧；為使志願服務工作日益成長茁壯，
蓬勃發展，如何應用教育訓練，培養及引導志工的助人方法與服務
技巧，乃是弘揚志願服務功能不可或缺的要素。至於教育訓練除了
理念認知的課程內容外，透過經驗分享、績效觀摩或書刊選讀，讓
志工效仿、學習，也是可行的良好途徑。

(四)協助選擇

參與志願服務不能僅是一窩蜂式或隨喜式的勉強應付，也非單靠具有利他、慈善的意念與愛心，最重要的是參與者要能眞正體認志願服務的價值所在，而作明智的抉擇。經由教育訓練的啓發，應可協助志工審愼選擇是否眞心參與志願服務。

(五)賦予任務

如果志工經過一連串的訓練課程之後，才發現無事可做，應是推展志願服務最爲失敗的事情。根據一般經驗，志工雖然誠心參與，但如無事可做，或無適性的工作可做，甚至不知道該做些什麼，這是導致志工高流動率或高流失率的主因。志工訓練的重要目標之一，就是應該經由訓練課程，明確告知志工應有的角色及任務，進而要求志工務須克盡職責，圓滿完成機構賦予的任務。

(六)修正態度

態度是個人透過生活經驗，對一事物的理性認知、好惡情感及行動傾向。在機構中，志工的態度會影響志工的工作行爲，而這個工作行爲應包括志工的機構認同、工作投入與工作滿足。志工原本投入志願服務行列完全僅憑一顆赤誠的心，但參與之後，態度的轉變爲何，則有賴教育訓練加以注意及修正，以期所有的志工均能秉持誠懇的態度，持續參與，誠心奉獻。

(七)增添自信

志願服務固然要以愛心爲起點，但更重要的是應以信心致效果。志願服務是一種助人利他的工作，面對大部分均是急難待助或

徬徨苦悶的人，他們急切需要的乃是生命的活力；在此情況下，志工務須充滿信心，義無反顧地發揮一己力量，並結合社會資源全力協助。因此，志工訓練的目標，務須關注到如何藉由各種知識的傳授及方法的增強，增添志工自信，使其勇於面對問題，克服困難。

(八)加強溝通

溝通是人與人間意見交換、訊息傳達的過程，透過溝通可能達到每個人均有共同認知、欲望與態度。「溝通是組織的生命」，辦理志工訓練務須激發志工建立這個共同體認，俾使志工參與服務工作之後，能與機構的專職人員加強溝通，精進工作協調，共同朝向機構的目標，和衷共濟，致力服務，進而開拓服務範疇，提升工作績效。

三、志工訓練的方法

教育訓練是一種有方法的專業活動，因之，「方法」對於志工訓練特別重要，因為它是激發志工學習興趣的關鍵。辦理志工訓練首先應該考慮的是，志工的年齡、教育程度、工作經驗等參差不齊，訓練的方法務須針對參訓學員的背景妥為因應，以求增強志工的學習效果；概括言之，志工訓練應可採用下列方法：

(一)專題演講

演講法或講述法是一般訓練最常採行的教學方法，其乃針對排定的課程，由講座預先準備講述綱要或課程內容，按預定時間將理念與訊息傳授給學員，至於學員是否能夠吸收，或能吸收多少，完全要看學員的用心程度及基本潛能。這種訓練方法就參訓人數及所

需設備而言，均較經濟、方便；不過，應用這種方法要想激發學員的學習興趣，務須：

1.敦聘學有專精且富實務經驗的講座擔綱。
2.商請講座準備授課綱要或講義，以免上課時海闊天空，不著邊際。
3.授課內容務必力求實際，不宜專談理論，更不宜應用太多專業術語，以免學員聽之乏味。

(二)分組討論

分組討論旨在讓參與學員能有更多陳述己見及產生互動的機會；專題演講是講座單方面的將自己的看法與觀點傳達給學員，而分組討論則是參與者大家都有公平表達看法與觀點的時機；如此必更能達到腦力激盪、集思廣益、融納建言的效果。一般言之，分組討論的人數不宜太多，通常以不超過三十人為一組最為恰當，分組討論的時間也以二至三個小時為宜，且在進行分組討論之前務須預先擬訂討論議題，以便參與者就題論題，各顯身手，避免發言天馬行空，漫天喊話。不過，採用這種方式的先決條件為：

1.主辦單位應先讓參訓學員知道討論議題。
2.參訓學員應該對討論議題妥為準備發言資料。
3.參訓學員應該培養表達能力，勇於發言，而且要能言之有物。
4.應洽請具有社會工作經驗的專業人員擔任引言人，尤其在參訓學員發言前，先針對討論議題提出十至十五分鐘的引言報告，俾引導參訓學員發言的方向。

(三)經驗分享

　　經驗分享是洽請資深績優的志工，將其服務歷程中可歌可頌、可圈可點，甚至可嘆可恨、可悲可泣的酸、甜、苦、辣，毫不保留地現身說法，且不加修飾地據實報告給參訓學員分享；讓參訓學員更加深切體會擔任志工可能會有自我成就的感受，也可能會有心灰意冷的鬱悶；可能會有助人榮己的溫馨，也可能會有好人難為的感嘆；藉此可使志工對於參與志願服務預作心理準備，甚至進一步地考慮其對參與志願服務的態度是否擬作調整；或意志堅定，絕不遷移；或敬而遠之，早日脫離。

(四)實地參觀

　　「他山之石，可以攻錯」；瞭解別人，足以修正自己。實地參觀乃事先洽定可資參觀的機關、機構或團體，請其準備推展志願服務可供觀摩、仿效的相關資料，包括：工作介紹、制度規章、教育訓練、獎勵表揚、活動成果、宣導刊物及作品、服務特色等，並指派專人現場解說及答詢，讓參觀學員學習、借鏡，進而見賢思齊。不過，這種方法似乎較少採行，因為採用這種方法，有關參觀人數、參觀時間、所需經費、交通工具及安全、接受參觀單位的規模……，都須慎重考慮。

(五)聯繫會報

　　聯繫會報可分地區性及全國性分別召開，地區性每三個月或半年召開一次，全國性可半年或一年召開一次。召開聯繫會報邀請參加的對象應為已有運用志工的機關、機構或團體等相關單位的志工代表及志工督導，相關主管機關亦可邀請派員列席指導，參加會報

的人數以一百五十人至二百人爲宜。每次會報在進行討論之前，應
先邀請學者專家就預定的議題作一個小時的專題演講，然後再針對
預擬的討論議題籲請與會人員踴躍自由發言，廣泛交換意見，最後
再由主持人針對與會人員發表的意見提出綜合說明，並作結論。這
種做法同樣可達到志工訓練的目的，惟如應用這種方法，務必：

1.邀請擔任專題演講的人，必須是時下屈指可數的頂尖人選。
2.綜合討論的主持人更須是學驗俱豐的一級強棒。
3.專題演講的主題應配合實際的需求訂定。
4.討論議題應事先寄發給邀請與會的人員預作發言準備。

(六)展示觀摩

　　展示觀摩亦可分地區性及全國性不定期的舉辦。這種方式可遴
選較具規模或富有績效的單位主辦，或由數個單位共同主辦。其做
法是將機構推展志願服務的做法、成果及特色，選定適當時間及地
點公開展示，發函或印製海報邀請相關單位轉知志工及志工督導與
相關人員踴躍前往參觀指導、觀摩比較；也可採用競賽方式，指定
單位參加或自由報名參加，所有參展單位應盡其所能，將其推展志
願服務的做法、成果及特色毫不保留的傾力展現，讓參觀人員共同
分享，進而擷取精髓，學習跟進；應用這種做法也是志工訓練可以
兼採的方法之一。一般來講，舉辦展示觀摩可能以競賽方式較有意
義，而且參與單位亦可能較爲熱烈；不過，這種方式成功與否，完
全決定在參展單位是否能夠眞正展現實力，不但要能寫眞，而且必
須務實；如果爲了爭取成績而委請廣告公司加以粉飾、包裝，則展
示觀摩不但必遭致勞民傷財的批評，就實質而言，亦必一無可取，
毫無意義。

(七)專題研討

　　專題研討乃針對志工參與服務工作歷程中所感受到的需要，選擇一個主題，先邀請學者專家作一個小時的專題演講作為引言，然後再有二個小時的研討時間，讓參與人員針對演講的主題充分發表意見，交換工作經驗，甚至提出個人看法；經過一段時間研討之後，再由主講人提出回應，如此反覆分段進行。這種訓練方法，邀請參加的對象應以曾參加過通識課程領導訓練的資深志工為主，志工督導也可邀請參加，參加人數以三十人至五十人為宜。在專題研討之後，主辦單位如能將專題演講及交換意見的內容整理付印，分送需要的志工或督導，將是志工訓練的最好教材，也是推展志願服務的最佳參考資料。

四、志工訓練的實施

(一)規劃階段

◆需求評估

　　需求評估是政策決定的指標；辦理志工訓練首先應該詳細評估志工對於訓練的實際需求，包括：有多少志工需要接受訓練、需要接受哪一類訓練、有無其他單位辦理類似訓練、有無必要辦理訓練……，均應妥為分析評估，據以作為政策決定的參考及規劃訓練應有的準備事項，以期訓練能夠真正達到預期的效果。

◆擬訂計畫

　　經過審慎的需求評估之後，如果決定辦理訓練，就應立即著手

擬訂計畫，舉凡與訓練有關的訓練類別、課程設計、講座聘請、訓練時數、訓練時間、訓練地點、訓練人數、報名資格、報名方式、訓練經費等，均應在計畫中詳細載明，以便作為志工報名參加的依據。

◆**籌措經費**

金錢乃萬事之根本，沒有錢什麼事都行不通；訓練固然需要，經費從哪裡來更應慎重考慮。一般言之，訓練經費的來源不外訓練單位自行編列預算、申請政府機關補助、民間團體或熱心人士贊助、其他單位合辦分攤、接受委辦由委辦單位支應……，不管怎麼籌措，經費如無著落，訓練必定免談；因此，辦理志工訓練，經費籌措最為重要。藉此要特別一提的是，當前雖然盛行「使用者付費」的原則，但個人認為志工訓練仍不宜向參訓志工收費；即使象徵性收費，該項費用也應該要由任用志工的單位負擔。

◆**設計課程**

志工訓練的課程設計應分基礎訓練課程與特殊（專業）訓練課程，而且訓練應該由淺而深、由近而遠有步驟地循序漸進，俾使學員感覺到每次參訓都有不同的收穫，進而激發志工參訓的興趣。志工訓練的課程設計應該實務重於理論，而且應該分階段逐步實施。內政部推展「祥和計畫」所訂的課程，區分為基礎訓練、特殊訓練、成長訓練及領導訓練四個層次，其中的各項課程設計均極為實用可行。至於特殊（專業）訓練課程，則應視各類志工的需要，由目的事業主管機關或運用單位妥為設計，如從事老人服務的志工與生命線的志工，其所需的專業知識絕不一樣；而在國家公園擔任導覽解說的志工與環保志工所需的專業知識也不相同。

◆洽聘講座

　　辦理志工訓練不是很難，但如何能夠洽聘到理想的講座，的確是件相當不容易的事情；因為學有專精、經驗豐富的知名講座，經常四處演講，行程滿滿；而經驗不足、功力不夠的講座，則根本不受志工歡迎，無法引發志工興趣；如此，講座的供需難以配合，經常會影響訓練的計畫。因此，辦理志工訓練應該儘早擬訂計畫、決定時間及地點，在經費籌措不成問題的情況下，最重要的就是應該設法洽聘知名的講座授課，以吸引志工熱烈報名參訓，進而提升訓練品質，增強訓練效果。

(二)準備階段

◆招收學員

　　學員是訓練的主體，招收學員可依既定的訓練計畫發函各任用志工的單位，轉知所屬志工自由報名參加，或由機構指派志工參加；在報名時，應藉報名表順便瞭解參訓學員是否住宿或吃素，以便妥做安排。為求訓練能夠達到預期效果，招收學員應有資格限制，因為資格加以限制，參訓學員的素質才會整齊，同時也可藉此促使學員感受到能夠參加訓練是一份難得的榮譽；如果任何人均可參加，來者不拒，則參訓學員必定不會珍惜參訓的機會。另外，學員報名時應酌收保證金，否則不予報名，但此保證金俟其報到參加結訓後應如數退還；如未報到參加，則一律概不發還，並將此保證金充作訓練經費；如此一方面可提高學員的參與率及責任感，另一方面可避免膳宿均已洽定，而學員並未報到參加，可是費用仍然照付，造成訓練經費的浪費。

◆洽借場地

　　志工訓練的場地應包括：上課教室、分組討論教室、團康活動教室、住宿房間、用膳餐廳、工作人員聯絡室及講座休息室（此可與工作人員聯絡室共用）等。其中上課教室及膳宿場所經常直接影響學員的學習情緒；辦理志工訓練固然應該撙節開支，但上課教室仍需大小適中，膳宿場所務求乾淨整潔。不過，參訓志工亦應深識大體，絕對不可將訓練場地拿來與家裡比較，以致嫌東嫌西、牢騷滿腹；如此不但對不起主辦單位，就個人而言，也不配擔任志工；因為，參加訓練主要在於汲取新知，學習經驗，並非藉此度假休閒、逍遙享受。事實上，主辦單位在毫無收費的情況下，樂於承辦訓練工作，這種志願奉獻的精神，參訓學員均應給予掌聲與喝采才對。

◆通知參訓

　　當參訓學員決定後，主辦單位至少應在開訓前一個星期以正式公函通知學員報到參訓；通知公函應附送報到須知、訓練地點簡圖及分組討論題綱，並藉以告知學員：需帶盥洗用具及簡單物品、如何搭乘交通工具準時赴訓練地點報到，另提醒其應就分組討論題綱預作發言準備。為求慎重起見，可順便告知於收到公函後，如還有進一步需要瞭解的有關事宜，可主動用電話向主辦單位聯繫洽詢；假若真正非不得已臨時有其他重要事情不克參加，更應事先主動向主辦單位聯絡說明。

◆編印手冊

　　訓練手冊是學員作息時間管制的藍本，也是學員相互認識的指南，辦理志工訓練絕對不可缺少訓練手冊。一般來講，較夠水準的訓練手冊，其內容應該包括：

1. 實施計畫。
2. 課程表。
3. 座次表。
4. 授課講座名錄。
5. 課程綱要。
6. 分組討論題綱。
7. 執行人員及工作幹部名單。
8. 分組討論引言人名單暨分組教室。
9. 學員須知。
10. 學員名冊（包括編號、姓名、性別、出生年月日、學歷、現職、所屬志願服務團隊名稱及擔任職務、通訊處及聯絡電話、住宿房間號碼、分組討論組別，並於備註欄註明是否吃素）。

　　最好將「志願服務──志工守則」及「志願服務歌」也一併印上，以期達到另一種教育訓練的目的。

◆準備器材

　　工欲善其事，必先利其器；教育訓練所應準備的器材，也應格外留意，以免影響講座與學員之間的互動效果。概括言之，志工訓練所準備的器材應包含：麥克風、投影機、幻燈機、錄音機、粉筆、白板筆……；至於需要準備到什麼程度，主辦單位最好先請教授課講座的意見為宜。不過，應該特別注意的是，所有準備的器材須先檢查是否堪用，以防臨時出狀況，措手不及；尤其是麥克風，除了教室已有的裝置外，最好另行準備一套手提無線電的備用；否則萬一上課時麥克風突然不響或有雜音，所有課程的進行必定障礙重重，對於訓練的效果也必大打折扣。

(三)執行階段

◆辦理報到

辦理訓練務必要求學員準時報到，學員更應絕對配合，以免既定行程稍有延誤，影響整體作息時間的進行。學員報到時必須辦理的事項為：

1. 領取發給資料，並檢查是否齊備。
2. 領取學員識別證，並予以佩戴。
3. 瞭解排定座位，以便按座次表入座。
4. 認識環境（由主辦單位派員說明上課及分組教室、宿舍、餐廳、盥洗室……）。
5. 其他洽詢事項。

辦理報到後，學員應可立即發揮志工精神，主動向主辦單位表示願意協助處理有關庶務工作，並及時付諸行動；如此，一方面可減輕主辦單位的負擔，另一方面也可說是熱烈參與志願服務的最佳表現。

◆舉行開訓

好的開始是成功的一半，開訓儀式或許會有一點形式化，但對整個訓練過程而言，仍然非常重要。開訓儀式一般均由主辦單位的負責人主持，也可邀請主管機關派員列席指導；在儀式中，應先由主持人致歡迎詞，接著則由主管機關代表致詞（如主管機關無派員參加，則免），然後再由主辦單位向參訓學員報告整個訓練過程的細節，並略為說明安排的課程及聘任的講座；特別是在參訓過程中應該注意的事項及遵守的規則均應一一交待清楚，且需嚴格要求；

參訓學員趁此機會亦應好好展現平日參與志願服務的良好風範。

◆講座接待

講座接待應包括：講座聯繫、講座接送及上課之前的講座介紹等。說實在的，訓練成果及學員反應的好壞，講座具有決定性的影響作用；為了達到訓練的預期效果，固然在敦聘講座時已經精挑細選，但講座是否能夠準時前來上課及講座到達訓練現場第一眼所見的感受，均直接影響講座授課的態度及學員學習的精神。一般辦理教育訓練，在講座蒞臨課堂上課之前，先向學員簡單介紹講座的學經歷背景，對講座而言是一種禮貌與尊重。在此順便要提醒訓練單位注意的是，致送講座鐘點費應在講座到達休息室尚未上課之前，或是第一節下課休息的時候；千萬不要等到課都講完了，講座趕著要走，才請講座簽據具領，匆匆忙忙耽誤時間，實在不是好的作業方法。

◆作息管制

志工訓練雖然不是新兵操練，但學員既然志願報名參加，就應勸勉學習，儘量有所收穫。對於有關上課、用餐、就寢或必要的集合等作息時間均應嚴加管制，尤其學員是否到堂上課，每節課均應確實點名註記；因為目前內政部推展之「祥和計畫」及中華民國志願服務協會之「志工學苑」，對於通識課程的志工訓練均規定：

1.認知訓練及進階訓練，凡學員缺席達二個小時者（包括請假），一律不予發給結業證明書。
2.成長訓練及領導訓練，學員務須全勤並經考評及格者，才發給結業證明書。

足見每節課的點名註記相當重要。這種制度看起來好像稍嫌嚴格，但如進一步想，其要求絕對有其必要，因為，志工的本質就是

要幫助別人的，如果本身懶懶散散，毫不自我約束，己不能立，怎麼還能立人？

◆成果驗收

成果驗收除了在上課時由講座酌留時間與學員進行教學互動外，最主要的就是課程全部上完後的心得測驗。目前中華民國志願服務協會的「志工學苑」，在成長訓練及領導訓練均規定，凡成長訓練及領導訓練全部授課完畢後務須進行心得測驗，尤其在領導訓練的課程還穿插即席演講（三分鐘）及即席問答（抽題即答），這些做法在在希望應用各種方法，協助學員在辛勞參訓後真正能有實質獲益。關於心得測驗部分，應請任課講座親自命題，題目務須力求難易適中，且以具有標準答案的題目為主（如是非題、選擇題或填充題等，而問答題因難有一致的標準答案較不適宜）。據瞭解，凡經參訓的學員，對於主辦單位安排心得測驗似乎均有意見，但難能可貴的，是雖然緊張歸緊張，但準備應試的精神卻絲毫也不馬虎；因為，考評不及格不發給結業證明書，對每位學員而言，總是一種善意的壓力。事實上，測驗的目的旨在希望學員對於比較重要的理念認知能夠牢牢記住，以有助於服務品質的提升，絕不是主辦單位抱持「整人為快樂之本」的心態，故意折磨志工，相信所有參訓學員應該均能體諒主辦單位之用心良苦，而勇於且樂於配合支持。

(四)綜評階段

◆綜合討論

綜合討論首先應由分組討論的報告人就分組討論的共同結論提出三至五分鐘的報告之後，接著由參訓學員針對整個訓練過程的感受，或擔任志工歷程中所碰到的困難問題，或想進一步瞭解有

關志願服務的常識……，充分自由發言，然後再由主持人提出綜合說明，並做結論。就整個訓練課程的安排，綜合討論應是一個非常重要的良好結束；因為在訓練結束之前，如果參訓學員能將個人所見、所聞或所感，知無不言、言無不盡地溝通意見，凝聚共識，相信不論對任何一方面來講，絕對都具有良性的正面意義。不過，在綜合討論進行當中，大家務須建立一個共同的認知，即：在此時刻每個人所提出的問題應該都是與推展志願服務有關的共通性問題，而非任何一個單位的個別性問題；尤其更不是任何一個單位，志工與志工，或志工與督導之間，溝通不良、相處不悅的牢騷問題。

◆**問卷調查**

　　檢討是改進的手段，改進是檢討的目的。問卷調查係由主辦單位設計周全的問卷表，在綜合討論進行之前，責成參訓學員務必人人填寫（不具名）；這個問卷旨在瞭解參訓學員對整個訓練的具體反應，此一反應將是主辦單位爾後繼續辦理訓練據以檢討改進的最佳參考；對於辦理志工訓練而言，能有這種考量，應是一種心胸相當開闊，且極其負責的進步做法。一份較為周全而成熟的問卷應該兼含封閉式的問項與開放式的問項。

　　1.封閉式的問項至少必須包括：

　　　(1)課程設計、課程編排、授課講座、研習環境、研習期間（二天一夜或三天二夜）等的滿意程度。

　　　(2)更可進一步瞭解講授課程：對推展志願服務有無幫助、授課內容的滿意程度、講座表達能力的滿意程度。

　　　(3)分組討論：擬訂的討論題綱是否切合實際、引言人所扮演角色的滿意程度、引言內容的滿意程度。

　　2.開放式的問項一般可包括：

　　　(1)希望分組討論應增列哪些討論題綱。

(2)對完成參訓後有何感想、建議與期盼。

(3)對主辦單位有何建議與期盼。

除了以上必要問項外，在基本資料方面則應包括性別、年齡及教育程度。

◆評計分析

評計係指對測驗試卷的評閱計分，而分析則指對問卷調查的統計分析。參訓學員雖然不是為了成績而參加，但據瞭解，一般對成績都非常關心；主要除了為著面子問題，尤其對於結業證明書更是相當在意。事實上，志工訓練的心得測驗應是趣味性重於考核性；只要學員在參訓過程遵守規則，用心學習，相信主辦單位絕對不會故意刁難。至於問卷調查的分析結果，對於整個訓練的檢討改進確是極其重要的參考指標；對此分析結果，主辦單位務須確實予以重視，凡是應檢討的務須及時檢討，該改進的更須力求改進，如此才能精益求精，日新又新，精進訓練效果，開拓服務新機。

◆核發證明

志工訓練於學員結訓後一定要發給結業證明書，一方面讓參訓學員感覺是一種榮譽，另一方面也表示對參訓學員的一種肯定。中華民國志願服務協會之「志工學苑」：基礎訓練及特殊訓練必須於參訓期間全勤從未缺席，始得發給結業證明書；而成長訓練必須測驗成績達六十分以上，領導訓練測驗成績達七十分以上，始得發給；以上規定對於提升志工訓練品質、增強志工工作方法應有實質效益，頗值仿效採行，落實實施。至於結業證明書的格式應大小適中；正面（左）應印「志願服務教育訓練結業證明書」字樣，正面（右）應將授課的課目、時數及講座印上；反正除了標題應載明「結業證明書」及核發字號外，內容應包含：參訓學員姓名及出生

年月日、主辦單位、訓練期別及類別、訓練期間、核發日期,黏貼參訓學員照片,並蓋主辦單位鋼印,另加蓋主辦單位印信及負責人簽名章。

◆符號授階

符號代表一種象徵,也是一種榮譽。為加強激發志工參加教育訓練、充實工作方法的興趣,辦理志工訓練除核發結業證明書外,應可另加實施「授階制度」;這種制度是:在學員參加每一階段訓練期滿後,由主辦單位頒授代表訓練類別,且可佩戴的象徵符號,其符號可以是領繩、制服或徽章……。例如:中華民國志願服務協會所實施的制度為:在志工參加每一階段訓練期滿後,除依規定核發結業證明書外,並頒授「領繩」配套志願服務標誌徽章,其做法是:認知訓練授給綠色領繩,進階訓練藍色,成長訓練紅色,領導訓練黃色;每一位參加過訓練榮獲授階的志工,在比較正式的場合均可佩戴,藉資識別,並示尊重。根據反應,這種制度的實施,對於增添志工榮譽確有不可計量的鼓舞作用。今後各運用志工的有關單位,應可再進一步研究實施頒授其他具有代表性的「制服」或「徽章」……,藉以加強推廣志願服務,開創志願服務新猷。

五、結語

總之,在推展志願服務的過程中,辦理志工訓練應是重要的任務之一。一般來說,辦理志工訓練應可讓參訓人員達到下列目標:

1.理念認知的增強。

2.思維能力的增進。

3.社會見識的擴大。

4.生活能力的提升。

5.人際關係的改良。

6.思想觀念的凝聚。

而訓練步驟則應包括下列各項重要程序：

1.探析訓練需求。

2.訂定訓練目標。

3.設計訓練內容。

4.選擇訓練方法。

5.實施訓練工作。

6.評估訓練成果。

對於一位稱職而受肯定的志工，參加各項訓練絕對不可免，尤其更不可拒絕；藉此擬以「以訓練提升服務品質，用方法驗證訓練成果」與志工朋友共勉；願大家在服務中不斷學習，在學習中促進成長，在成長中穩健茁壯；讓自己充分感受到因為參與志願服務而日益幸福美滿、平安健康。

第21章
志工幹部的領導藝術

一、引言——領導者的重要權責

所謂「領導」係指領導者利用組織賦予的職位和權力去引導和影響個人或團體實現目標的行動過程。而「領導者」則是行為的主體,他是在組織中擔任領導的角色,由領導賦予他權力並運用權力的人。吾人深知,領導者務須負責而有效地履行他應有的權責,始能發揮其領導的影響力;否則,領導者將猶如傀儡的象徵,徒有其名,但無實權。

概括言之,領導者的重要權責應為:

1.要「科學地」制定和力行決策方案。
2.要「藝術地」運用指揮、協調和控制的能力。
3.要「公平地」將被領導者的職務做適才適所的安排。
4.要「親切地」做好觀念溝通的工作。
5.要「敏銳地」察覺、防止和克服被領導者的心理障礙。
6.要「誠懇地」激發被領導者積極進取的衝勁。

二、何謂領導藝術?

「領導藝術」顧名思義應指領導的才能和技巧;具體言之,領導藝術務須展現下列特徵:

(一)領導藝術務須匯集領導者的智慧、經驗和才華

因為領導效能的提升及領導才能的展露,在於解決問題不僅需要科學的理論和方法,尤須運用非「常模式」及非「規範化」的智慧和技巧。

(二)領導藝術務須巧妙調和組織行為的節奏

領導者好比是交響樂團的指揮，發揮他的想像力與創造力，能把分散的、孤獨的力量融合為整體的力量；就如同將各個單一的樂器調和為一幕優美而精彩的音樂演奏。

(三)領導藝術務須擅於塑造組織的氣氛

一個團隊就像一群舞蹈高手在同一個舞池裡表演，每一個人都想表現出他的高招；而領導者塑造的氣氛就像是旋律，在同樣的節拍中，使每位舞者跳出最美妙的舞步；領導者改變旋律，大家也跟著改變步調。

(四)領導藝術務須善於應變

所謂「應變」就是應付變化，因勢利導。在這方面領導者應該：

1.要適應迅捷。
2.要反應靈敏。
3.要見機行動。
4.要快速準確。

領導是一個動態過程，領導者的有效行為，隨著被領導者的特質和環境的變化而有所不同，領導者必須妥為因應而採取隨機應變的行為。

(五)領導藝術務須專於控制

所謂「控制」係指領導者採取一定措施使被領導者改變行為方式，從而達到領導者既定目標的過程。在這方面領導者應該：

1.要確定標準。

2.要把握重點。

3.要修正偏誤。

4.要富有彈性。

5.要評估成效。

任何一個組織均猶如有機的「動態系統」，內外關係極為複雜，領導者務須適時、客觀、靈活、合理的採取有效的控制手段，才能使組織結構正常運轉。

(六)領導藝術務須精於協調

所謂「協調」是指將組織的各項管理工作相互調和配當，以便有效地完成組織目標。在這方面領導者應該：

1.要圍繞目標進行。

2.要樹立整體觀念。

3.要利用外部競爭、加強內部合作。

4.要克服心理障礙、展現尊重包容。

5.要溝通信息、及時反饋。

6.要迎向未來、開拓新境。

協調是領導的根本，領導者務須妥切運用協調功能才能發揮領導作用，有效完成任務。

三、志工幹部應有的素養

決定團隊目標，釐訂團隊計畫，振奮團隊精神及健全團隊發展，都是領導幹部所應努力以赴的；基於此，領導幹部如未能具備

領導人應有的素養，勢必無法完成肩負的任務。分析言之，志工領導幹部應有的素養為：

(一)要有卓越的「組織力」──統合凝聚

所謂「組織力」是指思想上的分析綜合與系統化，以及實行上的有條不紊與統整化的能力，亦即整理思想與處理事務的才能。領導幹部縱然對被領導者有充分的瞭解，且也能擬訂適當的工作計畫；可是，如果團隊的組織不健全，成員的意見不一致，則計畫的實施終必失敗。因此，領導幹部在經營和管理團隊方面，要能具備適當調適的處理能力，凡事不分鉅細均能苦心剖析，大小條理均應做到先要擘得開，後要拉得攏的最佳境地。

(二)要有超群的「統御力」──知人善任

所謂「統御力」是指統率與指揮各種人才的能力，包括選擇、錄用、訓練與任使各方面，而尤以任使最為重要。領導幹部是團隊成員的認同對象，也是團結和維持團隊生命的主腦人物；所以，他必須富有超群的統御力才能激發、指導和掌控團隊的活動，也才能聯繫團隊成員間的心理溝通；藉此團隊才能趨於穩定，並心悅誠服地服從領導幹部的領導。

(三)要有敏銳的「洞察力」──明察慎辨

所謂「洞察力」是指看透對方真心誠意或虛情假意的直覺能力，只要肯仔細、用心，這種直覺能力會越歷練越準確。領導幹部如果直覺能力遲鈍，不僅不能抓住對方的真正想法，也會招致判斷錯誤，導致影響領導權的行使。概括言之，培養敏銳的洞察力務須：要與對方密切接觸交談、要隨時注意觀察對方的言行舉止、要

站在對方的立場考慮及要嚴格自我反省。

(四)要有明快的「決斷力」──果決立斷

所謂「決斷力」是指遇事既能審慎體察實際情勢，復能臨機應變即予判斷、立作決定的能力。一個團隊難免會碰到意想不到的狀況，有時候也很可能會碰到成員的突然反對或紛擾；領導幹部平時就應意料團隊可能發生的不測情況，萬一發生，更須具有迅速而適切地解決不測問題的能力。

(五)要有冷靜的「思維力」──慎謀遠慮

所謂「思維力」是指透過腦力活動去認識事物，掌握事物的發展規律性，進而用以進行決策、解決問題的能力。冷靜的思維力應具有：廣闊性、深刻性、靈活性、批判性及獨特性等特徵；領導幹部務須具有這些優良的思維力，才能保證有效地完成複雜而艱鉅的領導任務。

(六)要有革新的「創造力」──開拓創新

所謂「創造力」是指對已累積的知識和經驗進行科學加工和改造，產生新思想、新知識，並把它轉化爲新作爲的能力。領導幹部善於使用創造力，可使問題在社會現實中得以普遍的解決；如果沒有創造力，領導幹部就不能擔負起複雜又艱鉅的工作，更不能成爲有效的領導者。

(七)要有誘導的「激發力」──鼓舞激勵

所謂「激發力」是指激勵被領導者主動而積極投入工作的能

力。不斷地把團隊的目標讓成員瞭解、隨時把團隊目前的經營狀況及工作成果告知團隊成員、強調團隊所面臨的共同威脅及可能蒙受的利害與共的問題、儘量讓團隊成員都能發揮所長擔任一定角色的任務、儘量採用民主的方式促使團隊成員參與重要活動的決定、誘發團隊成員的衝勁、尊重團隊成員的自決與自制等，都是激勵和維持團隊士氣最有力的方法；領導幹部如能針對團隊需要，善加應用其激發力，則必能使領導幹部的個別欲望與團隊需求相互調和，而有助於領導功能的充分發揮。

(八)要有寬宏的「包容力」——有容乃大

所謂「包容力」是指凡事看得開、想得遠，勇於接受他人錯誤，原諒他人犯過的能力。領導幹部務須要有寬宏的包容力，才能關懷、愛護、體諒、信任他的被領導者，並急他人之急、想他人之想，處理好人際關係，促使被領導者感到溫暖、窩心，從而獲得心理上的安全感及積極奮進的工作動力。

四、志工幹部應扮演的角色

志工團隊為求對內產生凝聚作用，對外發生輻射功能，其急切要務是領導幹部應該妥切扮演應有的角色，以期作為志工夥伴的學習榜樣；如此，他即可具體指出志工夥伴的行為方向，要求志工夥伴依照團隊的規則行事。一般言之，志工團隊領導幹部應扮演的角色為：

(一)團隊的代表者

團隊要能日漸成長茁壯，固然有賴成員的努力，但良好公共

關係的建立、爭取機構與外界的支持與認同，常為團隊是否能夠日趨發展的關鍵。一個團隊不可能每位成員均與相關單位接觸有關團隊整體的事務，因之，領導幹部為團隊對外之代表者，乃為理所當然；舉凡團隊對外發言或建立公共關係，都應該由他擔當；所以，團隊的健全發展與否，領導幹部的影響至鉅。

(二)決策的主宰者

領導幹部本身並非計畫的執行者，但必定是計畫決策的主宰者；有的領導幹部凡事一把抓，不願授權給團隊成員分工合作共同負責，而本身又無暇兼顧團隊的事務，放手不問，結果造成怨聲載道，問題重重；不但影響成員的士氣，尤更阻礙團隊的發展；領導幹部務須將決策與執行適作明顯的區隔。

(三)目標的釐訂者

任何團隊不論其成員多少，亦不管成立時間之長短，都必有其既定的目標。擔任團隊領導幹部的重要功能之一，就是要能確定團隊的目標及擬訂達成目標的方法與步驟；積極領導團隊成員互助合作，協調配合，為達到共同的目標而努力奮進。

(四)關係的控制者

控制是調節團隊內部關係的重要手段，領導幹部通常有權支配團隊的結構，所以他能控制團隊內部的關係。不論領導幹部控制的方式是採取指令性、誘導性、威脅性或監督性的手段，其最終目的乃為促進成員的協調配合，保證團隊的正常運轉，強化團隊效能，實現團隊目標。惟領導幹部特別應該自我警覺的是，「控制」絕非「壓制」，控制的寬嚴程度務須根據團隊實際狀況而定，該嚴則

嚴，該寬則寬。

(五)爭議的仲裁者

　　人與人之間不論其關係如何密切，難免會有摩擦的事件發生；志工團隊的夥伴雖然是志同道合，目標一致，有時候也難免會有意見相左的現象。團隊成員之間如果發生問題或不悅，或有派系之爭，領導幹部應該是審判官或中間人；而碰到這種狀況，領導幹部應該扮演仲裁者的角色，本著公正無私、守正不阿的態度，以極具權威性的角色，慎謀能斷地減輕或消除團隊內部的紛爭事件。

(六)成敗的守護者

　　團隊成員素質參差不齊，有的成員獨立性很強，有的成員依賴性很大，因此，在一團隊中常有許多依賴性較大的成員不願對自己的決定和行為認真負責，當其遭遇困難之際，即將其決定權交給領導幹部，忠貞不二的全權委託其領導幹部代之解決；如此，領導幹部務必對團隊的成敗肩負完全的責任。

(七)意識的製造者

　　所謂「團隊意識」係指團隊中大多數成員所共有的信仰、價值與規範。它是在團隊的互動過程中形成的，有時其形成是為了控制成員的行為。在一個團隊之中，有時候，領導幹部應供給團隊意識，即是說，他是每個團隊成員信仰、價值及規範的來源。無論在何種情況之下，領導幹部的觀念與作為或多或少可以影響團隊成員，而且也能有效地製造團隊的共同意識。

(八)士氣的激勵者

團隊成員心中經常懷有被他人獎賞或認可的渴望，由此會產生勇往直前的衝勁。領導幹部適時、正確的激勵足以引發團隊成員的動機，因為，領導幹部是團隊士氣的激勵者。惟激勵應把握：優化、強化與適度三大原則。所謂「優化」原則係指激勵方式要多重多樣，對不同的人，要採用不同的激勵方式，並且要採用最優的激勵方式；又「強化」原則是指對好的行為不斷給予獎勵，以達增強效果；對壞的行為也要不斷給予斥責，俾收削弱作用；另「適度」原則係指激勵要符合公平正義，以免產生負面回應。

五、志工幹部應展現的領導藝術

領導藝術的特徵為：經驗性、靈活性、創造性、非規範性和非程序性等；它是領導科學理論實際運用的昇華和領導者智慧的綜合，必須經過長期的實踐磨練，才能掌握。一般言之，志工幹部要能充分發揮領導者的功能務須展現下列各項領導藝術：

(一)要「聆聽」團隊成員的心聲

領導幹部不能只聽成員所說的話，還要努力聽出對方的真意。如果不能掌握對方的真意，則對團隊成員必難施展真正的領導權。因此，對領導幹部而言，聆聽團隊成員的真意更勝於一切。為了要聆聽團隊成員的真意，務須要有聚精會神聆聽團隊成員說話的心理準備。

(二)要「信任」團隊成員的決定

所謂對團隊成員的信任應指：(1)信任團隊成員的人格；(2)信任團隊成員所負責的工作。領導幹部務須深切瞭解，信任團隊成員是與團隊成員之間建立信賴關係的起點；如要信任團隊成員所承擔的工作，必須給予適切的指導與管理；惟信任與放任是兩碼子事。

(三)要「掌握」團隊成員的互動關係

領導幹部只要能敏銳地掌握團隊成員心理微妙的變化，適時地說出吻合當時狀態的話，必能與團隊成員產生良好的互動關係。要抓住團隊成員的心，可說機會無時不可，一切取決於領導幹部的用心與細心；領導幹部應該更加有意識地磨練掌握團隊成員心理動向的技巧。

(四)要「融入」團隊成員的立場思考

所謂融入團隊成員的立場，並非迎合團隊成員，而是先站在團隊成員的立場來考慮事情。有意識地致力培養團隊成員本位的想法，是領導幹部應該努力的首要之務；領導幹部如能展現這種行動，必能贏得團隊成員的信賴。以團隊成員為本位的想法，不只對領導權的提升有所助益，更是成功領導的必要條件。

(五)要「解除」團隊成員的煩惱與怨尤

解除團隊成員的煩惱與怨尤是領導幹部的重要工作之一；如團隊成員顯現出有煩惱與怨尤的傾向，務須及早發現，及早解決；且最好誘導其自己找出解決的對策。處理團隊成員的煩惱與怨尤應盡

量避免批判與說教；尤其務須注意，千萬不要為解決某位團隊成員的煩惱與怨尤，導致引發其他團隊成員的煩惱與怨尤。

(六)要「分嚐」團隊成員的甘苦

領導幹部應與團隊成員建立「同吃一鍋飯」的夥伴關係，力求與團隊成員坦誠相見，充分呈現原本的自我。更進一步的是，領導幹部應與團隊成員一起行動，有福同享，有禍同當，確實做到肝膽相照，甘苦分嚐，如此必能加強彼此心靈的結合，而有助於團隊力量的發揚。

(七)要「鼓勵」團隊成員勇於展露自己的才能

任何人如感受自己的存在被認可，他必能積極地有所作為；領導幹部必須想盡方法，找出使團隊成員充滿「自己的存在被認可的心情」，也就是為團隊成員準備適合他的快樂舞台。領導幹部如能儘量使每位團隊成員體認到自己所負工作的重要性，必有助於兩者之間的互信與互賴。

(八)要「慷慨」給予團隊成員掌聲

任何人都有功名慾與榮譽感，而這些都是促使人們勇往直前的泉源。領導幹部要能充分發揮領導效能，有時須有勇於扮演陪襯角色的覺悟；尤其更不能以團隊成員為踏板，作為自己追求功名的手段。因為，成功的領導者，應使自己做個舞台的幕後功臣，而儘量讓被領導者當主角，鼓勵他盡情發揮，並慷慨給予適時的掌聲。

(九)要「實踐」對團隊成員的承諾

要持續贏得他人信賴的方法，除了經常累積足以令人信賴的實績外，別無他途，這是人人應該正確體認的嚴肅事實。領導幹部要能持續贏得團隊成員的信賴，最主要的就是本身要嚴守紀律，以身作則，穩健地實行理所當然的事。

(十)要「挺身」代替團隊成員對外講出他心中的話

領導幹部如果被團隊成員評價為「在家勇，在外怯」的人，則他必無法再有效地行使其真正的領導權。領導幹部務須提出勇氣，堅持自己的主張，以幽默、溫文的表達力，挺身代替團隊成員對外講出他心中想說的話，如此必能有效增強團隊成員的向心力，從而激發其強化為團隊效命的行動力。

六、結語

總之，領導是一種藝術，也是一種技巧。一位明智的領導幹部，應該致力激勵團隊成員的士氣，整合團隊成員的力量，以期達到開拓團隊的目標，完成團隊的任務。領導幹部務須經常向團隊成員澄清目標的核心，發展實現目標的程序藍圖；注意保持團隊成員的愉快關係，顧及少數孤離分子的心理，尤應力圖抓住團隊成員的心理，以發揮領導藝術的最高意境。

第22章
志工督導應有的專業體認

一、引言

「志工督導」狹義的專指實際、直接負責監督、指導志工從事志願工作的「督導」（此處所稱的「督導」係指督導者，而非督導的作為）；以目前我國推展志願服務的狀況，直接負責監督、指導志工的督導，大部分都是機構的專職人員，但亦有少數是由機構的資深績優志工擔任；而廣義的是指機構內與推展志願服務有關的所有督導人員，當然也包括「督導」在內。在此所謂「志工督導」係採廣義的界定，期盼所有負責推動志願服務的督導人員均能深化志工督導的專業體認，以有助於志願服務工作的順利推動，進而蓬勃發展。

推廣志願服務是弘揚社會工作不可或缺的要素；從學理上言，社會工作中的督導工作應兼含行政性、支持性與教育性三項功能。其實督導工作並非在社會工作領域中才有，在教育行政中有「督學」，在警政系統中也有「督察」，其所扮演的角色應該都是督導工作，只是督導的重點各有不同。就實務經驗來說，志願服務督導工作的內涵應該兼顧志工朋友的參與動機、心理需求、價值觀念、工作能力、服務態度、工作技巧、專業知識、服務成效及自我成長等各方面；督導工作的本質就是一種經由行政性程序來達成支持性及教育性目標的過程。

專業應該包括：理論知識、工作哲理、行政經驗、行為規範、公正態度、感情中立、社區認同與居民承諾……。督導工作是社會工作重要的一環，社會工作是一門助人專業，督導工作當然也應該具有專業；因此，志工督導務須應用各種專業技術和方法，透過與志工雙方建立友善的互動關係，協助各種不同環境背景和不同心理需求的志工朋友，達到充實專業知識、強化助人技巧、增強工作信

心、提升服務品質的目標。

二、志工督導應有的正確認知

督導工作的實施，旨在達成：

1.對機構服務目標的完成。
2.對志工專業訓練的加強。
3.對社會專業投資的貢獻。

志工督導在實施督導工作的過程中，首先應該塑造的正確認知
爲：

(一)不可把志工當作是無所事事的悠閒者

志工自動自發參與服務工作，只問奉獻，不求回報；不論其
心理動機爲何，應是一種價值觀念的轉化，更是一種人生意境的提
升；這種助人利他的行爲表現，應該值得社會大眾肯定、讚美與嘉
許。不可否認的，有些志工是屬於退休長者或家庭主婦，但仍有爲數
不少的志工是屬於上班族群；志工雖然不計酬勞，但沒有功勞總有辛
勞；對於珍貴的志工資源應該善加「運用」，切勿任意「濫用」。

(二)不可把志工視爲減輕專職人員工作負擔的助手

機構運用志工固然是因爲業務急遽膨脹，專職人員工作量超
載，不堪負荷所致，但運用志工的主要目的，旨在希望志工能夠協
助一些例行性、支援性、溫馨性且非行使公權力的服務工作，而使
專職人員得以更加專注於專業性工作的處理，以提高工作水平。運
用志工的焦點，不應擺在純爲減輕專職人員的工作負擔，而主要的

是希望有效調配機構的人力資源，發展服務工作，增進服務效能。

(三)不應把志工作為專職人員的替代者

在某些情況下，志工經過嚴密的專業訓練，是可替代專職人員處理一些半專業性的工作，但原則上，志工絕對不可作為替代專職人員的工作者。志工的參與旨在輔助、彌補、加強、提升、發展現有的服務狀況，以期獲得更好的服務評價。專職人員絕對不可因為志工的積極參與，而將本身應該承擔的工作，毫不負責任地推給志工去執行，讓自己兩袖清風，坐享其成，不但有損服務品質，尤更影響工作士氣。

(四)不可把志工當作專職人員的跟隨者

志工透過專業知識的充實與工作技能的增強，不但可協助專職人員處理一些非專業性的工作，應該也有能力在專職人員的妥切督導下，協助處理一些較為單純、不須深奧專業哲理的半專業性或專業性工作。因之，志工應該是專職人員相輔相成的「合作夥伴」，絕對不是任憑差遣的「跟班隨從」。志工的積極參與，對專職人員而言，應該是如虎添翼，得心應手，千萬不可把志工視為如蛾赴火，礙手礙腳。

(五)不應因志工不計酬勞而質疑其參與感與責任心

或許有人認為志工只有付出，毫無報酬，是否會影響其「參與感」，越做越少人參與，又是否會影響其「責任心」，服務的品質可能打折扣；其實這些質疑應該都是多餘的。我們可以肯定的說，志工既然有心參與志願服務，他絕不在乎有無報酬，而且絕大部分的志工都應該會抱著嚴謹的態度，竭盡所能，全力以赴。假若真有

越做越少人參與志願工作的現象發生，其主因應該是：(1)社會教育不足，一般人對志願服務認識不深，存在觀望態度或不知如何參與；(2)有些服務機會未必符合有志之士的興趣與能力。再說，志願工作也是工作的一種，凡是負責任的志工相信對於承擔的工作必定忠實可靠；反之，不負責任的有酬工作者，混水摸魚者仍然大有人在；所以，有無實質的酬勞，對志工的責任心應該不至於會有影響。

(六)不應把志工不求回饋認為是造成志工高流動率或高流失率的主因

志願工作強調自動自發的工作動機，給予志工自由選擇參與與否的空間較大，這或許是導致志工高流動率或高流失率的因素之一，但真正重要的因素應是：

1.志工參與服務的價值意義。
2.志工在機構內受重視的程度。
3.志工能否獲得適性的服務機會。
4.志工在參與服務的過程中，能否獲得清晰的工作方向與指引。
5.志工是否能夠獲得足夠的教育訓練及專業指導。
6.志工是否能夠獲得適當的支持與鼓勵。

說實在的，志工的高流動率或高流失率與有無報酬絕對無關，最主要的在於志工是否能夠受到「尊重」與「重視」，以及志工滿懷服務的熱忱，是否能夠真正有事做，而且有「適性」的事情做。

(七)不可對志工過分放任與苛求

社會工作與志願工作都是助人的工作,社會工作者務須具備:

1.助人榮己的觀念。
2.伸縮性的性格。
3.易與他人建立良好關係的能力。
4.隨機應變的技巧。
5.誠懇親切的服務態度等特質。

志願工作者當然也要等同,只不過因為志工的素質參差不齊,又其所擔任的工作大都是半專業性或非專業性的工作,因此,對於志工人員的要求當然不可像社工人員的要求那樣嚴格而苛刻;可是,志工既然承諾參與服務,對其所擔任的工作仍然應與社工一樣,要以嚴謹、認真、負責任的態度,向服務對象、督導人員、機構及社會負責。假若志工真有嚴重且不可諒解的過失發生,對其行為同樣也應該予以勸導、指正或作必要的懲處,絕對不可因志工係屬非領薪人員而給予寬待放任;不過有罰必有賞,為提振志工的服務士氣應該是非分明,賞罰公正;對於志工雖不「苛求」,但仍須「要求」;雖不「放任」,但務必「信任」。

三、志工督導常須面臨的工作挑戰

志願工作是一種助人利他的崇高志業,參與服務的志工朋友只求誠心奉獻,不求任何回報;所以,志工督導需要應用各種專業方法來塑造志工有利的工作條件,以推動及維繫志工在沒有接受酬勞的情況下,仍能熱情不減地踴躍投入服務工作;相信這種任務比督

導領薪的專職人員，需要面臨更多、更難的工作挑戰；一般言之，志工督導常須面臨的工作挑戰約有下列情況：

1.志工督導務須面對督導工作可能發生的種種困難與挫折；可是，督導在地位上既無絕對的權威，在薪酬上亦無合理的回報，因此，極易導致督導的工作倦怠與職務更動。

2.志工督導為吸引更多的志工投入服務行列，或面對志工團隊間相互競爭的壓力，經常需要絞盡腦汁或用盡心思，想辦法設計一些新穎而奇特的活動方案，來吸引志工的工作興趣及持續參與。

3.志工的期望與社會的需求，常會隨著時代的變遷不斷地轉變；志工督導必須敏銳地察覺這種轉變，有效地帶動機構尋求應變的方法，以維持機構的服務水準及志願服務的永續經營。

4.志工督導不但在縱的層面需要負責各類志工的督導工作，同時在橫的層面亦須與機構內不同階層的員工緊密地溝通協調，以有效地維持工作的進展；尤其當員工與志工在工作的接觸上，因為觀念未能趨於一致而發生摩擦時，更應站在中立的立場，適當地扮演潤滑的角色。

5.志願工作的服務時間及活動多半安排在辦公時間以外的時段，志工督導為了因應實際工作的需要，亦常需要承擔超時或加班的工作壓力；這種壓力如果長期持續，有時難免會影響生活的情趣及家庭的和諧。

6.志工督導不時需要向機構同仁推介志願工作對機構提高服務品質的重要性，以及設法爭取機構領導階層對志願工作的重視與支持；面對這種較高難度的課題，志工督導務須應用更高智慧的溝通技巧。

7.志工督導經常須在志工訓練不足、機構資源缺乏及工作同仁未能充分認同與支持的情況下，孤單地承擔艱鉅的督導工作；面對這種壓力與挑戰，如果沒有足夠而堅強的傻勁與毅力，相信任何人都可能因之而心灰意冷，欲振無力。

四、志工督導必備的基本素養

志願服務的督導工作對於機構組織功能的發揮、服務成效的增強，以及政策目標的實現，具有極大的影響作用；因此，機構必須設置和培植督導人才，實施督導制度以有助於志願服務工作的順利推動。一般來說，一個優秀的志工督導必須具備的基本素養應該要有較為嚴格的要求，因為他務須扮演：行政者、指導者、管理者、教育者、諮詢者、激勵者、協調者及開拓者的多重角色。

(一)要有專業的教育訓練

督導工作是社會工作的一環，因之，志工督導應在一般教育訓練的基礎上接受社會工作的專業教育訓練，以期充實社會工作的專業知識，培養社會工作的專業技術，而有助於督導工作的有效實施。

(二)要有豐富的社會常識

督導工作所需接觸或處理的問題頗為複雜而多樣，在工作中所遭遇的每為各種錯綜繁雜的人生問題或社會問題，志工督導如無豐富的社會常識，常難瞭解問題的癥結，更無法解決問題。

(三)要有行政工作的經驗

社會工作的行政程序是指機構的政策與措施透過工作者對受

助者的各種接觸,給受助者提供適切服務的過程。社會工作的行攻
程序包括:計畫研訂、分層負責、溝通協調、研究考核、預算會計
等。督導工作固然必須應用社會工作的專業方法,如果志工督導缺
乏行政工作的經驗,縱使學有專精,滿腹經綸,對督導工作的實施
恐怕也僅限於高談闊論、天馬行空。

(四)要有知人善任的智慧

督導工作的對象是人,志工督導必須富有知人、用人、信人、
容人的智慧,才能深入瞭解不同志工的心理需求,根據志工的興趣
妥適安排工作,並與之融洽相處。凡是孤僻、冷漠、固執、刻薄的
人,或對他人不感興趣、漠不關心的人均難以勝任。

(五)要有公平正義的原則

「公平」是指公正的對待,「正義」是指合理的要求。志工督導
對於志工朋友務須堅持的基本原則就是公平正義;凡是對人,保持
感情中立,一視同仁;至於對事,應該合理要求,絕不袒護;唯有如
此,才能在是非分明、善惡有別的情況下,提振士氣,推動工作。

(六)要有溝通協調的能力

「溝通」為實現機構目標、達成機構任務的必要手段;「協
調」則在使機構的工作人員之間能以整齊的步調,完成共同的使
命。溝通在求思想上的共同瞭解,協調在謀行動上的調和一致,二
者互為表裡,關係至為密切。志工督導務須要有溝通協調的能力,
才能整合志工的共同觀念,調和志工的齊一做法,同心協力實踐機
構賦予的職責。

(七)要有運用社會資源的技巧

社會資源包括：

1.財力、物力、天然資源與活動空間等物質資源。
2.人力、智力、技術、法令規章與社會意識等非物質資源。

志願服務的推展及督導工作的實施，有時非僅憑機構本身的資源與人力所能有效達成；在此情況下，志工督導則須應用社會工作的專業方法，透過公共關係的建立，妥善運用社會資源，以期內在機能與外在力量密切配合，促使督導工作的順利展開。

(八)要有組織應變的能力

督導工作旨在啟發志工潛力與強化志工團隊功能；因此，志工督導必須具有組織的能力，可將不同特質的志工與不同性質的團隊，依其個別志趣與組織宗旨，分別輔導，有效整合，以期發揮整體力量。另督導也要對於志工與團隊發展的變異性，具有機智的應變力及說服的技巧，因應變化，發掘問題；變阻力為助力，化無用為效用，由失望中覓取希望，從矛盾中轉為後盾。

(九)要有擁護機構政策的忠誠

機構政策是完成機構任務、達成機構目標的最高準則，也是工作人員據以推動業務的指導方針。督導工作的有效實施，務須結合不同背景的志工力量，發揮科際整合的功能，以期督導與志工建立合作的夥伴關係，共同致力貫徹機構的政策。所以，志工督導要對機構政策絕對忠誠擁護；即使志工朋友對於機構政策不甚瞭解或稍有誤解，甚或如有強烈的排斥，尤應應用專業方法，竭盡所能，化

誤解爲諒解，轉排斥爲支持，齊心協力爲提升服務水準、開創服務
新境而積極打拚。

(十)要有評價的技巧

志工督導務須具有評價的技巧，俾能利用志工的工作表現，
分析志願工作發展的狀況，並協助志工檢視過去的經驗，評估工作
推展的價值，以便檢討得失，策勵未來；尤其對於志工團隊擬訂工
作計畫的可行性，更應依據法令，配合機構政策，以專業工作者立
場，提供評價的建議，俾利團隊推動工作，展現服務成果。對表現欠
佳或參與感低的志工，應加強督導其提振士氣，熱烈參與；對表現優
良或績效顯著的志工，尤應適時建議予以獎勵表揚，用資激勵。

(十一)要有研究發展的精神

研究是手段，發展是目的；求發展而不研究，則發展缺乏依
據；有研究而不發展，則研究勢必落空；二者必須密切配合，才能
發揮研究發展的積極功能，而有推陳出新的工作方法。督導工作旨
在尊重志工志趣，配合機構目標，因應社會需求，加強服務效果；
因此，志工督導不可墨守成規，敷衍應付，而須致力研究發展，開
拓創新；不論是法令規章、業務計畫或督導方法，均應潛心研析，
力求跳脫窠臼，以因應社會變遷，展現革新氣象。

五、志工督導應採的專業方法

志願工作者大部分均未受過專業教育。對志工實施督導工作，
內容務須具體簡要，要求應該合理適中，並以導正服務觀念、避免
服務偏差爲目標。尤其在督導過程中，更應考慮志工的志趣與能

力，儘量設法減輕志工內心的焦慮與壓力。有關志工督導應採的專業方法，試從督導原則、督導程序與督導評估三方面提出個人淺見，至盼志工督導相互策勉。

(一)先由督導原則來說

1. 要能有效提高志工人員的參與感和向心力。
2. 要能確實協助志工人員處理困難和解決問題。
3. 要深入瞭解和積極發展服務內容和進度。
4. 要向機構政策和團隊目標絕對負責。
5. 要評估志工人員的服務效果和發現應予改進的方向。
6. 要從督導工作中發現並培養領導人才。

(二)次就督導程序言之

1. 要鼓勵志工人員儘量自動提出問題。
2. 要激發志工人員勇於提出個人看法以供交換意見。
3. 要與志工人員集思廣益共同提出處理問題的方法。
4. 要於討論過程或結束時，善於歸納提出具體討論與建議。
5. 要適時撰寫督導摘要紀錄向領導階層提出工作報告。
6. 要敏感察覺領導階層和志工人員的反應，並即時研析因應。

(三)另從督導評估而論

1. 要確實瞭解志工人員是否按時參與督導會報，及是否參與熱烈討論。
2. 要對志工人員所提各項問題是否能獲具體答案，提出明確回應。
3. 要瞭解對於志工人員所提問題未能適切予以解答或處理，志

工人員是否能諒解督導人員之立場。

4.要洞察志工人員的工作情緒是否保持平和，對於參與的情趣是否有日漸增進。

5.要自我檢討本身對於督導工作是否眞正持續擁有高度興趣。

6.要全盤分析整個志願服務方案是否能夠順利推展、是否有須力求改進之處，如須改進應儘速提出可行的改進方案。

六、結語

　　總之，我們可以肯定地說，志願工作的推展，如無專業人員的有效督導，絕對難以達到預期的效果。近年來，社會需求日益殷切，志願工作亦隨之日趨發展，惟雖參與志願工作的有志之士日見增加，但仍經常發現有些志工朋友開始時熱情十足，雄心萬丈，參與之後卻頓時感到心灰意冷，失望沮喪。推其原因，固然志工本身對志願工作認識不夠、方法不足應是影響因素，但督導人員未能給予志工朋友適切督導，致其參照無從、乏規可循更是重要主因。至盼志願工作的督導人員持續充實專業知能，增強專業技巧；深切明瞭機構的政策目標與行政程序；以親切、和藹的工作態度，與志工人員建立互賴、互信的友好關係；有效促使志願工作的推廣能在督導與志工的共同努力下，與時俱進，弘揚光大。

第23章
督導志工的原則與技巧

一、引言

我國「志願服務法」第11條後段規定：志願服務運用單位應指定專人負責志願服務之督導。「督導」一詞，從志願服務的角度來說，作名詞解釋，係指負責督導志工進行服務狀況的人；當動詞用，則是一種動態的互動過程，是指扮演督導角色的人，要求志工執行或改變的方法和手段，亦即督導者與志工之間人際互動雙向交流的過程。志願服務工作的服務對象是人，為了使志工順利進行服務工作及讓被服務的人能夠真正獲益，充任督導的人應居於舉足輕重的關鍵角色。

二、督導志工應有的專業認知

(一)要具備管理知能

所謂「管理」係指經由專人的努力以完成任務的過程。在志願服務運用單位中，管理應指運用單位為使其志工能有效建構一個協調與和諧的工作環境，並藉以達成運用單位之任務與目標，相關人員所共同努力的過程。在這個過程當中，志工督導務必深入瞭解志願服務法規、倫理及發展等必備的專業知能，始足以勝任無恐。

(二)要熟悉行政體制

行政性督導是社會工作專業督導的重點工作之一，志工在服務過程中，面臨行政方面的困難問題時，督導應該要有足夠的能力協助解決或處理，以免志工束手無策、灰心、失望，甚至掀起不如求

去的念頭。一般來說，志工參與服務多半是隨性的、即興的，自主性很強，當必須在服務過程中，受到行政制度的重重限制，難免挫折感很深，在這種情況下，督導必須以對行政體制的認知，委婉地讓志工曉以大義，使其深切體認任何一個健全的組織，必定會有不同的行政制度。

(三)要懂得知人善任

督導的工作對象是人，人具有七情六慾，且有個別不同的思維方向，督導志工必須富有知人、用人、信人、容人的高度智慧，始能因應志工不同的心理需求，根據志工的個別興趣與專長，儘量安排如其所願的服務工作，以期適才適所，人人善盡所能，發揮最大的服務效能。因此，督導必須具有熱忱、可親、寬容、謙虛、關懷及喜樂與人互動的專業素養，始足以獲得志工普遍歡迎與支持。

(四)要擅長溝通協調

就志願服務的層面來講，「溝通」應指運用單位為實現任務，管理階層與志工之間意見交流的過程；而「協調」則在要求運用單位的人員能以齊一的做法，完成共同的使命。督導工作常須擔任志工與運用單位之間良好的溝通媒介，督導一方面必須將志工服務的情況與意見反應給上層，以便在志願服務的推展策略上作必要的調整；另一方面又需將運用單位上層有關志願服務的政策指示或交辦事項傳遞給志工，以期志工群策群力，共同完成任務。因此，志工督導必須保持中立的態度，忠誠地將雙方意見據實傳達，有效扮演溝通協調的角色功能。

(五)要精通控制應變

「控制」是指志工督導採取一定的作為，期使志工改變行為方式，從而達到督導既定要求的手段；「應變」則指督導在進行督導工作的過程中，應付變化，因勢利導的行動。志工督導進行督導工作時，在控制方面務須做到：針對問題、把握重點、彈性處理、維護尊嚴的指標；而在應變方面則須做到：見機行動、快速準確、靈敏應對、立見成效。

(六)要善用社會資源

社會資源包括：

1.物質資源：財力、物力、活動空間及名勝古蹟等。
2.非物質資源：人力、智力、方法、技巧等。

志工督導務須深切瞭解，任何一個運用單位本身的力量有限，社會資源廣大無窮；推展志願服務務須善用社會資源，始能使服務的範圍擴大、服務的能量擴增、服務的特色彰顯、服務的成效展現。惟善用社會資源應該確實把握：認識資源、發掘資源、培養資源、盤點資源、評估資源、維護資源及弘揚資源等前提。

(七)要堅守公平正義

同等的對待是「公平」，合理的要求是「正義」。督導工作務必堅守公平正義的原則；凡是對人一定要保持感情中立，一視同仁，避免歧視與成見；對事則須合理的要求，避免不近人性的苛求或徇私袒護。唯有如此，在是非分明、善惡有別的情況下，才能讓志工心悅誠服，毫無怨言，進而提振士氣，團結合作，全力以赴，

共竟事功。

(八)要支持機構政策

　　志工督導是運用單位推動志願服務工作的靈魂人物，更是志工如何參與服務工作的諮詢導師。在進行督導工作之際，設若督導察覺志工對於運用單位的政策方針略有微言，甚至怨聲載道；在志工面前，督導仍應表示對運用單位的政策鼎力支持，並運用不同管道向志工說明解釋，爭取志工的諒解；爾後再找機會將實情轉報上層，建請是否可以考慮調整政策決定，以免志工不平而鳴，引發強烈反彈，造成志願服務工作的推展遭到障礙。

(九)要善作心理調適

　　志工督導一方面要達成運用單位的政策要求，一方面要因應志工的反應意見，當雙方期待未能取得平衡時，夾在中間難免會產生一些壓力。志工督導必須要有高度的接納性和彈性，尤其更應懂得傾聽與尊重，以期能和不同人格特質的志工和睦相處，因為志工參與服務的型態不一：有的觀望猶豫、有的優柔寡斷、有的保守謹慎、有的光說不練、有的過度投入、有的倚老賣老、有的兢兢業業……，為了應對不同類型的志工，志工督導唯一的心理調適就是要不斷地充實專業知能，當問題發生時，以開朗的心胸面對它、接受它、處理它、放下它，只要問心無愧，一切亦必坦然於胸。

(十)要重視評價研發

　　志工督導要具有評價研發的專業認知，俾能利用志工的工作表現，評估志工提供服務的成效，並據以產生推陳出新的要求與做法。督導工作旨在尊重志工的志趣，發揮志工的專長，配合運用單

位的目標，因應被服務對象的需求，展現服務的具體成果。因此，督導工作不可墨守成規、敷衍應付，而須致力評價研發，俾能檢討得失，策勵未來；不論是法令規章、業務計畫或督導方法，均應隨著時代的變遷，與時俱進，力求跳脫窠臼，開創服務新猷。

三、督導志工的原則

(一)要能啓發服務思維

社會志工的來源四面八方，雖大部分是家庭主婦，但仍有一些是退休的有志之士，其在上班期間歷經千錘百鍊，擁有各種不同的豐富經驗；雖其對如何擔任一個稱職的志工，認知較爲不足，惟其具有相當的智慧。督導志工的首要任務就是要設法啓發志工的服務思維，讓其深切體認志願服務的眞諦，進而以純潔的動機、正確的觀念、誠懇的態度，積極投入服務的行列。

(二)要能引導服務方法

一般來講，多數志工熱情有餘，方法不足，參與志願服務工作隨風而起，熱血沸騰，但究竟要做些什麼？如何去做？怎樣能把事情做好，往往卻是一張白紙。督導志工應該用心導引志工服務的方向，明確告知志工服務的做法及應行注意事項，以免志工抱持觀望的態度，遲遲停滯不前，迫使志工喪失參與服務的企圖心，造成無疾而終的憾事。

(三)要能修正服務態度

志工在提供服務的過程中，首須考慮的是如何透過服務能讓被

服務對象感動，基此，服務態度應是最須注意的要項。具體而言，一項感動的服務，志工應該要有熱忱、親切、關懷、支持、接納、尊重的眞誠表現，期使被服務對象感到窩心、放心且安心，進而充滿未來的希望。設若在督導過程發現志工服務態度冷漠、傲慢、草率，甚至氣勢凌人，督導要能委婉地劍及履及立刻予以糾正，以免損及運用單位的形象。

(四)要能協處服務難題

有的志工由於對運用單位的相關業務瞭解不夠深入，或由於個人的經驗與方法不足，或由於個人不夠用心，提供服務猶如「持香跟拜」（台語發音），缺乏思考；難免在服務過程中碰到一些服務難題無法自行處理，導致垂頭喪氣、氣餒、灰心、挫折、失望；在這種情況之下，督導的重要功能，就是要立即運用自己的專業知能，針對志工所面臨的難題，協助尋求解決之道，妥善予以處理，俾免志工求助無門，心生恐懼。

(五)要能贏得服務認同

任何一個志願服務運用單位均應有其獨特的宗旨、任務、目標與使命，致力爲社會需要服務的族群提供適切的服務。督導志工必須潛移默化設法讓志工認同運用單位所提供的服務項目與服務作爲，俾以爭取志工的向心力與參與感，進而齊心協力，同心同德，共同爲運用單位的宗旨與任務，竭盡心力，共創服務佳績。

(六)要能增長服務知能

吾人常言，保持現狀，就是落伍。志願服務的有效推動，貴在能夠因應社會的急遽轉型，迎合社會的變遷，不斷地創新突破、

日新又新，開拓服務新機。惟創新必須要有新觀念、新知能與新作為，不是光憑嘴巴嚷嚷即可促成。因此，督導志工要能考慮如何透過在職訓練、研討會、座談會或工作坊等多重管道，力求增長志工的服務知能，讓志工得以不斷地汲取新知，增強新的思考方向，致力於新服務方法的研發。

(七)要能增強服務信心

信心是達成目標的助燃劑；任何事情要想成功，首須建立必成的信心。志願服務的核心價值是散布關懷傳播愛，為社會急切需要的人付出關懷與愛心，助其急切的需要得以適時獲得滿足。督導志工要能透過嘉許、肯定等激勵措施，增強志工的服務信心，讓志工經由經驗的累積及知能的充實，為受困民眾提供最佳的服務，真正展現服務的具體效果。

(八)要能提示服務目標

我們深信，為急切需要的人伸出援手，為頓感沮喪的人付出關懷乃志願服務的主要目標。督導志工重要的任務之一就是要能依照運用單位的功能與使命，提示志工作為服務的標的，以免志工猶如無舵的船隻盲目航行，不知如何靠岸，也不知何時必須靠岸；結果渾身解數，使盡一切力量，終究事倍功半，功敗垂成，致使參與志願服務的志工熱情銳減，甚至掛冠求去。

(九)要能凝聚服務動力

志工的服務動力應指志工攜手連心，團結合作，發揮團隊精神，努力奮進的能量。欲期志願服務展現既定的效能，督導志工應該要能凝聚志工的服務動力，期使志工齊一步調，行動一致，朝向

共同的目標與使命勇往邁進。設若志工團隊猶如一盤散沙，彼此勾心鬥角，離心離德，則不但象徵服務的動力潰散，也顯示督導志工的作為亮起紅燈。

(十)要能提升服務績效

　　志願服務績效的展現，決定在服務是否產生服務的價值，而服務價值的評估，端視經由志工提供服務之後，是否產生改變的效果，亦即透過志工的關懷行動，被服務對象是否從愁眉苦臉轉變為面露微笑，是否從憂心忡忡轉變為如釋重擔；另外志工本身是否從只管個人門前雪的心態轉變為猶管他人瓦上霜的念頭，進而獲得助人最樂、服務最榮的感受。督導志工最在乎的應是服務績效的提升，亦即借助志工人力的支援，是否得以使運用單位所提供的服務，讓被服務對象普遍覺得感動與讚美。

四、督導志工的技巧

(一)體悟志工需求

　　獲得尊重、信任、支持與肯定，可說是志工的普遍需求，督導志工應該深切體悟志工的基本需求，適時予以滿足。俾讓志工感覺受到重視，益加投入服務工作，而有助於服務效能的充分發揮。

(二)熟悉法規重點

　　督導志工，既要管理別人，就應先充實自己。我國業已民國90年1月公布施行「志願服務法」，對於政府的權責、運用單位的職責、志工的權利義務及法律責任均有明確規定，且對於「志願服務

法規之認識」也已列入志工訓練課程，一般來講，大部分志工對此法規均有相當的認知。因此，督導人員對於法規重點必須要能熟悉應用，否則可能不督先倒。

(三)創造支持環境

志工在運用單位僅能扮演輔助、支援、補充、增強的角色，不得喧賓奪主或反客為主；在這種主客分明的情況之下，督導人員必須技巧地發揮媒介的功能，讓志工的付出普遍獲得運用單位全體同仁的接納，俾使主客互動和諧，群策群力，共赴使命。

(四)善用志工專長

志工來自不同的成長背景，且其學經歷亦各有不同，每個人必定都有不同的獨特專長。督導人員對於志工的專長必須多加瞭解、重視，最好要能列冊建檔，以備需用時得以垂手即得。帶領志工如能對志工的專長瞭如指掌，在分配任務時，尊重志工的專長與興趣，適才適所，妥善安排，則必能使志工發揮科際整合的最高效能。

(五)適作任務分配

督導志工對於志工任務的分配，固然要考量運用單位的實際需求，更重要的是要考量志工的興趣、專長、經驗，以及希望服務的時間及項目。對於志工任務的分配，最好能個別徵詢意見或透過協商決定，避免一廂情願地以督導主觀的意見予以安排。

(六)學習充分授權

　　授權係指督導將其職權授給志工,讓志工代表其行使。授權是一種工具,透過授權能讓督導在設定工作的輕重緩急後,專心從事最重要的工作,而將次要的工作交給志工去完成,以期志工與督導發揮互補的功能,減輕督導的負擔。授權並非下達命令,而是讓志工在督導授予的權限範圍內,得以竭盡所能努力去完成所應完成的工作。

(七)建立互信關係

　　督導與志工之間的關係,猶如衣之表裡,相互依存且相輔相成。志工在提供服務的過程中,對於服務所需的技巧、情緒與壓力等支持的需求,有賴督導人員協助解決;而督導也期待志工全力以赴幫運用單位做好服務工作;雙方可說存在著「取與予」的互利關係上,這種關係的建立如無法以互信為基礎,督導工作將難以有效地展開。

(八)運用團隊力量

　　團隊當中每個人對於整體的共識與效率均遠超乎個人的利益與意見。一般來講,團隊成員必須具有強烈的歸屬感,成員重視團隊的目標遠勝於個人的目標;且團隊成員通常必須以彼此可以接受的方式互動。在督導志工的過程中,如果發現少數志工團隊精神欠缺,個人主義堅持,督導應可運用團隊多數成員的力量予以約束,使其能在多數成員的影響下,依循彼此可以接受的互動模式,團結合作,努力奮進。

(九)訂定工作規則

國有國法、家有家規、黨有黨紀,任何一個運用單位應該都有其不同的運作模式。督導志工對於志工參與服務的勤惰、作息、每週服務次數及時數、工作能量、工作成效、互動倫理、合作程度及爭議處理等,均應有一定標準的規定,並將相關規定提報志工會報知悉後,要求志工確實遵守,得以保障服務品質,確實讓被服務對象受益。

(十)應用民主機制

志工參與服務的過程中,若對某一議題意見紛歧,無法聚焦時,最好的方法就是開會解決;透過民主的機制,以透明化的方式,大家坐下來有話直說,經由廣泛討論溝通協調後取得共識,如果仍無法達成共識,則以表決方式作成決定。少數服從多數,多數尊重少數,共同決定後,遵照執行。因此,督導志工一定要懂得民主機制的應用。

(十一)力行績效評估

所謂評估,又稱工作評量或績效評鑑;其實施的目的在檢討得失,研究改進。它不但可藉以改善志工個人能力的表現,也可使志工人力作最有效的運用。績效評估是督導志工重要的一環,也是推展志願服務不可或缺的重要措施。督導志工對於志工的績效評估一定要徹底執行,且應保持公正客觀的態度,不徇私,不偏袒。

(十二)重視激勵措施

　　激勵是對志工的工作表現表示認同、肯定，並藉以提升志工士氣，增進服務成效的最佳手段。它具有導引志工的努力方向與持續參與的效力。志工參與志願服務，只問付出，不計回饋，所期望得到的無非就是榮譽感而已。因此，督導志工務必重視激勵措施，對表現優良者應毫不吝嗇地予以獎勵表揚，以期產生模仿學習，見賢思齊的作用，人人都成為優秀的志工。惟激勵絕對要維護公平正義的原則，切勿造成獎勵的結束，就是糾紛的開始。

五、結語

　　督導志工是一種方法，更是一種藝術；面對一群異質性高，且自主性強的志工，每位志工都有獨特的人格，個別的想法，如何能讓大家秉持和諧的態度，合作的精神，兢兢業業，群策群力，確實是一項艱鉅的挑戰。俗語常說：「帶人帶心」，如能抱持「真心相處、坦誠相待」的態度與志工互動，把握督導志工的原則，善用督導志工的技巧，相信必能贏得志工的支持與配合，彼此心手相連、和樂融融地完成志願服務的使命。

第24章
志工管理機制的建構

一、引言——管理的要項

　　管理機制一般包括：規劃、組織、任用、領導與控制等五大要項。

二、建構志工管理機制的要領

(一)運用計畫要周詳

　　運用計畫之擬訂是建構志工管理機制的第一要務。我國「志願服務法」第7條規定：「志願服務運用者應依志願服務計畫運用志願服務人員。」第6條亦規定：「志願服務運用單位召募志工時，應將志願服務計畫公告。」由此可見，運用計畫之擬訂應為志工管理據以運作的必要藍圖。

　　至於運用計畫之擬訂，一般應需考慮下列的過程：

◆評估需求

　　需求是擬訂計畫的指標。志願服務的推動欲求達到對運用單位產生輔助、彌補及補充的效能，則有賴對於各項業務的實際需求先做精細的評估，而後針對需求召募志工。

◆設定目標

　　目標是組織企圖實現理想的情況。志願服務的推動如無企圖實現的理想及期待達成的目標，則根本無需運用志工，更無需擬訂計畫。

◆研採策略

　　策略是計畫執行的方向。我國「志願服務法」第7條規定：「志

願服務計畫應包括：志願服務人員之召募、訓練、管理、運用、輔導、考核及其服務項目。」運用計畫之擬訂，除了應該考慮這些規定所擬採行的策略外，對於服務對象、經費來源及社會資源的開發運用，更應一併考量。

◆規劃執行

計畫的可貴在於落實執行，否則計畫將毫無價值。任何一項計畫的有效實施務須考量：

1.工作進度的擬訂：俾能排定優先順序，逐一執行。
2.經費預算的編列：有錢好辦事，如無經費預算，再好的計畫都是空談。

◆評量成效

任何一項計畫的執行，沒有經過成效評量，計畫不算終結。評量的目的旨在檢討過去，策勵未來；評量的內容則包括：預期目標是否達成？民眾反應是否良好？參加志工是否滿意？服務對象是否受益？協調配合是否順利？有何優點及缺點？有何需要改進之處？

(二)志工召募要審慎

志工召募的方式很多，不論是透過：個別邀請，或其他志工朋友介紹，或機構團體推薦，或經由傳播媒體及資訊網站傳導，總希望有志參與的人士能夠熱烈投入志工行列，協助運用單位完成任務。雖如此，為期有效建構志工管理機制，運用單位對於志工的召募務必格外審慎，更應該要有下列周全的準備：

◆要釐訂具體的召募計畫

召募志工務須在召募計畫中明確指出：召募志工的目的、召募

人數、報名方式、資格限制、服務時間、服務地點、服務性質、權利義務、甄選方式及如何參與等，俾使有志之士能夠據以配合個人意願決定是否參加。

◆要辦理謹嚴的面談甄選

運用志工如果未能考慮其適任與否，來者不拒，往往極易造成「請神容易送神難」或「有不如無」的窘境。因之，志工召募絕對必須辦理謹嚴的面談甄選，以期真正找到能夠協助運用單位推展工作的適合志工。

◆要準備完善的督導工作

督導工作旨在提供志工執行工作的方向及完成任務的方法；為期運用志工能夠達成預期的目標，運用單位務必指派專業知能與行政經驗兼具的專責人員負責督導工作；否則，任由志工隨性而為，愛怎麼做就怎麼做，非但於事無補，反而可能增添麻煩。

◆要建構順暢的溝通管道

運用單位運用志工所能發揮的效果，其影響所及絕不是僅限於志工管理部門，而應該是運用單位每一個部門。於是，召募志工首須讓運用單位的所有員工均能深切瞭解：為什麼要召募志工？哪些工作有賴志工協助？志工的權責範圍為何？大家應該要如何與志工互動？……，以免運用單位的員工對志工召募產生排斥的心理。

(三)志工甄用要謹嚴

運用單位欲期找到適合的志工，絕對必須透過謹嚴的甄用程序，其甄用程序至少包括：報名、座談及面談，必要時，可能還要經過測驗（視運用單位業務之需要而定）。其中面談應是志工甄用決定的關鍵；面談的目的是希望藉著面談者與應徵者的互動關係，瞭解

應徵者參與志願服務的眞正意願與動機，及其是否適合運用單位的業務需要。爲求愼重起見，個人認爲面談最好採用「三人小組」，由運用單位業務主管擔任召集人，另聘學者、專家各一人組成，俾達客觀、公正的原則。至於志工甄用的面談，務須把握下列技巧：

◆要讓應徵者感到自然

面談時，應儘量讓應徵者感覺舒適、輕鬆，且毫無壓力。

◆要讓應徵者有話可說

面談時，面談者問話的用字遣詞應考慮如何留給應徵者能有或願意表達意見的空間。

◆要讓應徵者回應問題

成功的面談，面談者要設法激發應徵者勇於做出回應，而不是僅限於面談者單方面的「請聽我說」。

◆要以友善的態度提出詢問

爲期透過面談讓應徵者藉此更加體認志願服務的眞諦，進而勇於下定參與決心；面談提出詢問時，態度、語氣務須力求親切而不脅迫，平和而不急進。

◆要以互動的關係決定選擇

既是面談，只要相關的事情應該均可無所不談；運用單位要經由面談挑選志工，說不定，應徵者也希望藉由面談對運用單位的深入瞭解而挑選單位；因之，雙方必須在極其坦誠的、理智的互動關係中決定選擇，對於未來志願服務的推展才會產生效益。

(四)志工訓練要落實

推展志願服務，理念架構不可無，方法技巧不可缺；於是教

育訓練不可免，研究發展不可少。由於志工的教育程度、年齡、背景、興趣、社會經驗與參與服務的動機，異質性差距甚大；因之，志工訓練應著重「心性的啓發」與「知能的增強」。前者旨在引導志工發揮潛力與群力，凝塑向心與信心，使之認同於運用單位，認同於服務工作，進而使志工個個都「肯幹」；後者旨在培養志工的人際關係、說話藝術、助人方法與服務技巧，使之服務得勝任愉快，服務得著有成效，進而使志工人人都「能幹」。

訓練應是一種有目標的活動，有效的訓練也應是「志工維繫」的支持力量；蓋志工訓練應該要能達到下列的主要目標：

◆增強認知

透過志工訓練讓志工體認：志願服務的意義與價值、參與志願服務應抱持的觀念與態度、志願服務的精神等，進而激發志工施展抱負，實踐理想。

◆傳授知識

透過志工訓練傳授給志工必要的資訊與知識，讓志工在既富熱心、愛心的情況下，又能秉持正確的服務理念，用心投入，持續參與。

◆引導方法

透過志工訓練，藉由學者專家講授的課程內容，或經驗分享、績效觀摩、書刊選讀等方式，培養及教導志工的助人方法與服務技巧，均為可行的良好途徑。

◆修正態度

透過志工訓練，導引志工正確的工作態度，其工作態度包括志工對運用單位的認同、工作投入與工作滿足。如果志工參與之後，態度有所轉變，也可透過訓練加以注意及修正。

◆增添自信

透過志工訓練，可藉由各種知識的傳授、方法的增強及資訊的取得，增添志工自信，促使志工勇於面對問題，克服困難。

◆加強溝通

透過志工訓練，激發志工共同體認「溝通是組織的生命」，俾使志工在參與服務過程，能與運用單位的專職員工及志工夥伴，加強溝通，妥適協調，共同致力服務，提升工作績效。

(五)志工任務要明確

任務是工作努力的方向。志工任務必須在召募計畫中明確指出，俾讓有志之士依自己的志趣決定是否報名參加。如此，不但可使準志工憑藉個人的自由意志適作抉擇，尤可在志工甄用之後，配合既定的任務，透過責任分工的運作，形成堅強的服務團隊，齊心協力朝著工作努力的方向，全心投入，全力以赴，共同為運用單位的需求認真付出。

根據瞭解，志工雖然誠心參與，但如無事可做，或無適性的工作可做，甚至不知道究竟要做什麼？這些都是導致志工高流動率或高流失率的主因。大體而言，志工任務的安排應該把握下列的原則：

◆尊重志工志趣分配適性的服務工作

依召募計畫規定，尊重志工報名應徵的興之所趨，分配適性的服務工作，以符合責信原則。

◆配合機構需求統一分配不同的服務工作

此項原則可採三個不同的方式執行：

1.輪流交換服務工作：開會研商遊戲規則，達成共識後，依既

定的遊戲規則，分組輪流更換服務工作，以達勞逸均分、難
易分擔的公平原則。

2.固定擔任服務工作：依機構的實際需求，依指派的任務固定
擔任服務工作。

3.彈性調整服務工作：依志工個別的請求，在情況允許的原則
之下，彈性調整部分志工原本擔任的服務工作。

(六)服務倫理要要求

倫理是一種道德標準及行為規範。倫理應用於人際關係的互動
過程中，是要判斷社會價值所認可與不認可之行為，以及社會常規
中個人行為的「是非對錯」。而「志工服務倫理」應指志工朋友在
參與服務過程中，志工本身及志工與志工、志工與督導、志工與運
用單位、志工與服務對象互動之間，立身處事，律己律人之「有所
為」與「有所不為」所應遵循的道德標準及行為規範。

志工之所以必須講求志願服務倫理，主要在於志工參與服務
的歷程與結果所涉及的影響層面，不僅只限於服務對象與志工本身
之間的互動關係，尤更與運用單位的形象及社會整體的觀感息息相
關。茲分別從不同的層次說明志願服務必須要求志工講求服務倫理
的理由：

◆就志工本身而言

為求展現志工尊嚴，保障服務品質。

◆就服務對象而言

為求建立呼援信心，確保求助安全。

◆就運用單位而言

為求尊重運作規範，維護機構形象。

◆就社會整體而言

為求投注人間溫情，蔚為善良風尚。

具體而言，服務倫理的塑造立基於：

1.在條文中訂規章。
2.由認知中懂約束。
3.從力行中塑風範。
4.於推廣中展效能。

服務倫理的要求，旨在希望志工夥伴深切體認「眾人皆清我亦清，眾人皆醒我亦醒」的真義。

(七)服務勤惰要考核

志工最值得嘉勉之處應在於「積極參與」，其次再要求「服務績效」。志工有心選擇參與志願服務時，首先就應該要有「說不如做」、「說得洋洋灑灑，不如做得實實在在」、「坐而言不如起而行」、「心動不如行動」的正確認知及心理準備。如果「說是一套，做又是另外一套」，掛羊頭賣狗肉，光說不練；或是嘴巴不時嚷著「助人最樂，服務最榮」的美言，但實際行動卻是「沽名釣譽，敷衍應付」，甚至經常在正需要志工服務的時候，卻找不到值班的志工。果真如此，志工必完全失去參與志願服務的意義，基此，志工管理機制應把志工的「服務勤惰」列為優先的考核要項。

我們常說：沒有功勞，要有苦勞，至少也應該要有疲勞；如果志工有心參與服務，連疲勞的層次都不能達成，則其對運用單位所能提供的協助必定相當有限。一般來講，志工參與志願服務，如果每週可以平均付出三個小時，且能認真負責的執行任務，則應該至

少可符合志工基本要求的標準。運用單位對於志工的參與應該儘量配合志工的方便時間排班，每班以三小時為原則，如果志工要求增加服務的時間，最多以六小時為度，因為「做得好」比「做得多」更為重要。

運用單位對於志工「服務勤惰」的考核，應該在「志工服務規則」中明訂，要求志工遵照既定的遊戲規則運作，並設置簽到簿，責成志工到班及下班均應簽名並加註時間。尤其對於志工的遲到、早退、請假或缺席等狀況均應依照規定即作處理，以期符合「是非對錯」的公平正義，而有利於志工管理的有效運行。

(八)服務績效要評量

運用單位對於志工的要求，固然應以「服務勤惰」列為第一要項，惟仍應以「服務績效」當作對志工要求的主要目標。運用單位運用志工不能沒有目標，而所謂「目標」乃組織企圖實現理想的情況。一個組織如能順利實施目標管理，當然可以強化組織的體質，尤可發揮組織的整體功能。運用單位也是一個組織，如何應用「目標管理」的原理，審慎制定「服務績效」的目標，並善用既定的目標，而不致淪為目標的奴隸，應是運用單位成功運用志工的必備條件。

所謂「目標管理」係指要求組織內的每一個人、各級單位應全力配合組織訂定的目標，另外對於本身分內的工作再自行另訂目標，決定方針，擬訂計畫，編訂進度，並力求如期達成；然後自行檢討、評核成果，以作為爾後再行設定目標的參考，周而復始，循環不息；這種管理方式或行政手段就稱為目標管理。具體而言，「目標管理」應是運用單位建構志工管理機制的有效措施，因為它具有下列的功能：

1.它可因應組織的需要制定適切的目標。

2.它可有助達成組織的計畫目標。

3.它可提高組織的工作效率及服務效能。

4.它可加強組織在工作上的協調與控制。

5.它可善用組織的人力資源。

6.它可增強組織成員的責任心與成就感。

志工朋友必須深切體認的是，「評量」並非批評、找毛病，或是故意找出別人的錯誤加以指責、攻擊；評量的目的旨在把計畫執行過程中所遭遇的困難問題，開誠布公地拿出來檢討，以期尋求解決方法，作為未來的借鏡。服務講求品質與價值，運用單位應該針對志工的服務態度及服務方法設計各種不同的問卷，透過可行的管道瞭解被服務對象及社會大眾對志工的滿意度，藉以作為志工服務績效評量的指標。

(九)獎懲作為要公正

給予志工有效的獎勵應是激發志工持續參與的動力。我們應該承認，志工參與服務絕不是為了獲得獎勵，甚至還有志工堅持「為善不欲人知」的原則；如果真正發現確有志工為了獲得獎勵而投入服務行列，應該誠摯地奉勸其最好儘速脫離志願服務的領域，以免因其動機不純混跡其間，破壞志工清純的聲譽。

運用單位為了維繫、增強與擴大服務的成效，及號召更廣大的有志之士參與服務的陣容，適當的獎勵應是必要的；因為不論是橫的平行的鼓勵，或是縱的隸屬的表揚，均有助於服務績效的彰顯，進而產生下列的效果：

1.可讓志工感覺自己所參與的服務工作獲得認同。

2.可增添志工參與服務的信心與持續力。

3.可提高志工的服務效率與效能。

4.可使志工感覺身分備受重視與需要。

5.可強化志工的成就感與榮譽感。

6.可引發有志之士見賢思齊，熱烈跟進，蔚為風尚。

對於志工的嘉許、獎勵固然重要，但更重要的是，獎勵作為絕對必須經過公正客觀、感情中立的評量據以實施，嚴禁徇私偏袒、人情用事；防範產生「獎勵結束，變成糾紛開始」的負面影響，以免導致志願服務的善行風氣失其純化與淨化。

(十)業務督導要投入

運用單位務須深切瞭解，運用志工如無專人做適切的業務督導，僅認為只要業務繁忙，任用志工就能彌補業務不足，達到輔助的功能，那是絕對不可能的事情；因為，志工的素質參差不齊，而且志工對運用單位的業務也不瞭解，他根本不知道該如何協助？也不知道協助些什麼？基此，運用單位務須指派專業人員擔任志工督導，經由督導恰適的指導才能明示志工的服務方針及增進志工的服務知能。

從社會工作理論而言，督導工作應兼含行政性、支持性及教育性三項功能；督導工作的本質就是一種經由行政性程序來達成支持性及教育性目標的功能。就實務經驗來說，志願服務督導工作的內涵應兼顧志工朋友的參與動機、價值觀念、心理需求、工作能力、服務態度、工作技巧、專業認知、服務成效及自我成長等各方面。運用單位為期志工的運用能夠達到預期的效能，務須建立完善的督導制度，要求督導人員對於志工業務的督導要投入。具體而言，負責任的業務督導對志願服務的推動應可產生下列的功能：

1.啓發志工的服務思維。

2.導引志工的服務方向。

3.修正志工的服務作爲。

4.協處志工的服務難題。

5.增進志工的服務信心。

6.明示志工的服務目標。

7.凝聚志工的服務動力。

8.提升志工的服務績效。

(十一)團隊經營要督考

在此首先必須聲明的是，並非善心人士個人不可以從事志願服務，而一定要參加團隊始能實踐善行；主要是因爲個人力量單薄，孤掌難鳴，比較不易彰顯服務的成效。如果能將志同道合的志工朋友聚集起來組成志工團隊，彼此集思廣益，腦力激盪，則必更能造成風氣，蔚爲潮流。就如同一根木材單獨燃燒，火力有限，而且容易熄滅；如果將其匯集在一起，必能燒出熊熊的烈火，並持續延燒。

所謂「志工團隊」應指基於志趣、心願、回饋或成長等動機而參與志願服務的志工夥伴，爲了凝聚服務意識，增強服務動力，擴大服務層面，恢弘服務效果，依據政府相關規定所組成的結合體。「志工團隊」與依「人民團體法」籌組成立的「志願服務團體」有別，它應隸屬機關、機構、團體、學校的內部組織，它絕對不得脫離所屬運用單位的名義，而以自行命名的團隊名稱獨立對外行文或運作。

志工團隊在運用單位中應是一股不容忽視的力量；人多勢大，衆志成城；運用單位應該妥適加以督考，引導其正確的發展方向，使其眞正成爲最佳的助力，避免形成業務推展的阻力。爲使志工團隊確實成爲支援運用單位分擔業務的堅強陣容，運用單位對於團隊

經營的督考應該致力輔導團隊朝向下列方向努力：

◆**團隊組織——要健全機制**

其具體做法為：

1. 依據相關規定訂定：組織準則、服務規則、工作流程、獎懲規定等。
2. 經由民主方式選舉產生隊長。
3. 為求任務分工，可在團隊內部分設組訓組、輔導組及行政組，由隊長遴選適當成員擔任各組組長。並另設副隊長一至三人，共同組成領導階層，發揮集體領導的功能。
4. 建立簡易的會計制度，經費收支力求公開。目前根據相關規定，一個團隊的成員以二十人為原則，如果運用單位的志工人數超過四十人以上，應可區分為兩個團隊，志工達一百人以上，且達四個團隊以上，應可設置大隊的編制，如此，各個團隊相互之間必能產生競爭、激勵的作用，而帶動服務效率與效能不斷地向上提升。

◆**幹部領導——要積極負責**

擔任團隊的領導幹部雖是一份榮譽，但也是責任的加重，絕非權力的加大。幹部應該秉持主動積極、負責盡職、以身作則、公正無私的服務精神，經常向團隊成員澄清服務的目標，不時與成員保持愉快的互動關係，激發團隊成員心手相連，共同爭取優良的服務成績。

◆**運作方式——要尊重民主**

民主的真諦在於溝通協調、相互禮讓。團隊幹部務必深切體悟「團隊的主權在志工」，對於團隊重要事項的決定，諸如：計畫的

訂定、幹部的選擇、活動的舉辦等,皆應尊重志工的權益,透過民主的運作方式,集思廣益,取決於多數,而不應該將一切決定均操之於領導幹部手中。

◆團隊成員──要和諧相待

志工投入志願服務的陣容,大都均是秉持散布關懷傳播愛的善念而參與,每位志工幾乎都有若干共同的理念、態度、理想及抱負;參與的動機應該相當清純無邪、毫無奢望;因此,彼此之間應該和諧相待、相敬如賓。設若在團隊之中結黨分派,另有負面作用的小派系存在,相互勾心鬥角、互揭長短,則當是運用單位最大的不幸與災難。

(十二)相關法令要遵循

建構志工管理機制的基本前提應該是志願服務的推展務須依法行政。我國配合國際志工年於民國90年元月20日公布施行「志願服務法」,促使志願服務的推展具有明確的規範可以遵循,對於志工的召募、訓練、運用、督導、激勵及權利、義務均可逐步走上軌道,建立制度;尤其對於主管機關,目的事業主管機關及志願服務運用單位應有的權責及職責亦均有明文規定;志工管理機制的建構理應遵循法令的相關規定配合辦理,以激發有志之士熱烈參與及志工朋友增強向心力。藉此僅將法令的相關規定臚列如下:

◆主管機關及目的事業主管機關應有的權責

1.規劃辦理志工之權利、義務、召募、教育訓練、獎勵表揚、福利、保障、宣導與申訴。

2.設置專責人員辦理志願服務相關事宜。

3.召開志願服務會報。

4.對志願服務運用單位加強聯繫輔導,並給予必要之協助。

◆**志願服務運用單位應有的職責**

1.訂定志願服務計畫向主管機關及目的事業主管機關報備後,依計畫推展志願服務及召募志工。

2.為志工辦理教育訓練,包括基礎訓練及特殊訓練。

3.志工完成教育訓練後,發給志願服務證及向地方目的事業主管機關申請核發志願服務紀錄冊;不屬地方目的事業主管機關之志願服務運用單位,向中央目的事業主管機關申請。

4.確保志工服務環境的安全衛生。

5.提供志工必要之資訊。

6.指定專人負責擔任志工從事志願服務之督導。

7.具專門執業證照之工作,應由具證照之志工為之。

◆**志工之權利**

1.接受所從事志願服務工作之教育訓練。

2.接受一視同仁之對待及自由、尊嚴、隱私及信仰之尊重。

3.獲得服務環境安全衛生之保障。

4.獲得從事志願服務之完整資訊。

5.獲得參與志願服務計畫擬定、設計、執行及評估之機會。

◆**志工之義務**

1.遵守志工倫理守則之規定。

2.遵守志願服務運用單位訂定之規章。

3.接受參與志願服務所需之教育訓練。

4.妥善使用志願服務證。

5.尊重受服務者之權利。

6.尊重受服務者之個人隱私。

7.拒絕向受服務者收取報酬。

8.妥善保管運用單位所提供的可利用資源。

◆志願服務之激勵措施

1.運用單位應為志工辦理意外事故保險。

2.運用單位得核發績優志工之「志願服務績效證明書」。

3.運用單位應定期辦理志工個人及團隊服務績效之考核，經考核成績優良者得報請主管機關及目的事業主管機關予以獎勵表揚。

4.主管機關及目的事業主管機關應對推展志願服務之機關及運用單位定期辦理評鑑，經評鑑成績優良者得予以獎勵。

5.志願服務表現優良之志工，得依規定申請中央主管機關核頒金牌獎、銀牌獎或銅牌獎。

6.志工服務年資滿三年，服務時數達三百小時以上，得檢具證明文件向地方主管機關申請核發「志願服務榮譽卡」。

7.從事志願服務工作績效優良並經過認證之志工，得優先服相關兵役替代役。

◆志願服務之法律責任

　　志工依運用單位之指示進行志願服務時，若不法侵害他人權利者，由運用單位負損害賠償責任。如其過失行為係出自志工故意或重大過失時，賠償之運用單位對之有求償權。

三、結語

　　現代化國家的社會政策莫不以提高民眾生活品質，增進民眾福祉為施政目標，更以民眾參與志願服務的比例作為衡量的指標。值此，全球金融海嘯狂飆之際，經濟景氣跌入谷底，隨之而來的社

會問題層出不窮，經緯萬端；諸如：幼兒托育、障礙關懷、婦幼安全、老人照顧、貧窮救助、就業推介、衛生保健、心理支持、諮商輔導、生態保育、交通安全、環境保護、導覽解說、文化教育、藝文活動、社會治安、消防救難等公共事務議題均引起社會高度重視與關心。面對這些問題與衝擊，固有賴政府公權力的有效伸張，但若僅憑政府的政策推動，沒有民間力量的配合，相信必將事倍功半，難見成效。於是我們除了要有專業的專職人員矢志打拚外，還需要有熱心公益的志願工作者，致力各種溫馨服務的奉獻，以人為的力量來扭轉社會變遷中的不幸，讓我們生活環境時時處處都是「溫暖滿人間」。

志願服務確是公私部門用以輔助、補充業務內涵，以及提升、精進業務成效的重要措施；為期志願服務的有效推展，運用單位應有義務，也有責任為志工搭建揮灑的表演舞台，讓志工發揮長才，與運用單位密切配合，盡情地奮力演出。惟在搭建志工揮灑舞台的同時，運用單位更應審慎考量如何能讓志工在舞台上循規蹈矩地演出營養的節目，並防範出現脫軌粗俗的劇情，此乃有賴運用單位重視志工管理機制的建構。我國志願服務自民國71年開始有計畫、有步驟、有目標的推展，直至民國90年制定公布「志願服務法」，迄今將近三十年，由於政府與民間的共同努力，雖已逐步建立制度，弘揚推廣，惟在志工管理機制的建構方面，應該仍有加強精進，向上提升的空間，至盼關心志願服務的學者專家、實務工作者及先進朋友對此議題不吝獻策，以期共同促使我國志願服務的發展更創新猷。

最後，謹以下列兩句話作為本章論述的結語，願共勉之。

「志工運用是有效推展志願服務的起點——運用計畫要縝密」
「志工管理是有效推展志願服務的基石——管理機制要健全」

PART 5

推廣篇

第25章
志願服務的經營策略

一、志願服務的涵義

「志願服務法」第3條規定：「志願服務係指民眾出於自由意志，非基於個人義務或法律責任，秉誠心以知識、體能、勞力、經驗、技術、時間等貢獻社會，不以獲取報酬為目的，以提高公共事務效能及增進社會公益所為之各項輔助性服務。」析言之，志願服務應具有下列的涵義：

1.它是個人出於自由意志，源自自發意願的服務工作。
2.它是既非個人義務，亦非法律責任的服務工作。
3.它是誠心奉獻、無怨無悔的服務工作。
4.它是貢獻時間、勞力及智慧、技術給社會的服務工作。
5.它是不計報酬、無為無求的服務工作。
6.它是協助提高公共事務效能、增進社會公益的服務工作。
7.它是輔助支援、彌補不足的服務工作。

具體而言，志願服務乃個人秉持「甘願做，歡喜受」的理念；發揮「助人最樂，服務最榮」的精神；以己之所餘，助人之不足；致力弘揚愛心，傳送溫情；期以促使群己關係更融洽，社會福祉更增進的一種崇高的志業。簡單地說，志願服務應是一種散布關懷傳播愛，淨化心靈、美化人生的助人事業。

二、志願服務的經營策略

民主國家，政府與民眾應是夥伴關係。追求國家富強是政府的政策目標，也是人民的殷切期望；改善民眾生活是政府的職責，也

是大衆的義務；爲建構安和樂利的社會而貢獻，非僅是政府與民衆共有的使命，兩者更是休戚與共、成敗一體的關連。說實在的，整個社會、國家的進步與發展，設若單靠政府的力量畢竟有限；如能弘揚志願服務，激勵善心人士有錢出錢、有力出力熱烈參與，相信其成效不只是相加，而且是相乘。因之，志願服務的有效推廣，應是促進社會建設，增進國家繁榮的不二法門。惟志願服務是一種永無止境的團隊工作，它的有效推廣端賴政府機關、運用單位及志工團隊群策群力，始能克竟事功。茲就個人多年來致力推廣志願服務的經驗所得，針對志願服務的經營策略略綴管見，以供參考。

(一)在政府機關方面

◆政策要明朗

　　政府要有明朗的政策才能激發社會大衆的群起響應，讓社會大衆認識、瞭解參與志願服務的眞正意義與目的，進而期使其在認清政府的政策取向下，熱烈支持。內政部爲廣結志工拓展社會福利工作，於民國84年6月訂頒「祥和計畫」，可說是推展志願服務成效最爲卓著的政策計畫。另內政部消防署爲廣結志工參與緊急救護工作，於民國88年9月也訂頒「鳳凰計畫」，爲凝結志工參與緊急救援工作，於民國88年12月又訂頒「睦鄰計畫」，這兩個計畫自從實施以來，績效均至爲彰顯，對協助消防救難工作，貢獻至鉅。由此可見，志願服務的有效推廣，有賴中央主管機關訂定明朗的政策，唯有如此，志願服務始能在政策的指引下蓬勃發展，展現力量。

◆網絡要建構

　　志願服務雖是一種助人利他的崇高志業，但不能只訴諸利他的、慈善的動機，必須要有一套完整的資訊網際網絡系統；這個網

絡系統應包括政府機關、民間團體與運用單位推展志願服務的相關資料，尤其資料更要力求完備，適時更新。如此，不但可使熱衷志願服務的人士透過網站而達成「貢獻有處」的心願，尤可協助急待外力支援的受困同胞經由網站而能獲得「呼援有門」的管道，更重要的應是資源的共享與再生的議題。因此，政府部門如何結合民間團體及運用單位的力量共同致力志願服務資訊網際網絡的建構，乃為推廣志願服務的急切要務。

◆資源要整合

社會資源取之不盡，用之不竭；惟需善加整合運用，始能有效達成目標，並不致造成資源的浪費。推動志願服務，財力的捐獻，物力的提供，固然最為需要，而人力的支援，技術的應用，更是不容忽視，尤其對於社會資源的運用，必須特別注意開發、整合與維護三者兼籌並顧。因為，社會資源的結合及運用，有賴開發及整合為起點，更須管理與維護做基石。

◆專人要設置

「志願服務法」第5條規定，「主管機關及各目的事業主管機關應置專責人員辦理志願服務相關事宜。」因為，同法第4條規定，各級主管機關及各目的事業主管機關負有主管志工權利、義務、召募、教育訓練、獎勵表揚、福利、保障、宣導與申訴之規劃及辦理等權責；政府機關如無專責人員之設置，或甚至連兼辦人員都沒有，則志願服務之業務要想有效經營，簡直緣木求魚。何況，專責人員更是政府機關及運用單位與志工之間諮詢、協調的靈魂人物。

◆會報要召開

為整合規劃、研究、協調及開拓社會資源、創新社會服務項目相關事宜，「志願服務法」第5條明定，主管機關及各目的事業主

管機關每年至少應召開志願服務聯繫會報一次。足見，志願服務聯繫會報應是志願服務經營發展的溝通橋樑；因為，透過會報之召開邀請各相關單位及人員齊聚一堂，大家腦力激盪、集思廣益，必能有助於志願服務的研究規劃及開拓創新。目前法案規定每年至少應該召開聯繫會報一次，特別應予注意的是，其在每次召開時，務須公、私部門的相關單位全部邀請參加，志工代表的參與更不可無。

◆文化要塑造

　　文化是人類經年累月聚積而成解決問題的方案，它是一種行為的學習模式，也是一種社會區別的標誌，它更對民間團體的團結提供一個重要的基礎。志願服務是一種不求名利，助人榮己的行動；只問究竟能為社會奉獻些什麼？而從不企盼社會能夠回饋些什麼？故志願服務的積極推廣乃有必要，並且應該塑造高雅的服務文化。而所謂服務文化就是：服務要有理念、有組織、有守則、有標誌、有證照、有歌曲、有倫理、有制度……，唯有這樣，才能將志願服務凝塑成獨具風格的神聖事業，而吸引更多誠心奉獻的民眾熱烈嚮往，共同促使這種事業由點、而線、更連結為面，建構成溫馨綿綿的志願服務網。

◆預算要寬列

　　有些政府機關的首長或主管，尤其是管錢的財政、主計單位，經常會認為推展志願服務運用民力，志工既然不以獲取報酬為目的，何以還須編列或寬列預算。殊不知，志工固然不必付給津貼，可是志願服務的研究規劃、教育訓練、獎勵表揚及觀摩聯誼等，在在需要經費的支應。因此，「志願服務法」第23條特別規定，「主管機關、志願服務計畫目的事業主管機關及志願服務運用單位，應編列預算或結合社會資源，辦理推動志願服務。」依此，如果認為推展志願服務根本無需預算；更甚的，如果認為藉推展志願服務旨

在減少人事預算的開支，那簡直是荒唐至極。

◆制度要建立

制度乃工作標準與行為模式；運用志願服務人力彌補業務不足，對於志工的甄選、任用、組織、訓練、福利、獎勵、宣導、服務方法及倫理守則等，政府均應妥為規劃，建立完善的制度，依據「志願服務法」的規定訂定具體可行的法令規章；以期有效規範運用單位、志工團隊及志工循序推動，確實發揮彌補及增強的功效。

◆績效要評估

所謂評估就是檢討得失，力求改進；檢討是手段，改進是目的；必須勇於檢討，才能改進出新。政府機關對於運用單位推展志願服務的績效，或運用單位對於志工個人或團隊參與服務的成果，均應定時舉辦評鑑或考核，以審慎、嚴謹的態度，公正、客觀的方法進行評估。所謂評估是指應用科學的方法，對於一項工作，依照事前設定的期望指標，詳細評析完成的績效狀況，進而列舉其優劣的具體事實，並提出改進的建議。績效評估既可藉以瞭解運用單位推展志願服務或志工參與志願服務的成效，尤可用來決定未來志願服務努力的方向。

◆主管要重視

志願服務是否能夠順利而有效的推展，主管的重視與否具有決定性的影響作用。如果政府機關的主管對於該項業務能予重視與支持，其對承辦同仁而言，因為獲得長官的重視與支持，必能取得同仁的配合與協助，則其竭盡所能，為承辦的業務而努力以赴，必不致於孤掌難鳴，徒勞無功；又對志工朋友而言，更能因為長官的重視與支持，深受鼓舞，士氣大振；進而克盡職責，永不懈怠。說實在的，如果政府機關的主管僅要求人力不足應該妥善運用志工，但

對於志願服務的推展卻不聞不問、不理不睬，如此，期待志願服務的推展能夠順利成功，那簡直是夢想。

(二)在運用單位方面

◆法令要遵行

我國為有效運用人力資源，發揚志願服務美德，於民國90年公布施行「志願服務法」，其中第三章明文規定志願服務運用單位之職責分別為：

1.召募志工應將志願服務計畫公告。
2.應於運用志願服務前，檢具志願服務計畫及立案登記證書影本，送政府機關備案。
3.應對志工辦理教育訓練，包括：基礎訓練及特殊訓練。
4.應發給或申請發給志工志願服務證及服務紀錄冊。
5.應確保志工的安全及衛生。
6.應提供志工必要之資訊。
7.應指定專人負責志願服務督導。
8.必須具專門執業證照之工作，應由具證照之志工為之。惟志願服務的有效經營，徒法不足以自行，務須運用單位貫徹執行法令規定，始能使志願服務的推廣產生重大的變革。

◆計畫要周全

為有效推展志願服務工作，志願服務運用單位應妥切訂定志願服務計畫，其計畫包括：

1.志工召募計畫。
2.推展志願服務年度工作計畫。

有些志願服務運用單位，由於業務膨脹不堪負荷，急需志工的協助支援，於是乃大肆廣召志工，但從不考慮志工的素質或志工適任與否；飢不擇食，來者不拒，每每造成「請神容易送神難」的窘境，致使業務的推展造成無謂的困擾。因此，志願服務運用單位對於志工的運用務須確實依照「志願服務法」規定，妥切訂定「志工召募計畫」，舉凡有關：志工的召募、甄用、教育訓練、獎勵表揚、權利義務、輔導考核、服務項目、服務規則、服務限制等，均應詳細規定，俾使志工的運用能依既定的計畫產生預期的效果。另外對於年度推展志願服務工作，亦應配合實際需要詳定計畫，依規定送請政府機關備案。

◆甄用要審慎

志願服務運用單位因為業務急速擴增，加上人力短缺疲於奔命，亟需廣招志工協助支援；惟在召募、甄用時，往往未加考慮志工的素質如何，凡有意參加者照單全收，經常產生「有不如無」的現象。志願服務是一種愛與關懷的人性工作，旨在協助他人解決困難問題，具有輔助、彌補、增強、發展的效能；基此，召募及甄用志工，對於志工參與的動機、態度及觀念，應該特別審慎謹嚴。運用志工必須深切體認：

1.「召募」是推展志願服務的前奏。
2.「甄選」是推展志願服務的過程。
3.「任用」是推展志願服務的實踐。

唯有召募準備周全，甄選客觀公正，任用管理妥善，始能如願以償，真正找到既適合參與者興趣，又能真誠協助推展工作的優質志工。

◆**訓練要落實**

　　教育訓練是一種持續不斷的傳意過程；辦理教育訓練將可瞭解志工的動機、觀念、態度、抱負、技巧和潛能；志工教育訓練最重要的任務，就是希望藉由教育訓練激發問題，進而帶領志工汲取經驗和告訴志工如何去做；眾人皆知，有效的教育訓練應是「志工支持」的重要因素。依「志願服務法」第9條規定，為提升志願服務工作品質，保障受服務者之權益，志願服務運用單位應對志工辦理基礎及特殊訓練。因之，推展志願服務，理念架構不可無，方法技巧不可缺；於是，研究發展不可少，教育訓練不可免。因為，教育訓練可增強認知、引導方法、修正態度、增添自信；志願服務的成功經營，運用單位對於志工的教育訓練絕對不可漠視。

◆**任務要明示**

　　人生如無方向，就像船沒有舵一樣，隨風飄搖，不知何去何從；儘管志工的熱忱參與，對於運用單位具有輔助的功能，但假若運用單位沒有給予志工明確的任務提示，志工將無從幫忙，而致造成志工人力的浪費。所以，志工參與志願服務，運用單位應該明確告知志工：哪些工作需要志工協助？哪些工作志工可以參與？哪些工作志工不宜過問？唯有這樣，才能讓志工有事做，而且有適當的事情可以做。俾免志工的參與懷才不遇，有志難伸，甚至牢騷滿腹，惹是生非；也唯有如此，才能讓志工謹守分寸，兢兢業業地按照運用單位分配的任務全力以赴，奮力衝刺。

◆**安全要維護**

　　志願服務的昇華，或許志工常會為了幫助需要幫助的民眾同胞，而不惜任何犧牲，勇往直前，義無反顧。不過，志工應該深切體悟，在助人的過程中，仍應以保護自身的安全為第一優先考量；

也就是說，務須個人安全無虞，再談如何幫助他人；這是天經地義的道理，而非自私與否的問題。基此，「志願服務法」第10條特別規定，志願服務運用單位應依照志工之工作內容與特點，確保志工在符合安全及衛生之適當環境下進行服務；且第16條又規定，志願服務運用單位應為志工辦理意外事故保險。足見，維護志工安全應是志願服務運用單位運用志工應有的重要職責。

◆考評要謹嚴

所謂考評係指考核及評析；其目的旨在檢討過去，策勵未來；檢討是手段，改進是目的；必須仔細檢討，發掘問題；才能研究改進，開創新機。志願服務運用單位對於志工個人或團隊參與志願服務的成果，均應定期以縝密、嚴謹的態度，公正、客觀的方法予以考評。所謂考評是指運用科學的方法，對於一項工作，依照事前設定的期望基準，詳細考核、評析完成的績效狀況，進而列舉其優劣的事實，並提出改進的建議。為期確實瞭解志工個人及團隊的服務成效，進而激勵志工服務士氣，「志願服務法」第19條明定，志願服務運用單位應定期考核志工個人及團隊的服務績效。因為，藉此不但可以作為志工獎勵表揚的客觀依據，尤可用來決定未來志願服務的發展方向。

◆獎勵要公正

志工朋友參與志願服務固然不是為了獎勵，但有效的獎勵應是激勵工作士氣，促使志工持續參與的動力。為了維繫、擴大與弘揚志願服務的成效，適度的獎勵應是必要的；因為，獎勵不但能鼓勵志工永續經營，尤能激發社會大眾見賢思齊。惟獎勵應特別堅守公平正義的原則，務必確實做到公正客觀、寧缺勿濫；嚴禁沽名釣譽，請託關說；如此，才能使獎勵真正達到實至名歸，受之無愧，而不致使志願服務失其純化與淨化。

◆經費要自籌

政府力量有限，民間資源無窮；任何公共事務的推展如果單靠政府的力量，絕對難以達到預期效果；端賴私部門及第三部門協助支援，始能克竟事功。惟私部門及第三部門在配合政府各項政策的推動時，或因業務不斷擴增，或因致力提升服務品質，常會發生人力不足的現象，而須仰賴志願服務的推動，廣招志工協助執行。吾人深知，志工固然不以獲取報酬爲目的，無需支付工作津貼，但有關志工的平安保險、教育訓練……在在需要經費支持。因此，志願服務運用單位欲期志願服務得以永續經營，首須考慮的前提是經費務須自行籌措或結合社會資源支援。

◆督導要投入

志願服務的督導工作對於運用單位組織功能的發揮，服務成效的增強，具有絕對性的影響作用。因此，運用單位必須設置和培植督導人才，建立督導體制，以有助於志願服務的順利推動。尤其「志願服務法」第11條明文規定，志願服務運用單位應指定專人負責志願服務之督導，舉凡：有關志願服務證及服務紀錄冊的發給、志願服務者個人及團隊服務績效的定期考核、志工任務之提示、志工疑難問題之解答等，在在均須督導善加爲之始能見效；由此可見，建立志願服務督導體制的重要性與必要性。客觀地說，一位優質的志願服務督導應該善加扮演：行政者、指導者、管理者、教育者、支持者、諮詢者及激勵者等多重角色。

(三)在志工團隊方面

◆組織要健全

服務別人，首須健全自己；志工團隊要能彌補政府不足，當然

必須先從健全自我做起；因為嚴密的組織始能發揮整體的力量。至於健全組織的具體做法為：

1.致力協助運用單位推展各項服務活動。
2.不論經費多寡均應建立簡易財務制度。
3.倡行會議規範，培養民主素養。

◆宗旨要實踐

任何一個志願服務團隊在其組織準則中均有明訂其遠大的宗旨，唯有落實實踐團隊宗旨，團隊才有功能可言，否則奢談「彌補政府不足」，一切純屬天馬行空。一般言之，團隊的宗旨應是團隊成立的具體目標。

◆意識要凝聚

團隊功能的發揮，端賴其組成份子對於團隊的認同程度如何？務須組成份子能夠凝聚意識，對於團隊產生強烈的向心力與參與感，團隊才能產生協助的輻射作用，協助提升公共事務效能及增進社會公益。

◆觀念要正確

志願服務的可貴在於志願工作者只問耕耘、不計回饋，持續付出、無怨無悔的偉大志節，因此，參與志願服務的朋友要有「助人榮己」的正確觀念，確實為幫助需要幫助的同胞貢獻心力，踏實經營，絕不作秀。

◆方法要講究

助人靠心意，服務講方法；志願服務如能講究方法，必能在投資中不斷開源，在奉獻中不斷開拓，促使志願服務工作不致無疾而終，而更永續發展。

◆使命要貫徹

　　承諾就是一種責任，志工既然承諾提供服務，就應嚴謹地擔負起工作崗位的責任。所謂責任，就是志工在提供服務時，要有實事求是、努力以赴的使命感，崇法務實，克盡職責；唯有如此，志願服務才能想得平實，做得踏實。

◆倫理要形塑

　　所謂倫理係指道德標準及行為規範。志願服務雖然是一種只問耕耘、不計回饋的志業，但志工參與服務的歷程與結果所涉及的影響層面，不僅只限於服務對象與志工本身之間的互動關係，尤其更與社會整體的觀感息息相關。基此，志願服務為能發揮其預期效果，志工務須致力於志願服務倫理的形塑，以期深切體認「有所為」、「有所不為」的真諦，進而共同弘揚志願服務的具體成效。

◆運作要民主

　　志工團隊是志工自由意志的結合體，其實際負責推動團（隊）務工作固然是領導幹部，但最高權力仍應尊重志工多數人的共同意見。因此，志工團隊的領導幹部務必深切體認「團隊的主權在志工」，對於志工應有的權益，諸如：幹部的選擇、活動的舉辦、計畫的訂定等，均應絕對給予尊重，應該透過民主的方式，集思廣益取決於多數，而非將一切決定完全操之於領導幹部手中。

◆互動要靈活

　　成功的志願服務須以擴大參與來因應社會需求，而非排除他人加入，將志願服務專美於己。志願服務如能使更多的志工朋友共同體悟到「予多於取」、「人重於己」的價值觀念，進而把握重點，互動靈活，則必能贏得社會的信賴，展現增強的功效。

◆幹部要負責

任何志工團隊不論其成員多少，亦不管成立時間之長短，都必有其目標與計畫。充當團隊領導幹部的重要功能之一，就是要能確定團隊的目標與計畫，及擬訂達成目標與執行計畫的方法與步驟，負責盡職地領導團隊成員互助合作，協調配合，爲達到共同的目標與計畫而努力奮進。

三、結語——志願服務的核心價值

在這功利主義盛行、社會亂象叢生的大環境裡，假若一個人能夠盡己所能助人，總比百般無奈求人來得更爲幸福；因爲，助人最樂，求人最苦。志願服務的發揚光大，有賴在響應中擴大參與，在推展中觀摩改進，在力行中研究創新。至盼有心或有志之士，踴躍投入志願服務行列，共同爲打造溫馨綿綿、和樂融融的美麗家園而貢獻心力。最後擬就個人研究心得提出「志願服務的核心價值」，作爲本章的總結。

1. 尊重：志工在從事服務的過程中，務須尊重自己，實事求是，誠心助人，絕不虛假；更應尊重受服務對象的人格尊嚴，絕對不可輕意予以損傷。
2. 學習：志工參與志願服務，務須建立服務學習的觀念，以期在服務中學習，學習中成長，成長中茁壯；不斷充實自我，肯定自我。
3. 進取：志工投入志願服務，務須以主動積極，追求績效的作爲，迅速回應民衆需求；透過團隊意識與績效之提升，展現服務的熱忱與活力。

4.合作：志願服務是一種團隊的工作，務須志工夥伴彼此之間
　分工合作，相互配合；在競爭中求進步，在進步中求發展；
　始能彰顯服務的成效與價值。

5.創新：志願服務的弘揚光大，務須志工營造勇於變更及創造
　思考的服務文化；爲期確實達到服務的效果，有賴深化顧客
　導向的服務觀念，適時因應民衆的需求，跳脫窠臼，求新求
　變。

6.互惠：志願服務應是一種施受互惠的志業，因爲它既能幫助
　需要幫助的人達到「呼援有門」的心願，也能使有心奉獻的
　人實現「貢獻有處」的理想。

第26章
青年志工中心的經營方向

一、引言

　　前行政院青輔會自民國86年開始推動青年參與志願服務，於民國90年加入國際「全球青年服務日」（GYSD）活動，與全世界一百一十八個國家互動交流以來，成績斐然。爲進一步鼓勵青年參與志願服務，落實馬總統青年政策第一項「台灣小飛俠計畫」，積極鼓勵青年關懷本土發展，關心國際社會，特規劃成立「區域和平志工團」。

　　國家未來的競爭力取決於年輕人的公民能力與社會態度。對青年而言，踴躍投入志願服務、參與公共事務，不僅可以豐富自己的生命經驗，更可以從中培養公民意識，塑造公民社會，強化品德教育，增強生活適應的多元能力。爲引領青年志工正確的服務方向，深化青年志工顯著的服務價值，進而展現「區域和平志工團」的政策績效，前青輔會更持續擴大設立各地青年志工中心，以期建構青年志工服務平台，串聯青年志工服務網絡。目前全國各地共設立十四個青年志工中心，未來將視有效評估各志工中心的具體成效，再予決定是否陸續增設。

二、青年志工中心的主要任務

　　青年志工中心的設立，應能實現下列的主要任務：

1. 應能作爲引燃青年志工參與的火苗，激勵青年朋友熱烈投入志願服務行列。
2. 應能作爲媒合青年志工供需的平台，協助需求單位順利獲得青年人力資源。

3.應能作為推動青年志工活動的園地，引導青年志工審慎選擇
　正確服務方向。

4.應能作為促動社會資源互惠的觸媒，連結地方組織共同致力
　青年服務工作。

5.應能作為弘揚志願服務發展的模組，帶動全國民眾踴躍響應
　志願服務運動。

三、青年志工中心的共同問題

　　前行政院青輔會為有效評估各青年志工中心的具體成效，特於
民國99年組成考核小組，親赴各中心實際瞭解運作狀況，除聽取簡
報外，更檢視相關資料，彼此交換意見，個人有幸獲聘考核小組成
員，並全程參與，經考核結果，發現各青年志工中心普遍存在下列
共同問題：

1.志工中心與承辦單位的角色定位區隔不夠明確，甚至糾纏不
　清，混為一體。

2.承辦單位對於承接志工中心應實現的主要任務認知不夠，致
　所推動的工作項目未能切入重點。

3.志工中心提供青年志工的活動空間普遍過於狹窄，甚至有的
　志工中心的設置地點也過於偏僻難尋。

4.志工中心對於青年志工電話諮詢、電腦諮詢或主動協助方案
　諮詢均未能依其諮詢性質予以分類，致難以確實瞭解青年志
　工普遍的問題癥結所在。

5.志工中心對於地方資源雖有調查、盤點，惟均空有數據，很
　難看出雙方彼此互動，對激勵青年朋友參與志願服務所產生
　的實質效能。

6.志工中心未能善加連結在地廣大社會資源，積極開拓青年志工活動；就連學校資源方面，對國民中學均普遍呈現未予接觸的現象。

7.志工中心對於志工教育訓練未能落實辦理，致使青年志工對志願服務的基本認知普遍缺乏。

8.志工中心對核發青年志工志願服務紀錄冊均未能依志願服務法規定辦理。

9.志工中心未能有效捲動在地社會青年踴躍投入志願服務行列。

10.志工中心除對各級學校推動服務學習課程，扮演配合、協助的角色外，鮮有中心自行研發創辦的主軸業務。

11.志工中心對提供青年志工滿足在地機關、機構或團體對青年志工人力需求的實際效果，普遍缺乏資料可供查考。

12.志工中心的資訊行動網未能與青輔會的網站密切連結。

13.志工中心對商聘的諮詢業師普遍未能密切互動，更未能借重其不同的專業知能協助業務推動。

14.志工中心召開聯繫會報普遍未訂主題，致未能確實發揮會報的預期功能。

15.志工中心對青輔會交辦的一些行政庶務未能運用志工協助辦理，致增加專案人力的業務負荷。

16.志工中心對行銷方面普遍缺乏具體成效，尤其在新聞媒體的報導方面，曝光率偏低，即使曝光亦大都以承辦單位的名義出現居多。

17.志工中心對青年志工參與志願服務的感動故事未予有計畫的蒐集報導，致未能彰顯具體的影響效果。

18.志工中心未能設法自行召募志工，並輔導組織自屬的志工團隊，俾藉以協助業務發展。

19.志工中心普遍未能依照青輔會「區域和平志工團」訂定的六大政策面向，擬訂工作計畫，據以推動業務。

20.志工中心普遍未能突顯本中心推動青年志工活動所展現的主要特色。

四、青年志工中心的經營方向

(一)角色定位要釐清

青年志工中心的主辦單位是行政院青輔會，其全銜應為「行政院青輔會區域和平志工團○○○青年志工中心」，而非承辦單位下設的青年志工中心，承辦單位承接青年志工中心兩者務須做到「業務分立、資源共享」的目標，絕對不可將業務混為一體，糾葛不清，以致未能展現志工中心的預期功能。

(二)主要任務要掌控

承辦單位承接青年志工中心業務，首先要深切瞭解志工中心的主要任務，而後針對應有的任務有目標、有步驟的積極推動業務；絕非像無舵的船，毫無方向，任意航行。

(三)工作計畫要具體

志工中心務須依照「區域和平志工團」既定的六大政策面向，邀集相關人員集思廣益策訂具體可行的年度工作計畫，並設定預期達成的目標及展現的績效，而後再研訂子計畫逐一落實執行，唯有這樣，才能迎合青輔會政策方向，遂行志工中心應有的任務。

(四)諮詢業師要互動

建立諮詢業師的機制旨在協助志工中心運用諮詢業師不同的專業知能與經驗，貢獻其智慧，提供獨特的意見，而有助於業務的推展。並非將商聘的業師掛名以求壯大陣容，如此則完全失去設置業師的既定功能。

(五)地方資源要善用

每個志工中心在地都有廣大且豐富的地方資源，志工中心務須確實加以調查、發掘，並建立友善的良好關係；把握「尊重意願、榮譽歸於擁有資源者」的原則，善用地方資源，舉辦一些有益號召青年參與的志工活動，塑造公民社會的善良風尚。

(六)志工訓練要落實

依「志願服務法」規定，志工訓練包括「基礎訓練」與「特殊訓練」；基礎訓練旨在灌輸志工志願服務的基本理念，特殊訓練旨在培養志工志願服務的專業知能；兩者相互為用，其設計是希望志工經由參與志願服務的基本認知，進而應用專業方法，因應社會需求提供必要的服務，而有助於增進社會的安和樂利。

(七)法令規章要配合

我國志願服務的發展，直至民國90年已制定公布「志願服務法」，作為推動志願服務的最高依據；鼓勵青年參與志願服務也是志願服務一環，青年志願服務的推動理應依法行政；諸如：志願服務紀錄冊的核發及其他相關規定均應與法令規章相符。

(八)服務能量要蓄積

志工中心要能有效扮演青年志工供需平台的角色，充分發揮供需平台的功能，務須設法自行召募志工，並輔導組織自屬的志工團隊，俾能蓄積服務能量，得以適時滿足需求單位之所需，進而建立志工中心的公信力。否則有名無實，猶如有店無貨，如何滿足顧客的需求。

(九)捲動層面要普及

志工中心發揮捲動功能，鼓勵參與志願服務的對象應不僅限於大專院校及高中職校的青少年學生，更應普及國中學生及社會青少年，因為「台灣小飛俠計畫」適用對象是12歲至30歲青少年。志工中心對於在地的社會青少年應該儘量設法捲動參與；至於學校青少年則應致力鼓勵其參與，能夠摒除曇花一現的舊習，而調整觀念，長期參與，永續經營。

(十)行銷宣導要強化

宣導是告知，行銷則除了告知之外，還希望他方有所回應。志工中心除了要告知青少年哪個地方在什麼時候有青年志工中心設立外，更要告知青少年青年志工中心設立的目的何在？青少年要如何透過志工中心參與志願服務？參與志願服務有什麼好處？讓青少年透過新聞媒體的廣為報導，由認知而熱烈響應，進而蔚為風潮。

(十一)感動故事要彙集

青少年參與志願服務，在關懷助人的過程中，必定會有一些可歌可頌、可圈可點的感動故事發生，志工中心應有計畫地將足以感

人的服務故事加以彙集,並編印成冊,俾能廣為流傳,轉變社會,形成見賢思齊的善良風尚。

(十二)行動網站要更新

網路是提供資訊的最佳管道,志工中心務須架構最新的行動網站讓青少年能以最直接、最迅速的方式得到青少年志工活動最新的訊息,並瞭解當前國家青年政策的方向;因之,志工中心的行動網必須適時更新,並與青輔會的網站密切連結。

(十三)諮詢事項要分類

志工中心必然會經常收到青少年志工電話諮詢、電腦諮詢或志工中心主動協助方案諮詢的事項;志工中心應將各種諮詢事項加以分類,並建立題庫,以確實瞭解青少年志工問題癥結的趨向,俾有助於解決問題,化除疑惑。

(十四)聯繫會報要規劃

聯繫會報是意見交流、經驗分享的溝通平台;惟聯繫會報的召開務必妥為規劃;諸如:事先決定召開的目的、訂定主題及討論題綱、根據主題及討論題綱決定邀請參加的對象、印製相關書面資料等均應有所準備,否則為召開會報而召開,除了勞民傷財,其他毫無意義。

(十五)服務面向要均衡

青輔會「區域和平志工團」訂定之服務類型包括:教育、社區、環境、文化、健康、科技等六大面向,期盼各志工中心針對六大服務面向兼籌並顧,同步推動,均衡展現服務成果。基此,志

工中心務須配合政策要求，縝密思考如何採取可行的措施，全力以
赴，以期克竟事功。

(十六)服務特色要突顯

　　「均衡」是基本要求，「特色」才是希望達到的政策目標。每
一個志工中心的所在地區均擁有豐富、特殊的社會資源；志工中心
應懷抱強烈的企圖心，設法善用在地資源的不同特色，商請業師依
自己的專長認養服務面向，並召募青年志工配合志工的興趣組織志
工團隊協助執行；致力先從不同服務面向做出獨特的成效，最後再
透過客觀的機制從中選出一項列為最足以代表志工中心服務特色的
註冊商標。

(十七)民主素養要培養

　　民主的精髓在於溝通、協調，以期達到服從多數，尊重少數的
最高意境。志工中心的經營應該致力培養工作團隊的民主素養，舉
凡：志工中心的經營方針、經營作為、經營內涵或有意見紛歧時，
如能透過會議的方式，邀集工作幹部聚集一堂，大家腦力激盪，充
分溝通協調，取決於多數意見，相信必能使經營狀況達到事半功倍
的效果。

(十八)獎勵制度要建立

　　志工參與服務固然不是為了獲得獎勵或表揚，但獎勵或表揚應
是影響志工態度、激勵志工士氣、導引志工持續參與的動力。志工
中心為了激發青年熱烈參與志願服務，有效達成志工中心應有的服
務水平，志工中心應有必要建立獎勵制度。惟獎勵的前提務必力求
審慎謹嚴、公正客觀，嚴禁沽名釣譽，俾免使志願服務失其純化與

淨化。

(十九)資源地圖要繪製

　　志工中心應洽請專業人員將利用田野調查所蒐集的地方資源繪製成精確、清晰、可讀、易懂的資源地圖，以作為工作團隊，諮詢業師、青年志工及相關單位作為推展青年志工活動相互支援的最佳指標。因為，資源地圖可以明確指出地方各級機關、機構、學校、民間團體以及特殊資源的所在，進而提供志工中心據以作為推動青年志工活動的抉擇。

(二十)反思活動要重視

　　青少年與社會人士參與志願服務最大的不同在於青少年在參與服務過程中強調反思活動的作為，期盼藉著反思活動，志工得以聚在一起彼此互動，知無不言，言無不盡地各自表述參與志願服務所獲取的學習心得及應予改進的缺失，並從中體驗參與服務的實質意義，爾後決定是否願意持續付出，由一日志工轉型為終生志工。

五、結語

　　志願服務是一種「散布關懷傳播愛」的志業，更是一種「只問付出，不求回報」的奉獻工作；我國志願服務的發展自民國71年倡導以來，迄今已超過三十年，其中除了於2001「國際志工年」，恭逢其盛制定公布「志願服務法」作為我國推展志願服務的法制基礎外，關於國民參與志願服務的風氣，也已逐漸形成一項公民社會的運動，惟參與人士一直呈現性別偏女、年齡偏高的現象。

　　前行政院青輔會為積極激勵青少年朋友熱烈參與志願服務工

作，特配合落實執行「台灣小飛俠計畫」的同時，規劃成立「區域和平志工團」，並於全國十四個地區設立「青年志工中心」，作為「區域和平志工團」推動業務的前哨據點；希望藉以弘揚推廣志願服務的核心價值，擴大提供青少年參與志願服務的機會。

　　志願服務是一項永不止息的希望工程；青年可以改變世界，以青年人的智慧、創意與活力，設若政府能藉政策的推動，有效導引青年普遍投入志願服務行列，相信必能為我國志願服務的發展開創嶄新的一頁。

第27章
災害應變時民間
志願組織之運用

一、引言

台灣地區位處於西太平洋颱風區及環太平洋地震帶上，地層屬年輕尚不穩定的地質，自然環境條件惡劣，導致颱風、地震、豪雨、乾旱、土石流等天然災害發生頻率極高；加上國家經濟急遽發展，人口及產業紛紛向都市集中，高層大樓且規模龐大之建築物到處林立，易燃易爆等危險物品超量儲存，極易造成重大火災及爆炸災害等。這些災害特點就是：災區廣泛，政府正規救災人員第一時間內無法面面俱到。以民國88年九二一大地震為例，地震發生後，雖然政府救災單位全面動員投入救災，迅速救出四千八百餘受傷、受困民眾，但仍有二千四百餘民眾搶救不及不幸罹難；如果當時沒有熱忱的民間志願組織紛紛投入災區，參加生命救援、災民安置等服務，相信這次震災的傷亡和損失必定更加不可想像。因此，在政府人力、財力、物力有限的情形下，如何運用民間志願組織在重大災害發生第一時間內（救命七十二小時黃金時效），能立即有效動員投入災害應變的行列，使災害造成的損失降到最低程度，實在是政府現階段災害防救工作刻不容緩的急切要務。

二、法令依據

(一)災害防救法第22條規定

為減少災害發生或防止災害擴大，各級政府平時應依權責實施下列事項，其中第九項為：「災害防救團體、災害防救志願組織之促進、輔導、協助及獎勵。」

(二)災害防救法第29條規定

1.各級災害應變中心成立後，指揮官應指揮、督導及協調國軍、消防、警察、相關政府機關、公共事業、後備軍人組織、民防團隊、社區災害防救團體及民間災害防救志願組織執行救災工作。

2.上項所述後備軍人組織、民防團隊、社區災害防救團體及民間災害防救志願組織之編組、訓練、協助救災事項之實施辦法，由內政部會同有關部會定之。

(三)災害防救法第50條規定

1.依災害防救法協助執行災害防救工作之民間志願組織，其立案與工作許可，應經內政部認證，其認證辦法，由內政部定之。認證相關所需之課程、訓練經費得由內政部編列預算補助之。

2.經認證之民間災害防救志願組織，政府應為其投保救災意外險，並得協助提供救災設備。

三、災害應變民間志願組織的定義

(一)社區災害防救團體

指依「人民團體法」立案或依財團法人設立之相關規定許可，並經直轄市、縣（市）政府或經中央災害防救業務主管機關考評合格，協助災害防救之社會團體或基金會。

(二)民間災害防救志願組織

指向直轄市、縣（市）政府或中央災害防救業務主管機關登記有案，並向內政部申請認證與工作許可，實際協助救災工作之民間志工團隊。

四、協助災害應變民間志願組織的現況

目前協助執行災害應變工作的民間志願組織，除依內政部訂頒「義勇消防組織編組訓練演習服勤辦法」編組之義消人員，依內政部消防署統計資料顯示，截至民國92年9月底計有29,293人外；內政部消防署自民國88年九二一震災後所加速推動之有關民力運用的三大計畫，績效至為顯著；試從三大計畫的實施目的、任務編組、教育訓練及協助災害應變事項分別就其現況說明之。

(一)廣結志工參與緊急救護工作——鳳凰計畫

該計畫內政部消防署於民國88年9月21日以88消署護字第88G01131號函核定實施。目前全國各直轄市及縣市，均已分別成立「鳳凰志工隊」，且南投縣、澎湖縣每個鄉鎮均有「鳳凰志工分隊」；依內政部消防署統計資料顯示，截至民國103年底共有鳳凰志工5,700餘人。

◆實施目的

為激勵社會大眾秉持「以服務充實人生，用關懷增進溫情」的理念，發揮「助人最樂，服務最榮」的精神，進而擁抱「鳳凰情」，展現「天使心」，踴躍投入志工行列，積極散播服務種子，

共同為協助緊急救護工作及增進社會安祥而奉獻心力。

◆任務編組

只要願意提供餘時參與救護工作之社會大眾，確具助人熱忱與服務志趣者，均歡迎踴躍參加。凡認同並響應「鳳凰計畫」，經參加訓練合格後，每二十人以上即可組織一「鳳凰志工分隊」，各直轄市暨縣市消防局俟成立二分隊以上時，應分別輔導成立「鳳凰志工隊」；各鳳凰志工分隊、鳳凰志工隊各設分隊長、隊長一人，副分隊長、副隊長一至三人，任期二年，分隊長、隊長不得連任。且各志工分隊、志工隊依工作需要設置下列各組，負責辦理各項有關事宜。

1. 輔導組：負責志工之召募編組、任務分配等有關事宜。
2. 管考組：負責志工之工作考核、資料管理等有關事宜。
3. 行政組：負責各分隊、隊本部之文書處理、庶務工作等有關事宜。

◆教育訓練

應依行政院衛生署訂頒「救護技術員管理要點」之規定，至少接受六十小時初級救護技術員專業訓練；另應接受依「志願服務法」規定之基礎訓練課程十二小時。所有志工參加訓練時，務須全勤，並經過測驗及格，發給合格證明後，始可擔任鳳凰志工。有關專業訓練課程的內容如下：

1. 緊急醫療救護概論（二小時）：訓練項目包括緊急醫療救護體系、緊急醫療救護法規及運用。
2. 人體基本解剖、生理學概論（四小時）。
3. 緊急救護之基本技術（十八小時）：訓練項目包括生命徵象及身體評估、心肺復甦術、哈姆立克急救法、止血、包紮、

固定、休克處置、去除頭盔及使用護頸、脫困與解救、傷患搬運、車內看護。

4.外傷及特殊傷病（四小時）：訓練項目包括外傷基本處置、燒燙電傷、溺水處置、中毒處置。

5.胸部急症處置（二小時）：訓練項目包括呼吸急症、循環急症、胸部外傷。

6.腹部急症處置（二小時）：訓練項目包括消化、腹部外傷、腎臟泌尿。

7.神經急症（二小時）。

8.精神急症（二小時）。

9.婦產急症（一小時）。

10.小兒急症（一小時）。

11.老人急症（二小時）。

12.環境傷害急症（二小時）：訓練項目包括化學災害、輻射災害。

13.急救器材使用（二小時）：訓練項目包括抽吸機、攜帶式甦醒器。

14.救護紀錄表填寫（二小時）。

15.大量傷患及檢傷分類（二小時）。

16.綜合演練及考試（十二小時）：含筆試及術科。綜合演練之訓練內容，至少應包括「救護技術員教師訓練手冊」所列四個訓練項目以上，其餘視各地區的需要而定。

◆協助災害應變事項

緊急醫療救護及運送。

(二)凝結民力協助災害救援工作──睦鄰計畫

　　該計畫內政部消防署於民國88年12月10日以台(88)內消字第8876309號函核定實施。目前全國各直轄市及縣市除福建省連江縣外，均已成立「睦鄰救援隊」一隊，依內政部消防署統計資料顯示，截至民國103年底共有隊員3,400餘人。

◆實施目的

　　為激勵社會大眾秉持「給人希望是天使，救人苦難是菩薩」的理念，發揮「敦親睦鄰，守望相助」的精神；於重大災害發生時，奮不顧身，主動投入救援行列，共同為自救甚或拯救受困鄰居脫離緊急災害而努力，進而達到緊急災害救援社區化的期望目標。

◆任務編組

　　以社區為單位，結合社區內的社區發展協會、救難團體、義消、義警、義交、民防、社區巡守隊、鳳凰志工隊、慈濟工作隊、民間醫療院所及其他志願服務團隊四十人以上本諸自發意願即可共同組成「睦鄰救援隊」（Neighbourhood Rescue Team, NRT）；每隊設隊長一人，任期兩年，不得連任；副隊長三人，分別負責掌理組訓、輔導、行政等相關業務；並依工作需要設置下列各組，負責辦理各項有關事宜。

1.滅火組：負責使用滅火器撲滅簡易火災；在必要時將居民撤離危險物品洩漏地區，並阻止居民進入。

2.搜救組：負責搜查結構未損毀的建築物，並在外表留下記號以資辨識；在搜索過程中營救出傷者，衡量傷者傷勢，將傷者送往醫療站。

3.救護組：負責設立安全且遠離危險情況的醫療站，爲護送至醫療站的傷者做進一步檢查；傷者病情如有變化，立即更改傷者的傷情分類，協助將需要立即處理的傷者送往「重傷醫療中心」。

4.後勤組：負責提供其他各組所需物品、工具、糧食及水；支援其他各組作爲後備隊員；並應設立通訊網，負責隊員間通訊聯絡、傳遞訊息給其他各組、隊員及支援單位。

◆教育訓練

所有參加「睦鄰救援隊」的志工均應接受十六小時的專業訓練課程及十二小時的志願服務基礎訓練課程；訓練結束後，經訓練單位考評合格者，由訓練單位發給結業證明書。另應於每年4月、10月對初訓合格領有結業證明書的志工辦理複訓一次，時間爲十小時以上，藉以維持並增強災害救援技能與方法。有關專業訓練課程的內容如下：

1.災害準備（三小時）：包括災例介紹、災情的危害與影響、認識建築物與非建築物的危險、減災策略等內容。

2.火災滅火（三小時）：包括火災化學原理、危險物品認識、如何減緩住家與辦公場所火災危險、NRT決斷、滅火器材認識與使用、滅火安全等內容。

3.醫療救護（三小時）：包括認識與生命危害狀況的處置、傷患分類、全身狀況評斷、骨折、燒傷、拉扭傷、凍傷處置等內容。

4.簡易搜救（三小時）：包括計畫擬訂、搜尋與救助的決斷、搜尋與救助採行方式、器具的操作使用等內容。

5.災害心理與團隊組織（三小時）：包括災害心理、NRT組織、如何做正確決定、文書製作、書面模擬作業等內容。

6.課程複習與模擬（一小時）：包括期末測驗、課程回顧複習、災害模擬處置、實際演練與器材操作等內容。

◆協助災害應變事項

簡易火災及其他災害搶救、緊急醫療救護及運送、救災之後勤支援等。

(三)輔導救難團體強化組織救援效能——開源計畫

該計畫內政部消防署於民國89年5月2日以89消署救字第89F0238號函核定實施。依內政部消防署統計資料顯示，截至民國103年底，在內政部及各直轄市、縣市政府主管機關許可立案的民間救難團體計有一百七十個；透過全面訪查瞭解其組織功能後，將分類加強輔導。

◆實施目的

政府力量有限，民間資源無窮；為能有效運用民間救難組織力量，配合政府機制，致力投入緊急災害救援工作，特訂定「開源計畫」；以期各級消防機關確實輔導民間救難團體健全組織，增強專業知能，進而達到廣為「開拓資源，善用民力」，共同為因應緊急災害救援工作而展現精良之戰力。

◆任務編組

由民間救難團體依組織規章，甄選身心健壯、反應靈敏，具服務熱忱及救難常識之會員自行編組。

◆教育訓練

1.專業課程：凡經甄選合格志願參加救難團隊的會員均應參加。

(1)訓練課程及時數依民間救難團體之專業效能而定，訓練層次包括：初級班、進修班及研究班三個階段。

(2)凡參加訓練結束後從無缺席，並經考評通過者，由訓練單位發給結業證明書。

(3)經初訓合格領有結業證明書者，另應於每年5月、11月分別參加複訓（課程及時數依需要而定），藉以維持並增強災害救援之技能與方法。

(4)參加初級班訓練領有結業證明書，並經複訓考評通過者，始有資格報名參加進修班之訓練，餘此類推。

2.通識課程：凡擔任團體領導幹部，包括：理事長、常務理監事、理監事、隊長、分隊長、小隊長及工作人員一律均應參加。

(1)訓練課程包括：

・認識人民團體法規（三小時）。

・會議規範與團體運作（三小時）。

・人民團體領導幹部應有的認知與素養（二小時）。

(2)凡參加訓練結束後均無缺席，並經考評通過者，由訓練單位發給結業證明書。

(3)團體之領導幹部除參加通識課程訓練外，每年均應參加一次「如何強化民間團體組織功能」研討會（三小時），藉以增強民間團體組織運作之知能。

◆協助災害應變事項

依團體之不同專長適時協助。

五、運用民間志願組織的應行措施

「災害防救法」雖已公布實施，但徒法不足以使災害防救工作真正推動與落實；因此，致力結合民力協助災害應變工作不容忽視，個人認為運用民間力量應從下列幾方面著手：

(一)落實法令執行

「災害防救法」涵蓋的細則、辦法、要點、規定等大大小小的子法有三十六個之多，內政部與各相關部會及地方政府均已分別陸續訂定完成。各項法令訂定完成發布實施之後，最主要的就是要辦理法令講習，讓各相關部會、縣市政府及鄉鎮市公所確實瞭解本身在災害防救方面所應扮演的角色及所應擔負的責任。例如：依「地方制度法」規定，「災害防救」係屬地方自治事項；而依「災害防救法」規定，當災害發生或有發生之虞時，一旦鄉鎮市公所或縣市政府成立災害應變中心，鄉鎮市長及縣市長就是該災害應變中心的指揮官，應該依規定統籌該轄區的災害應變事宜。而中央災害應變中心的指揮官依災害之性質、規模由中央災害防救會報召集人（行政院長）指定；各地方災害應變中心在災害處理的過程中如需請求上級災害應變中心支援時亦可隨時和中央密切聯繫，而上級災害應變中心也會主動關心。像此等等均需透過講習研討讓各級政府領導首長及相關人員澈底瞭解，面臨災害應變時才能應付裕如。

(二)健全防災體系

目前中央至地方的消防體系，除內政部消防署，地方政府消防局除連江縣於民國90年2月2日成立外，其他均已於民國87年7月1日

前陸續成立完畢；有關救災的組織機制可說已經相當完整。可是依
「災害防救法」於民國89年8月25日所成立的「行政院災害防救委員
會」，雖然規定由行政院副院長兼任主任委員，內政部部長及政務
委員兼任副主任委員，擔任副主任委員之內政部部長兼執行長，消
防署署長兼副執行長，委員會並分六個組，看起來洋洋灑灑，可是
它卻僅是一個設置要點的任務編組，並非機關化的組織機制；既無
獨立人事，也無獨立預算，要想發揮既定功能殊屬不易。不過，碧
利斯颱風、象神颱風、桃芝颱風、納莉颱風侵襲時，依該委員會的組
織機制負責指揮、協調確實展現相當的功能，如果該委員會能改以組
織規程的機關化架構運作，相信對於災害防救所能產生的功能將更
不可限量。

(三)強化專業訓練

　　救災要有人，但有人還要有專業，就以八掌溪事件為例，參
加救災的人，連拋繩槍都不會用，人再多也沒用；因此，救災的方
法與技巧亟待加強專業訓練。而且台灣地區救災的專業人力實在不
足；世界先進國家每一千人口就有一位消防人員，而台灣四千人口
才有一位，在這有限的人力，如果專業訓練未能加強，並將每個人
都訓練為精兵，則人力更顯不足。

(四)充實救災裝備

　　有人沒裝備也沒有用，每年立法院在審查政府預算時，立法委
員們都嫌消防署的預算太少，就以民國103年預算而言，一年亦僅准
編三十億餘元，雖然，每年均有成長，但成長的幅度實在難以應付實
際的需要。尤其是地方政府財源均相當拮据，有賴中央補助支援，如
果中央未能協助，則地方政府的各項救災裝備實難充實更新。

(五)加強資源整合

政府力量有限，民間資源無窮，災害防救如果全賴政府的專職人力絕對力不從心。依內政部消防署統計資料顯示，截至民國103年底，台灣地區專職的消防人力僅有13,584人，但義消、鳳凰志工、睦鄰救援隊及社區婦女防火宣導隊共計52,000餘人，另外還有一百七十幾個經政府許可立案的民間救難團體。如果災害應變沒有這些充分的民力協助支援，相信對於救災工作一定大打折扣；所以，致力整合民間組織，乃強化災害應變刻不容緩的要務。

(六)致力觀念宣導

災害防救除了政府機關縱的聯繫及橫的整合應該善於協調配合外，如何喚起民眾共同建立「災害防救，人人有責」的共識更加重要；如果能夠透過村里民大會及其他可行的管道致力觀念宣導，讓民眾充分瞭解災害防救的警覺性與自主性，相信對確保人民生命、財產的安全更能發揮有效的功能。

說實在的，善加運用民間志願組織必須要有方法，尤其更要講究藝術；根據個人的經驗，運用民間志願組織除了應有上述應行措施外，更須重視下列的基本前提：

◆政策要明朗

因為要有明朗的政策才能激發社會大眾的群起響應，讓社會大眾認識、瞭解參與服務的真正意義與目的，進而期使其在認清政府的明朗政策下，熱烈支持。內政部消防署於九二一震災後加速推動「輔導救難團體強化組織救援效能——開源計畫」、「廣結志工參與緊急救護工作——鳳凰計畫」及「凝結民力協助災害救援工作——睦鄰

計畫」成效至爲彰顯；此乃民間力量之運用在明確政策的指引下，蓬勃發展的最佳印證。

◆組織要健全

服務別人，首須健全自己；民間組織要能彌補政府之不足，當然必須先從健全自我做起；因爲，嚴密的組織、明確的分工始能發揮整體的力量。一般言之，健全民間組織的指標爲：組織自由化、會務自主化、業務效益化、財務制度化、運作民主化及經營專業化。

◆訓練要落實

訓練是一個過程，藉此過程可分享理念、激發問題、修正態度及發展技巧。教育訓練不僅是運用民間組織的重要環節，更是導引服務方向、提升服務品質的最佳途徑。唯有透過教育訓練，才能使社會大衆由學習認知，進而產生參與興趣；更予以肯定，且樂在服務。亦唯有透過教育訓練才能使參與服務者擁有榮譽心，更使接受服務者產生安全感。不過應該特別注意的是，政府機關辦理救災志工訓練務須秉持有計畫、有步驟、有目標、有效益的原則循序漸進，方能奏效。

◆倫理要培養

所謂倫理係指哲學思想、價值觀念、道德標準及行爲規範。參與服務雖然是一種只問耕耘、不計回饋的志業，但志工參與服務的歷程與結果所涉及的影響層面，不僅只限於服務對象與志工本身之間的互動關係，尤其更與社會整體旳觀感息息相關。基此，民間組織爲能發揮其參與救災的預期效果，政府部門當然務須致力於倫理的培養，期使參與救災志工深切體認「有所爲」、「有所不爲」的眞諦，進而共同弘揚民力運用的具體成效。

◆績效要評估

　　所謂評估就是檢討過去，策勵未來；檢討是手段，改進是目的；必須檢討過去，發掘問題，才能研究改進，開創新猷。政府對於民間組織參與災害防救的績效，如能定時舉辦評鑑，以審慎嚴謹的態度，公開評估志工團隊的服務績效，對於志工團隊的努力付出應會具有指標作用。

◆獎勵要公正

　　民間力量的有效運用，有賴政府具體而公正的獎勵；因為獎勵不但能激勵參與者的持續服務，尤能激發社會大眾見賢思齊，惟獎勵應特別堅守的原則是，務必確實做到公正客觀、寧缺勿濫，否則，不但未能獲得正面的鼓舞效果，尤恐產生負面的抱怨回應。

◆制度要建立

　　制度乃工作標準與行為模式；使用民間組織彌補政府災害應變人力之不足，對於救災志工的甄選、任用、組織、訓練、福利、獎勵、服務方法及倫理守則……，政府均已建立完善的制度，訂定具體可行的法令規章；以期有效規範救災志工或志工團隊循序推動，各級消防主管機關務必貫徹執行。

◆互動要靈活

　　成功的民力運用須以擴大參與來因應社會需求，而非排除他人加入，將服務工作專美於己。服務工作如能使更多的志工朋友共同體悟到「予多於取」、「人重於己」的價值觀念，進而把握重點，互動靈活，則必能贏得社會的信賴，展現增強的功效。

◆幹部要負責

　　任何志工團隊不論其成員多少，亦不管成立時間之長短，都必

有其目標與計畫。充當團隊領導幹部的重要功能之一，就是要能確定團隊的目標與計畫，及擬訂達成目標與執行計畫的方法與步驟，負責盡職地領導團隊成員互助合作，協調配合，為達到共同的目標與計畫而努力奮進。

◆主管要重視

任何一個機關、機構或團體的主管對於運用民間組織的成敗與否，應負有絕對的影響作用。如果主管對於該項工作能予重視與支持，則對承辦業務的同仁因為獲得長官的支持，必能士氣大振，圓滿達成任務；尤其對於志工朋友更能因為長官的重視，而深受鼓舞，有效善盡職責。

六、結語

「災害防救法」經過六年的時間，終於在民國89年6月30日經立法院三讀通過，總統於同年7月19日公布施行，總計有八章五十二條，規定已相當完備。從「災害防救法」可以看出，我國與美、日相比較，其災害防救的處理層級均為三級：

1.我國：中央─直轄市、縣市─鄉鎮市區。
2.美國：聯邦─州─地方。
3.日本：中央─都道府縣─市町村。

而其處理階段分別為：

1.我國：預防（包括減災及整備）─應變─復建。
2.美國：減災─整備─應變─復建。
3.日本：預防─緊急應變─復舊。

　　就災害處理的層級與階段而言，三個國家應屬大同小異。

　　我們深知，防災機制的良窳與民眾生活品質息息相關，如何將災害消弭於無形，或在災害發生時力使災害損失降至最低，應是政府重要的施政措施；但整體公共安全不能光靠政府，有賴國人均能普遍參與。依新頒「災害防救法」規定，各級災害應變中心成立後，指揮官應指揮、督導及協調……後備軍人組織、民防團隊、社區災害防救團體及民間災害防救志願組織執行救災工作；而後備軍人組織、民防團隊、社區災害防救團體及民間災害防救志願組織之編組、訓練及協助救災事項業已於民國90年8月27日由內政部與國防部會銜訂頒實施辦法，以備災害發生時，能夠有效動員該等民間志願組織的力量共同投入災害應變的行列，與政府救災單位專業人員併肩作戰，充分展現「效率政府」與「活力民間」密切結合的最佳效能。

第28章
從災害應變談推廣志願服務應予重視的議題

一、引言

　　志願服務的基本精神是個人本濟世的胸懷、利他的情操，付出所餘，助人不足，對社會提供精神或物質的奉獻，致力於改造或促進的一種神聖志業；它不僅是一份歡喜心，尤更需要甘願做。

　　我們深信：敦親睦鄰、守望相助是人類最美的德操，也是推動人類文明進步的重要力量。就以民國88年九二一大地震造成民眾重大傷亡，如果當時沒有熱忱的志工們紛紛投入災區，參加生命救援、災民安置等服務，相信這次震災的傷亡和損失必定更加嚴重；畢竟政府的力量有限，社會裡存在許多不完滿的缺口和遺憾，需要大家以關懷及愛心來彌補。

　　這次震災，在災害應變過程中，來自國內外各階層志工團隊為災民們提供各項服務；他們放下本業，流著汗水，為參與救災投注心力，除了提供物質的支援外，同時也給了受創同胞們最大的精神支持；從他們的表現，不只是真誠、善良與熱情，還有他們所散發的光彩，志工們樂在工作的原因，就是無私無我、無為無求，來自內心自我實現的喜悅。

二、九二一震災災害應變經過概述

　　民國88年9月21日凌晨1時47分12.6秒，南投縣日月潭西方12.5公里處發生芮氏規模7.3地震，為台灣地區帶來空前的劫難；山搖地動，房舍傾倒，計二千四百多位同胞罹難，一萬一千三百餘位受傷，數以萬計房屋倒塌，更造成不少的孤兒與破碎家庭，所有民眾均籠罩在驚悸傷感的恐懼中。從地震發生的那一刻起，無論政府及民間，都積極展開救援行動，國際人士亦紛紛伸出援手。惟本次地

震強度至為強烈，造成人員生命財產損失為百年來所僅見，同時也顯示出整體防災體系仍有待從速改進的空間，在災害應變進行善後復原重建之時，亟應就防災體系予以強化，使其更為堅實，更能接受巨大災變的挑戰。

九二一地震使台灣中部地區嚴重受創，截至10月20日8時止，共計救出5,004人，道路搶通脫困4,685人，造成2,405人罹難，10,718人受傷送醫，51人失蹤，房屋53,661戶全倒，53,024戶半倒的災情。其中值得一提的是，9月21日當天地震發生後，內政部消防署編組人員自動於二十分鐘內集合成立緊急應變小組，處理各地災情及調度支援；更難能可貴的是各受災縣市地區在第一時間，展現了絕佳的機動力與動員力，在黃金存活時間七十二小時（21日至23日）內計救出4,286位存活者，占總救出人數85.7%，而國外救援團隊前後計有21個國家（含聯合國）、38個團隊、728人，及103隻搜救犬參與救災，亦成功救出6人。

總之，此次強烈地震造成了慘重的民眾傷亡及財物損失，政府及民間團體加上國外災難搜救隊伍不眠不休的投入搶救，盡最大的努力在最短時間內救出四千八百多條生命，雖然仍有二千餘人死亡，但是我們中華民國像浴火的鳳凰，每一次的衝擊，都可以透過檢討、突破、創新的程序和機制，健全體質，增強力量，獲得嶄新的生命力和創造力。

三、志工團隊參與九二一災害應變所面臨的困境

(一)缺乏好的工具

參與救災的志工團隊僅憑一股助人為先的衝勁，但卻赤手空

拳缺乏好的救災應變工具；諸如：交通工具、通訊工具、電腦、文具……均相當短缺，以致讓許多時間白白浪費在等待及尋找工具的問題上。

(二)未能掌握正確的資訊

在救災應變過程中，一方面因為大部分地區通訊全告斷絕，根本無法瞭解哪些地區急待救援，也不清楚其他團隊的救援狀況到底如何，結果只有像熱鍋上的螞蟻一樣根本無法使力；另一方面因為大家太忙，實在難以透過適當管道確實瞭解政府各部門的救援措施，而未能充分發揮彌補政府不足的功能。

(三)協調聯繫不夠理想

因為熱心救難團隊及人士紛紛湧入災區，救災體系多頭馬車各做各的；以致有些事情重複做，有些事情沒人做；有些地方資源過剩，有些地方資源短缺；既不能確定別人已經做了什麼，也不一定知道自己該做些什麼……，結果造成熱心有餘，成效難以彰顯之窘境。

(四)公權力欠缺

因為各個部門心急如焚、手忙腳亂，政府方面並沒有授權給參與救災志工團隊明確任務，以致志工團隊在協助救災應變的過程中，難免會有力不從心、心餘力絀之憾。

(五)作秀搶功的心態影響

有些志工團隊對於志願服務的基本理念缺乏正確的認知，加上好大喜功的心態作祟，在參與救災應變的過程中只有一味著尋找機

會力求表現自己，根本不是真正爲著急於救人而熱烈參與，於是與一些實事求是的救難團隊，甚至政府的救難部門，時有格格不入、意見相左的現象發生，形成救災工作順利進行的無謂阻力。

(六)遭受地方生態的衝擊

在災害較爲嚴重的地區，災民嗷嗷待救，外來者的資源和服務必然受到極大的歡迎，惟外來者的經驗和智慧不一定受到青睞與肯定；因爲，每個地方都有既成的運作模式和作業程序，或許他們難免會有惰性，但卻擁有強烈的韌性，不太容易接受外來介入的力量；所以，外來者的建議和主張，多半不被地方所絕對歡迎，於是會有乘興而來、敗興而歸，徒勞無功、心灰意冷的失落感覺。

四、推廣志願服務應予重視的議題

(一)在政府機關方面

政府力量有限，民間資源無窮；妥切運用志願服務組織的龐大力量，確實是彌補政府不足的最佳途徑；惟仍須政府建構完備的配套措施，才能使政府與民間力量相輔相成，相得益彰。茲就個人從事志願服務的經驗所得，略敘推廣志願服務政府方面應予重視的議題。

◆政策要明朗

因爲要有明朗的政策才能激發社會大衆的群起響應，讓社會大衆認識、瞭解參與志願服務的真正意義與目的，進而期使其在認清政府的明朗政策下，熱烈支持。近年來，雖然內政部積極推動「廣

結志工拓展社會福利工作——祥和計畫」，行政院青輔會亦致力推展「青年志願服務」，均頗見績效；內政部消防署於九二一震災後正加速推動「廣結志工參與緊急救護工作——鳳凰計畫」及「凝結民力協助災害救援工作——睦鄰計畫」成效至為彰顯；如果其他主管機關亦能普遍參照推行，則我國的志願服務工作必能在具有明確政策的指引下蓬勃發展，展現更大力量。

◆**訓練要落實**

訓練是一個過程，藉此過程可分享理念、激發問題、修正態度及發展技巧。教育訓練不僅是推動志願服務的重要環節，更是導引志願服務方向、提升志願服務品質的最佳途徑。唯有透過教育訓練，才能使社會大眾由學習認知，進而產生參與興趣；更予以肯定，且樂在服務。亦唯有透過教育訓練才能使參與服務者擁有榮譽心，更使接受服務者產生安全感。不過應該特別注意的是，政府機關辦理志工訓練務須秉持有計畫、有步驟、有目標、有效益的原則循序漸進，方能奏效。

◆**倫理要培養**

所謂倫理係指哲學思想、價值觀念、道德標準及行為規範。志願服務雖然是一種只問耕耘、不計回饋的志業，但志工參與服務的歷程與結果所涉及的影響層面，不僅只限於服務對象與志工本身之間的互動關係，尤其更與社會整體的觀感息息相關。甚此，志願服務為能發揮其預期效果，政府部門當然務須致力於志工倫理的培養，期使志工深切體認「有所為」、「有所不為」的真諦，進而共同弘揚志願服務的具體成效。

◆**網絡要建構**

志願服務雖是一種助人利他的崇高志業，但不能只訴諸利他

的、慈善的動機，必須要有一套完整的資訊網際網路系統；這個網路系統應包括政府機關與民間團體推展志願服務的相關資料，尤其資料更要力求完備，適時更新。如此，不但可使熱衷志願服務的社會人士透過網站而能獲得「貢獻有處」的心願，尤可協助急待外力支援的受困同胞經由網站而能獲得「呼援有門」的管道；更重要的應是資源的共享與再生的議題。因此，政府部門如何結合志工團隊的力量共同致力志願服務資訊網際網絡的建構乃為推廣志願服務的急切要務。

◆資源要整合

社會資源取之不盡，用之不竭；惟需善加整合運用，始能有效達成目標，並不致造成資源的浪費。推動志願服務，財力的捐獻、物力的提供，固然最為重要，而人力的支援、技術的應用，更是不容忽視，尤其對於社會資源的運用，必須特別注意開發、整合與維護三者兼籌並顧。

◆績效要評估

所謂評估就是檢討過去，策勵未來；檢討是手段，改進是目的；必須檢討過去，發掘問題，才能研究改進，開創新猷。政府對於志願服務組織推動志願服務的績效，如能定時舉辦評鑑，以審慎客觀的態度，公開評估志工團隊的服務績效，對於志工團隊的努力作為應會具有指標作用。

◆獎勵要公正

志願服務的有效推廣，有賴政府具體而公正的獎勵，因為獎勵不但能激勵參與者持續服務，尤能激發社會大眾見賢思齊。惟獎勵應特別堅守的原則，是務必確實做到公正客觀、寧缺勿濫，否則，不但未能獲得正面的鼓舞效果，尤恐產生負面的抱怨回應。

◆督導要投入

　　志工係依其個別的志趣而分別參與不同的服務項目，熱誠有餘，專業不足：務須給予正確導引，始能人盡其才，適才適所。因此，政府機關在運用志工的時候，應該建立完整的督導體系，讓志工督導發揮專業投入督導工作，明確賦予志工應有的任務，有效指導志工全心投入，努力達成應有的使命。

◆主管要重視

　　任何一個機關、機構或團體的主管對於推展志願服務的成敗與否，應負有絕對的影響作用。如果主管對於該項工作能予重視與支持，則對承辦業務的同仁因為獲得長官的支持，必能士氣大振，圓滿達成任務；尤其對於志工朋友更能因為長官的重視，而深受鼓舞，有效克盡職責。

(二)在志工團隊方面

　　九二一震災的教訓固然令人怵目驚心，不過，台灣民間各種組織在災害應變中的表現，確實受到了普遍的肯定，尤其無數的志願服務組織不待號令，在事發不久即自動自發召募志工，擔負起救援服務，乃至後續的安置工作，這在戒嚴時期恐怕很難以想像。當前各志工團隊所面臨的最大問題不是能不能擔負起彌補政府不足的重責大任，而是各志工團隊亟應自立自律，以堅強的人事、健全的財務、完善的服務、高度的效率來強化自我功能，以贏取政府機關的肯定與信任。個人認為志工團隊要能發揮彌補政府不足的效能，首先應從自我做起。

◆組織要健全

　　服務別人，首須健全自己：志工團隊要能彌補政府不足，當然

必須先從健全自我做起，因為嚴密的組織始能發揮整體的力量。

◆宗旨要實踐

任何一個志願服務團體在其組織章程中均有明訂其遠大的宗旨；唯有落實實踐章程宗旨，團體才有功能可言，否則奢談「彌補政府不足」，一切純屬天馬行空。

◆意識要凝聚

團體功能的發揮，端賴其組成份子對於團體的認同程度如何；務須組成份子能夠凝聚意識，對於團體產生強烈的向心力與參與感，團體才能產生協助的輻射作用。

◆觀念要正確

志願服務的可貴在於志願工作者只問耕耘、不計回饋、持續付出、無怨無悔的偉大志節；因此，參與志願服務的朋友要有「助人榮己」的正確觀念，確實為幫助需要幫助的同胞貢獻心力，踏實經營，絕不作秀。

◆方法要講究

助人靠心意，服務講方法；志願服務如能講究方法，必能在投資中不斷開源，在奉獻中不斷開拓，而使志願服務工作不致無疾而終，而更永續發展。

◆配備要齊全

「工欲善其事，必先利其器」，志工團隊不論參與災害應變或從事其他服務工作，首須瞭解及評估團隊本身現有的配備及器材足以應付服務需求的程度，俾能有效展現服務的能力；否則，必備的服務工具一無所有，僅憑一股服務的熱忱，實難真正發揮團隊既定的效能。

◆使命要貫徹

承諾就是一種責任，志工既然承諾提供服務，就應嚴謹地擔負起工作崗位的責任。所謂責任，就是志工在提供服務時，要有實事求是、努力以赴的使命感，崇法務實，克盡職責；唯有如此，志願服務才能想得平實，做得踏實。

◆幹部要負責

任何志工團隊不論其成員多少，亦不管成立時間之長短，都必有其目標與計畫。充當團隊領導幹部的重要功能之一，就是要能確定團隊的目標與計畫，及擬訂達成目標與執行計畫的方法與步驟，負責盡職地領導團隊成員互相合作，協調配合，爲達到共同的目標與計畫而努力奮進。

◆互動要靈活

成功的志願服務須以擴大參與來因應社會需求，而非排除他人加入，將志願服務專美於己。志願服務如能使更多的志工朋友共同體悟到「予多於取」、「人重於己」的價值觀念，進而把握重點，互動靈活，則必能贏得社會的信賴，展現增強的功效。

◆經費要自籌

團體的成立旨在配合民眾的需要，協助政府推展公共事務；志願服務組織尤其不可例外。因此，團體要能發揮既定的功能，務須結合整體力量，自籌充裕財源；如果團體完全依賴政府補助才能運作，則團體必完全失去其籌組成立的意義。

五、結語

　　總之，九二一大地震將是二十一世紀台灣人民共同的歷史回憶；我們確信，九二一震災的破壞，同時也將帶來台灣人民轉變的契機。我們看到在災害應變過程中，志工團隊利他不計辛勞、助人絕不抱怨的積極投入，足以告訴這一代的台灣人民：「法律」與「秩序」、「公義」與「慈悲」確實是台灣所以生存與重建的四大支柱。五十年來，沉迷於富裕社會的台灣人民，必須體悟如何從「縱容的富裕」出發，深刻地思考人生的意義與價值，進而化為一股「志工台灣」的生命動力。

第29章
我國志願服務發展的回顧與前瞻
——從祥和計畫之推廣談起

一、引言

　　邁向二十一世紀的現代福利國家，莫不以提高民眾生活品質、增進社會祥和樂利爲施政的重要目標：但是，儘管政府如何重視社會福利政策，或社會福利經費如何逐年成長，單憑政府的力量推動，絕對力有未逮；所以，如何發動社會整體力量，協助政府推動社會福利工作，一方面鼓勵工商企業界，興辦民間社會福利事業，一方面結合社會熱心公益人士，建立志願服務工作體制；亦即「有錢出錢，有力出力」，二者相互呼應，妥善運用，乃是彌補政府不足的最佳途徑；因此，我們可以肯定地說，推廣志願服務乃增進社會福利不可或缺的要素。

　　社會福利事業是一種服務性質的工作，其目的在滿足人類基本生活需求、解決社會問題與促進社會發展。要達到上述之理想目標，除了需要健全政府社會福利制度外，更需要民間資源的熱烈參與；因此，社會福利事業之開創應是政府與民間之共同職責。近年來，社會結構的急遽轉型，各種社會問題也隨之複雜化與多元化，致使社會福利從維持少數人的基本生活提升至滿足多數人的生活品質和輔導解決身心困擾等經濟、精神、心理的層次；其中志願服務乃是滿足民眾心理、精神需求之重要方式，因爲它是一種溫馨的回應，可以傳達人與人間的關懷與互助；它也是一種意念的結合，可以幫助個人開拓生活空間，改變價值觀念。

　　由於志願服務工作的不斷推廣，使社會大眾認知到參與志願服務乃是承擔社會責任的一環，也是提升人生意境的作爲，更是促進社會進步的動力與表徵。於是，隨著民眾參與志願服務意願之提高，政府對於各項福利政策應如何有效因應，對於志願服務制度應如何加速建立，已是當前刻不容緩的急切要務。

二、「祥和計畫」的主要內涵

　　內政部爲激勵社會大眾秉持「施比受更有福，予比取更快樂」的理念，發揮「助人最樂，服務最榮」的精神；擁抱「志工情」，展現「天使心」，胸懷燃燒自己、照亮別人之德操，踴躍投入志願服務行列，積極散播志願服務種子，共同爲協助拓展社會福利工作及增進社會祥和而奉獻心力；特訂定「廣結志工拓展社會福利工作──祥和計畫」，函頒省、市暨縣、市政府自民國84年7月1日起全面實施；並於民國90年12月14日函頒修正。該計畫之訂頒並非意味著過去內政部從未重視志願服務工作，而是期盼藉著這個計畫之大力推廣，能使志願服務工作在更明朗的政策引導下，建立完整的制度，俾有助於社會福利工作更有績效地順利拓展；該計畫的主要內涵爲：

(一)任務編組及組織聯繫

◆志願服務隊

　　認同並響應「祥和計畫」，誠心參與志願服務協助拓展社會福利工作者，每二十人以上即可組織一志願服務隊，每隊設隊長一人，副隊長一至三人。各隊成立後，應將隊長、副隊長名單及隊員人數函報當地直轄市或縣市主管機關備查。

◆志願服務會報

　　主管機關得召開志願服務會報以整合規劃、研究、協調及開拓社會資源、創新社會服務項目等事宜。

◆任務編組

　　各志願服務隊得依工作需要設置下列各組，負責辦理各項有關

事宜。

　　1.組訓組：負責志工之召募訓練、組織編隊及資料管理等有關
　　　事宜。

　　2.輔導組：負責志工之任務分配、輔導考核及團康聯誼等有關
　　　事宜。

　　3.行政組：負責團隊本部之文書、庶務、會計及出納等有關事
　　　宜。

(二)教育訓練

◆基礎訓練

　　以結合志工新秀、灌輸志願服務理念為主；由志願服務運用單
位安排所屬新進志工參加；訓練期滿後，發給結業證明書。

◆特殊訓練

　　以強化志工專業知能、熟悉工作環境為主；由志願服務運用單
位安排曾經接受基礎訓練之志工參加；訓練期滿後，發給結業證明
書。

◆成長訓練

　　以結合資深志工、精進志工知能為主；參與志願服務一年以
上，且曾參加基礎訓練、特殊訓練，並持有結業證明書者，由志願
服務運用單位推薦參加；訓練期滿後，經考評及格，發給結業證明
書。

◆領導訓練

　　以培訓志工幹部為主；參與志願服務三年以上，且曾參加成長
訓練，並持有結業證明書者，由志願服務運用單位推薦參加；訓練

期滿後，經考評及格，發給結業證明書。

(三)服務項目

◆身心障礙福利服務

協助社政機關及身心障礙福利機構或團體推展身心障礙福利有關服務事宜。

◆老人福利服務

協助社政機關及老人福利機構或團體推展老人福利有關服務事宜。

◆婦女福利服務

協助社政機關及婦女福利機構或團體推展婦女福利有關服務事宜。

◆少年福利服務

協助社政機關及少年福利機構或團體推展少年福利有關服務事宜。

◆兒童福利服務

協助社政機關及兒童福利機構或團體推展兒童福利有關服務事宜。

◆諮商輔導服務

協助社政機關及諮商輔導機構或團體推展諮商輔導有關服務事宜。

◆家庭福利服務

協助社政機關及家庭福利機構或團體推展家庭福利有關服務事

宜。

◆社區福利服務

協助社政機關及社區福利機構或團體推展社區福利有關服務事宜。

◆綜合福利服務

協助社政機關及各社會福利機構或團體提供資料整理、建檔、列管或資訊服務有關事宜。

(四)實施方式

◆頒授「志願服務隊隊旗」

志願服務隊隊旗由直轄市、各縣市主管機關分別頒授（負六號旗）；並按各志願服務隊成立之先後順序分別編隊，各隊之運用單位名稱得置於隊旗上，藉以顯現團隊精神，凝塑團隊意識。其各類隊旗之樣式由內政部訂定。

◆製發「志願服務證」

志願服務運用單位應依「志願服務證及服務紀錄冊管理辦法」製發「志願服務證」，藉以識別，並示榮譽，俾以提升服務品質。

◆發給「志願服務紀錄冊」

志願服務運用單位應依內政部訂定之「志願服務證及服務紀錄冊管理辦法」規定，向地方目的事業主管機關申請發給志工志願服務紀錄冊，用以考核服務績效，並憑作獎勵表揚之參據。

◆製發「志工服務背心」

志願服務運用單位得製作「志工服務背心」，藉以突顯服務標

誌，廣收服務效果。

◆頒發「志願服務隊幹部聘書」

志願服務隊隊長、副隊長，由直轄市、縣市主管機關頒發聘書；藉以激勵「助人最樂，服務最榮」之士氣。

◆訂定「志願服務週」

每年12月第一週配合「國際志願服務日」訂爲「志願服務週」，擴大舉辦各項宣導活動，俾使志願服務蔚爲風氣。

(五)獎勵

◆個人獎勵

1.參與志願服務　丫五百小時以上之志工，得依「內政業務志願服務獎勵辦法」申請獎勵。

2.參與志願服務三千小時以上之志工，得依「志願服務獎勵辦法」申請獎勵。

3.舉辦志願服務楷模選拔與表揚：積極參與志願服務之志工，或協助推展志願服務之熱心人士，得由各志願服務隊所屬單位推薦，參加志願服務楷模之選拔活動，其實施計畫另訂。

◆團體獎勵

積極推動志願服務工作著有績效之志願服務隊，經評鑑成績優良者，得由內政部予以獎勵，並公開表揚，其評鑑計畫另訂。

◆直轄市、縣（市）主管機關獎勵

積極推動社會福利類志願服務工作著有績效之直轄市、縣（市）主管機關，經評鑑成績優良者，得由內政部予以獎勵，並公開表揚，其評鑑計畫另定之。

三、祥和計畫的推廣績效

由於「祥和計畫」切合實際、具體可行，自頒布實施後，頗獲熱愛志願服務的人士認同與響應，目前省、市政府暨縣、市政府已分別結合民間力量組成志願服務總隊及志願服務隊，依內政部統計資料顯示，截至民國92年6月底全國共已組成909個志願服務隊，志工人數高達50,266人，且正不斷地在陸續擴增中；相信此一計畫之積極推廣，當能為我國的志願服務工作開創新境、展現新猷。

為落實「祥和計畫」的推動，內政部自民國85年起，每年均舉辦各種宣導活動方案，以創新務實的活動設計，將志願服務理念、精神融入多采多姿的活動設計中，包括推廣、活動、制度、網絡等，讓志願服務工作呈現多樣的變化，以結合更多熱心社會福利的志工朋友，一起為社會福利工作盡力打拚。其重要的推廣績效如下：

第一，為擴大民間參與，加強民眾對志願服務之認識，陸續舉辦「祥和計畫」宣導系列活動。另為提升志願服務人員之服務技巧與精進專業知能，並在各地區積極辦理志願服務人員教育訓練，以充實志工服務知能及方法。

第二，為激勵社會大眾秉持「助人最樂，服務最榮」之精神，發揚全民參與的理念，並探討我國志願服務發展的方向，以期結合民間力量，帶動民眾參與，共同為增進社會福利而努力奮進；內政部特獎助中華民國志願服務協會於民國85年1月20、21日假台北國際會議中心舉辦「迎向二十一世紀志願服務會議」，共邀學者專家、志願服務團體及機構代表、各基層志願服務隊代表、金駝獎及志願服務獎章得獎人代表及政府業務相關人員三百餘人參加；會議共獲五十六項結論，該等結論正積極逐項辦理中。

第二，爲展現社福志工秉持「助人榮己」的信念，熱烈參與志願服務的昂揚士氣與振奮精神，並期激發社會大眾踴躍投入志願服務行列，散播志願服務種子，彼此攜手連心，共同爲促進社會祥和而努力奮進，內政部特舉辦全國社福志工「祥和大會師」及「奔向服務——爲促進祥和而跑」等活動，藉以增進社會大眾對志願服務之認識。

　　第四，爲激勵表現優良之志願服務人員，弘揚「志願服務，捨我其誰」之精神，振奮服務士氣，提升服務品質，藉以促進志願服務工作之發展，內政部特與中華民國志願服務協會與台北市志願服務協會持續舉辦「志願服務獎章」及「金駝獎」選拔與表揚活動。

　　第五，爲激勵各直轄市暨縣市政府社政主管單位積極推展「廣結志工拓展社會福利工作——祥和計畫」，俾落實執行中央政策，進而達到充分運用志工人力資源，協助弘揚社會福利功能；及爲激勵各直轄市暨縣市志願服務團隊積極響應「祥和計畫」，並藉以達到相互觀摩學習與經驗交流之目的，更進而加強宣導志願服務理念，號召社會大眾踴躍參與志願服務行列，內政部於民國86年首次舉辦「台閩地區八十六年度推展志願服務績效評鑑」及「志願服務成果展示觀摩競賽」等活動，此後仍持續辦理中。

　　第六，爲強化「祥和計畫」之執行績效，自該計畫訂頒實施後，各直轄市暨縣市政府社政主管單位均已陸續建立「志願服務聯繫會報」制度，期藉以作爲志願服務運用單位與志工團隊之溝通管道。透過會報之交換意見，溝通觀念，不但可發揮解決問題之效果，尤可藉以達到檢討、改進之目的，進而弘揚志願服務之實質效能。

四、志願服務的檢討與展望

(一)問題檢討

　　儘管志願服務在國內已經日形重要，但是對於人力、財力等資源的結合與開發還是有待努力。依調查結果顯示國人的奉獻誠心與服務精神仍未普及，綜其原因，志願服務工作在國內發展的主要癥結與限制尚有下列幾點：

◆民眾認知不清

　　現代社會強調「個人主義」、「自我保護」，人與人之間的相處也不似傳統社會的明朗單純，處於這段轉型的環境背景外，對於志願服務工作的發展亦投下變數。未來如何加強宣導功能，釐清民眾不當之觀念，建立對志願服務之共識，擴大民眾的參與，是急需努力的方向。

◆經費配合不足

　　雖然內政部或其他機關每年均編列預算推展志願服務工作，然而面對廣大群眾的需求，常有「捉襟見肘」之感，而地方編列之配合款幾乎是微乎其微。因此在預算不足的窘境下，加上有些首長或主管又經常認為推動志願服務根本無需經費；遭此雙重限制，各級政府往往有心推動卻窒礙難行；因此，各地方政府除應增列年度預算外，更應廣為發掘及結合民間資源，以落實志願服務的推廣。

◆專業人力不夠

　　目前地方普遍缺乏專業人力專責辦理志願服務業務，而大學教育開設「志願服務」相關課程雖然逐漸開始，但仍不夠普遍；因此

一般人對志願服務的瞭解多是依靠平日服務累積的心得，或是勤於參與坊間各種相關訓練課程所得到的知識。教育訓練是志工成長的動力，也是保障服務品質的不二法門；所以要彌補志願服務發展過程中專業人力之不足，強化教育訓練是不能忽略的重要步驟。

◆組織統整不力

　　雖然志願服務是自動自發、志願付出的服務，但要持續下去，仍有賴優良志願服務團體的支持，才能維繫志工之間的情感及保持良好的工作氣氛。雖目前地方上已有志願服務協會及相關機構的設立，但因功能彰顯不一，導致志願服務工作十分零散，社會大眾也有「投效無門」之憾。因此必須要有健全的志願服務團體，才能有效整合人力、財力、物力及智力。

　　當然成功的志願服務不是光憑政府或民間單一的力量就能達成，也不是抱持愛心和耐心就有成果；它必須要政府與民眾充分配合，每一位志工要能具備對志願服務正確的認知、純熟的技巧，並願意將這分熱情持續不斷的付出，才能發揮志願服務的整體功能，達到淨化社會的具體效果。

(二)未來展望

　　我國志願服務工作，雖已逐漸蔚成風氣，但其規模仍屬初具；由於機構之間缺乏橫的聯繫及縱的督導，更由於各自為政的結果，造成工作的重複、資源的浪費及功能的減低。因此，針對現況檢討，掌握未來發展；如能研提具體策略，必更有助於志願服務的弘揚推廣。

◆激勵民眾參與，擴大志願服務範疇

　　1.運用各種傳播媒體加強宣導與行銷，帶動全民的參與熱潮，

蔚為「助人榮己」的善良風氣。

2.加強志願服務組織之聯繫配合與健全發展，凝聚團隊成員的向心力與參與感，減少志工的流動疏離。

3.借重教育功能，從小培養量力而為、自助助人的觀念，養成踴躍參與志願服務的優良習性。

4.編印志願服務宣導簡介，將溫馨感人的成功案例，製作宣導短片或宣導小冊，有計畫、有系統地宣揚報導，增強志工參與服務的成就感與榮譽感。

5.加強辦理志願服務績效展示觀摩競賽，增加觀摩學習機會，交換服務資訊與分享工作心得，強化個人參與意願。

◆強化教育訓練，提升志願服務品質

1.研訂志工訓練準則，針對不同的志願服務需求及性質，依基礎訓練與特殊訓練，實施不同水準的訓練課程，結業後並發給結業證明書及參訓結業之象徵標幟。

2.擴大編印志工訓練教材、錄音帶、錄影帶或志願服務工作手冊、志願服務指南，以供各級政府或民間團體辦理志工訓練採擇使用。

3.編印志工訓練師資資源「講座名錄」，以供辦理志工訓練單位便於選擇適宜的優良師資，增進訓練效果。

4.加強辦理志工人員職前及在職訓練，並採分段進階方式普及實施，培養志工專業服務方法與規劃能力，確保志工正確服務方向。

5.建立志工訓練標準模式，開發志工訓練的評量準則，以利志工訓練目標的有效達成。

◆擴大獎勵表揚，激勵志願服務士氣

1.統一獎勵表揚標準，運用進階表彰方式，對服務績效優良之

個人或團體適時予以表揚，以達激勵上氣之效果。

2.規劃編印接受表揚志工之「溫馨芬芳錄」，將其可歌可頌之具體優良事蹟加強闡揚報導，以收見賢思齊之功效。

3.對於經大眾傳播媒體報導之優良志工，各機關單位應採劍及履及之做法，即時派員訪問，瞭解實況，凡值得獎勵彰顯者，應適時予以表揚，以獲擴大宣導之效能。

4.凡經接受表揚之個人或團體，各相關單位應定期舉辦聯誼座談會，交換訊息，溝通經驗，以恢宏服務楷模之實效。

5.各項獎勵表揚之選拔過程，務須公平、公正、公開，評審委員之層次應力求相當水準，評審的做法更應審慎、縝密且嚴謹，以建立獎勵表揚之權威。

◆整合民間資源，建立志願服務網絡

1.建構完整的志願服務網際網路資訊系統，並適時更新、充實，以因應服務之需，提供服務資訊。

2.建立全國各志願服務團體「負責人聯繫座談」制度，以溝通觀念，建立共識，同心協力帶動會員致力協助政府推展志願服務工作。

3.有效建立「志願服務聯繫會報」制度，以聯繫情誼，交換經驗，進而建構全國完整的志願服務聯絡系統。

4.擴大設置「志願服務推廣中心」，結合專業人力與志工人員，共同致力志願服務的研究發展，以收整合民間資源，群策群力推動志願服務之效果。

5.結合各類志願服務團體，並籲請工商企業及公益團體支持，共同發起募集成立「志願服務基金」，以擴大推展志願服務工作。

◆**明訂政策方針，落實志願服務法規**

1. 中央各目的事業主管機關應訂定志願服務之明朗政策頒布實施，俾讓各地方政府有所遵循，而利志願服務有效推展。

2. 推展志願服務務須釐清志願服務與專業工作之間的功能分工，俾充分發揮相輔相成之功能。

3. 務期各單位志願服務有效推廣，首須上下一體，整合觀念，充分認識志願服務對推展公共事務之實質效益，始能弘揚志願服務的功能。

4. 製頒全國各類志願服務共同適用之「志願服務紀錄冊」，確實登錄志工服務時數，作為獎勵表揚或福利回饋之參據。

5. 落實實施「志願服務法」，有關志工的召募與任用、訓練與管理、考核與獎懲、角色與任務，均應儘速訂定各種辦法或要點，以確保志工應有之權益與受服務對象之安全。

◆**塑造服務文化，建立志願服務制度**

1. 依法研訂全國志工一致遵行的志願服務守則，以確保志願服務品質。

2. 逐步建立志願服務證照制度，組織「志願服務證照審查委員會」，依據志工服務的性質、年資、時數、受訓及獎勵情形，評估其奉獻的程度，分層次授證，並定期換證。

3. 加強志願服務理論知識的宣導，商請各大學院校將其列入學校德育成績，以收向下紮根之效；並在相關科系廣開「志願服務」課程，以培育志願服務推廣之專業人才。

4. 建立志願服務評鑑制度，成立評鑑小組定期對推展志願服務之機關、機構或團隊實施評鑑，以收檢討得失、策勵改進之功效。

5. 規劃設立「志願服務推廣基金會」，結合內政、教育、交

通、法務、衛生、環保、勞工、文建、人事等相關機關及學者專家、民間團體代表共同組成，以研訂政策，建立制度，而利志願服務之弘揚推廣。

五、結語

　　志願服務工作是社會一股正義的力量，志工則是社會中潛藏的有力資源，隨著志願服務人力需求之增加，志願服務參與的人數也相對增多；因此，強化教育訓練、擴大獎勵表揚、建構服務網絡、塑造服務文化、研訂政策規章、建立完善制度，均成為未來志願服務推展的努力方向。

　　我們確信，志願服務是一種永無止境、團隊精神的崇高志業，務須政府正確的主導，並鼓勵熱愛志願服務的朋友，深切體認「服務可提升人生意境，關懷可增進社會溫馨」的真義，踴躍投入志願服務行列，才能促使我們的社會充滿濃厚的人文關懷，共同締建溫馨祥和的美麗家園。

參考文獻

中文部分

王永慈（民76），《我國志願福利機構環境與角色之選擇》，國立台灣
　　大學社會學研究所碩士論文。

王順民（民83），〈自願性行動與社會〉，《社區發展季刊》，第65
　　期。

王麗容（民81），《婦女參與志願服務工作模式之研究》，台北市政府
　　社會局。

司徒達賢（民88），《非營利組織的經營管理》，台北市：天下遠見。

司徒達賢（民89），《非營利組織經營管理研修粹要》，台北市：洪建
　　全基金會。

江明修（民85），《台灣非營利組織之角色與困境》，國立政治大學非
　　營利組織研究室。

江明修主編（民88），《第三部門經營策略與社會參與》，台北市：智
　　勝文化。

江明修主編（民91），《非營利管理》，台北市：智勝文化。

江亮演（民90），〈日本志願服務的現狀與特色〉，《社區發展季
　　刊》，第93期。

江雪齡（民81），〈義工的辨識、招攬、訓練與保持〉，《成人教
　　育》，第9期。

何慧卿（民99），《志願服務與管理》，台北市：華都文化。

吳美慧、吳春勇、吳信賢（民84），《義工制度的理論與實施》，台北
　　市：心理出版社。

李良哲（民89），《非營利組織志願工作者離職相關因素之探討研究
　　——以救國團義務張老師為例》，中國文化大學兒童福利研究所碩
　　士論文。

李明憲（民90），〈網際網路在志願服務上之運用與展望〉，《社區發
　　展季刊》，第93期。

李芳銘（民78），《志願工作者對督導認知及其滿意程度之研究》，東

海大學社會工作研究所碩士論文。

李建興、王秋絨（民73），《運用社會資源協助社區發展可行途徑之研究》，中華民國社區發展研究訓練中心。

李淑君譯（民89），《志工實務手冊》，台北市：張老師文化。

李鍾元（民82），《建立文化機構義工制度的研究》，行政院文化建設委員會。

周海娟（民90），〈紐西蘭志願服務的發展與特色〉，《社區發展季刊》，第93期。

林宛瑩（民84），《文化中心義工組織承諾及相關因素探討之研究》，師範大學社會教育研究所碩士論文。

林東泰、林勝義（民86），《青年對志願服務之看法民意調查報告》，行政院青年輔導委員會。

林春助（民82），《台灣地區民間機構參與社會福利服務之研究》，國立中興大學公共政策研究所碩士論文。

林昭文（民81），《散為萬殊、集為一體——推展志願服務的策略與措施》，中華民國社區發展研究訓練中心。

林昭文（民82），〈志願服務人員的發掘與號召〉，《社區發展季刊》，第62期。

林美珠（民83），《家庭主婦持續參與志願服務對家庭之影響》，東海大學社會工作研究所碩士論文。

林勝義（民75），《激勵理論在社會福利行政上之應用——兩因素工作滿足理論調查研究》，台北市：楓城。

林勝義（民79），《建立社教機構義工制度之研究》，教育部社教司。

林勝義（民83），〈如何塑造志願服務文化〉，《社區發展季刊》，第63期。

林勝義（民83），〈志願服務與社會教育〉，《社區發展季刊》，第67期。

林勝義（民83），〈國內志願服務的整體規劃——全國性義工調查綜析〉，《社區發展季刊》，第65期。

林勝義（民85），〈如何塑造志願服務文化，健全志願服務制度〉，

《迎向二十一世紀志願服務會議實錄》，中華民國志願服務協會。

林勝義（民85），《志願服務倫理》，中華民國志願服務協會。

林勝義（民90），〈國內志願服務教育訓練之評鑑〉，《社區發展季刊》，第93期。

林勝義（民91），《社會資源及志願服務》，社會福利類志工特殊訓練教材，內政部、中華民國志願服務協會。

林勝義（民95），《志願服務與志工管理》，台北市：五南圖書。

林勝義、萬育維（民86），〈提升與持續——祥和計畫推展志願服務得獎縣市執行概況〉，《社區發展季刊》，第78期。

林萬億（民82），《現行公務機關志（義）工人力運用情形之探討》，行政院研究發展考核委員會。

林聯章（民91），《快樂志工就是我》，志願服務基礎訓練教材，內政部、中華民國志願服務協會。

施教裕（民90），〈各縣市志願服務業務評鑑之觀感〉，《社區發展季刊》，第93期。

施孋娟（民73），《志願服務人員工作動機與工作滿足之研究》，東海大學社會學研究所社會工作組碩士論文。

洪有義（民91），《自我瞭解及自我肯定》，志願服務基礎訓練教材，內政部、中華民國志願服務協會。

胡中鵬譯（民78），〈英國志願服務蓬勃發展的時期〉，《社會福利月刊》，第73期。

孫健忠（民77），〈民間參與社會福利的理念與方式〉，《社區發展季刊》，第42期。

秦燕（民77），《台中榮民總醫院志願服務工作之評估研究》，台中榮民總醫院社會工作室。

馬慧君（民85），《志願服務工作者參與類型之初探——以埔里五個團體的志工為例》，國立暨南國際大學社會政策與社會工作研究所碩士論文。

高瑞明、楊震東（民83），《高雄美術館義工行銷之研究》，高雄市志願服務協會。

張文貞（民83），《桃園市婦女的生活型態與參與體育場志工動機之研究》，國立體育學院體育研究所碩士論文。

張英陣（民84），〈青少年社區服務芻議〉，《社會福利季刊》，第119期。

張英陣（民86），〈激勵措施與志願服務的持續〉，《社區發展季刊》，第78期。

張英陣（民90），《志願服務運用單位之職責》，中華志願工作人員協會。

張英陣（民91），《志願服務法規之認識》，志願服務基礎訓練教材，內政部、中華民國志願服務協會。

張德聰（民91），《自我瞭解及自我肯定》，志願服務基礎訓練教材，內政部、中華民國志願服務協會。

梅高文（民83），〈公民意識與志願服務〉，《社區發展季刊》，第65期。

許釗娟（民82），《高雄市社會服務機構運用高齡志願服務人力之探討》，東海大學社會工作研究所碩士論文。

郭芳汝（民86），《志工選擇服務醫院之關鍵因素及其決策行為之探討》，國立東華大學企業管理研究所碩士論文。

郭靜晃（民90），〈香港志願服務現況與特色〉，《社區發展季刊》，第93期。

陳武宗（民72），〈台灣志願服務之發展現況與展望〉，《東海大學社會工作學刊》，第2期。

陳武宗（民85），〈如何激勵民眾參與，擴大志願服務範疇〉，《迎向二十一世紀志願服務會議實錄》，中華民國志願服務協會。

陳武雄（民72），《以色列的志願服務》，台北市政府社會局。

陳武雄（民76），《志願服務應有的認識與做法》，台北市志願服務協會。

陳武雄（民90），〈志願服務法之剖析〉，《社區發展季刊》，第93期。

陳武雄（民91），《志願服務倫理》，志願服務基礎訓練教材，中華民

國志願服務協會。

陳武雄（民92），《社會資源與志願服務》，社會福利類志工特殊訓練教材，內政部、中華民國志願服務協會。

陳金貴（民83），《美國非營利組織的人力資源管理》，台北市：聯興圖書。

陳金貴（民90），《志願服務工作的功能與推行》，中華民國老人學友協會、台北大學社會工作學系。

陳金貴（民91），《志願服務的內涵》，志願服務基礎訓練教材，內政部、中華民國志願服務協會。

陳金貴（民91），〈退休公務人員參與志願服務之探討〉，《人事月刊》，第34卷4期。

陳義珊（民77），《婦女志願工作者之研究》，東海大學社會工作研究所碩士論文。

陳靜芬（民79），《台北市民間組織參與社會福利之研究》，中國文化大學政治研究所碩士論文。

陸光（民83），〈我國志願服務推展之過去、現在及未來〉，《社區發展季刊》，第65期。

傅仲民（民80），〈志願服務在社會福利發展中的角色與功能〉，《復興崗學報》，第46期。

曾華源（民80），《督導志願工作者的原則與技巧》，台北市志願服務協會。

曾華源（民84），〈如何強化志願服務以促進社區發展〉，《全國社區發展會議特刊》，內政部社會司。

曾華源（民85），〈如何落實政策推展，研訂志願服務法規〉，《迎向二十一世紀志願服務會議實錄》，中華民國志願服務協會。

曾華源（民86），〈人群服務組織志願工作者人力運用規劃之研究〉，《社區發展季刊》，第78期。

曾華源（民90），〈對我國擴大參與志願服務途徑與設置志工中心之建議〉，《社區發展季刊》，第93期。

曾華源（民91），《志願服務發展趨勢》，志願服務基礎訓練教材，內

政部、中華民國志願服務協會。

曾華源、郭靜晃（民89），《地方志工中心可行性之研究》，行政院青年輔導委員會。

曾華源、郭靜晃（民89），〈志工人力資源的整合與開拓〉，《社區發展季刊》，第89期。

曾華源、曾騰光（民92），《志願服務概論》，台北市：揚智文化。

曾華源、鄭讚源、陳政智（民87），《志願服務工作發展趨勢——以祥和計畫志願服務之推廣為基礎》，內政部社會司。

曾騰光（民83），〈大學生對志願工作特質的認知和參與意願之研究〉，《東海學報》，第35期。

曾騰光（民85），《志願工作機構人力資源管理策略對志願工作者組織承諾影響之研究——以救國團為例》，台北市：張老師文化。

曾騰光（民90），〈我國志願服務潛在問題與應有的走向——兼論新通過之志願服務法〉，《社區發展季刊》，第93期。

黃明慧（民76），《志願服務機構組織環境與志願工作者工作滿足之研究》，東海大學社會工作研究所碩士論文。

黃春長（民73），《志願工作者機構認同和工作滿足之研究》，東海大學社會學研究所社會工作組碩士論文。

黃淑杏（民85），〈從高雄榮總志工隊的運作來談社會工作員督導志願服務之經驗〉，《社會福利季刊》，第124期。

黃淑霞（民78），《台北市兒童福利機構志願工作者持續服務意願相關因素之研究》，中國文化大學兒童福利研究所碩士論文。

黃源協（民90），〈祥和計畫經費補助與績優表揚之成效與檢討〉，《社區發展季刊》，第93期。

黃源協、許智玲（民86），〈福利服務民營化趨勢下的志願部門〉，《社區發展季刊》，第80期。

黃蒂（民77），《生命線志願工作人員工作價值與工作滿足之研究》，東海大學社會工作研究所碩士論文。

黃蒂（民89），《志願服務工作者工作滿足之研究》，台中榮民總醫院社會工作室。

楊孝濚（民85），〈老人人力資源之規劃與老人人力銀行〉，《社區發展季刊》，第74期。

楊淑玲（民85），《台北市義勇消防大隊義工制度之研究》，政治大學公共行政研究所碩士論文。

萬育維（民85），〈如何激勵民眾參與，擴大志願服務範疇〉，《迎向二十一世紀志願服務會議實錄》，中華民國志願服務協會。

萬育維（民85），《志願服務與社會需求》，中華民國志願服務協會。

萬育維（民86），〈從資源整合和依存的觀點論祥和計畫的未來〉，《社區發展季刊》，第78期。

葉肅科（民83），〈挪威福利國家：政府與志願團體的關係〉，《社區發展季刊》，第65期。

葉肅科（民90），〈澳洲志願服務的發展與特色〉，《社區發展季刊》，第93期

劉小菁譯（民90），《助人工作者自助手冊──活力充沛的秘訣》，台北市：張老師文化。

劉弘煌（民85），〈老人志願工作之運用與社區發展〉，《社區發展季刊》，第74期。

劉宗馨（民78），《家庭主婦從事志願服務對自我概念的影響》，東海大學社會學研究所碩士論文。

劉明翠（民81），《志願服務人員組織承諾相關因素之研究》，東吳大學社會學研究所碩士論文。

劉香梅（民84），〈如何加強志願服務以促進社區發展〉，《全國社區發展會議特刊》，內政部社會司。

劉香梅（民85），〈如何落實政策發展，研訂志願服務法規〉，《迎向二十一世紀志願服務會議實錄》，中華民國志願服務協會。

劉香梅（民86），〈推展志願服務的困境與展望〉，《社區發展季刊》，第78期。

劉香梅（民89），〈如何使用志願服務組織來彌補政府之不足〉，《台灣志願服務的現況與發展研討會論文集》，慈濟醫學暨人文社會學院。

劉香梅（民90），〈志願服務的誘因與倫理〉，《落實志願服務法研討會議實錄》，中華志願工作人員協會。

劉香梅（民90），〈志願服務獎勵表揚之我見〉，《社區發展季刊》，第93期。

劉香梅（民91），《快樂志工就是我》，志願服務基礎訓練教材，內政部、中華民國志願服務協會。

潘中道（民86），〈志願服務人力的組織運作〉，《社區發展季刊》，第78期。

蔡宜津、鄭純宜、桂雅文譯（民89），《幫幫忙，義工管理求救指南》，台北市：五觀藝術管理。

蔡美華（民90），〈韓國青少年志願服務之現況與特色〉，《社區發展季刊》，第93期。

蔡崇振（民84），《推展老人參與社會服務之策略》，台灣省社區發展研究學會。

蔡漢賢主編（民69），《志願服務的理論與實務》，中華民國社區發展研究訓練中心。

蔡漢賢主編（民73），《志願服務工作手冊》，台北市政府社會局、台北市志願服務協會。

蔡漢賢主編（民75），《大學生志願服務論見選輯》，中華民國社區發展研究訓練中心。

蔡漢賢（民79），〈志願服務的涵義由來範疇與原則〉，《社會建設》，第74期。

蔡漢賢主編（民79），《志願服務論見彙編》，內政部社會司。

蔡漢賢（民81），《志願服務政策應有的內涵——建立服務倫理之我見》，中華民國社區發展研究訓練中心。

蔡漢賢主編（民90），《關心兒童的志願服務——及人之幼的再開拓》，中華社會行政學會。

鄭讚源（民85），〈如何整合民間資源，建立志願服務網絡〉，《迎向二十一世紀志願服務會議實錄》，中華民國志願服務協會。

蕭秀玲（民83），《志願人員對社區服務工作之認知及滿足感之研

究》，東吳大學社會學研究所碩士論文。

賴兩陽（民78），〈志願服務工作的社會教育功能〉，《社區發展季刊》，第47期。

賴兩陽（民91），《志願服務的內涵》，志願服務基礎訓練教材，內政部、中華民國志願服務協會。

賴樹立（民89），〈青年參與志願服務〉，《厚生雜誌》，第10期。

龍季萱（民86），〈從實務經驗談志工督導的任務與角色〉，《社會福利》，第33期。

謝文亮（民90），《志工教育訓練與工作投入關係之研究》，中山大學人力資源研究所碩士論文。

謝秀芬（民81），《實驗社區婦女參與志願服務之研究》，中華民國社區發展研究訓練中心。

簡秀昭（民86），《公部門志願服務工作者管理之研究》，政治大學公共行政研究所碩士論文。

魏希聖譯（民90），《志工招募實戰手冊》，台北市：張老師文化。

嚴幸文（民82），《醫院志願服務人員人格特質工作滿意度之研究》，東海大學社會工作研究所碩士論文。

蘇信如（民73），〈兩性的平等與人力的開發──談現代家庭主婦與志願服務〉，《社區發展季刊》，第28期。

蘇信如（民74），《志願服務組織運作之研究》，台灣大學社會研究所碩士論文。

英文部分

Barkman, S. J. (1990). Job Aids for Volunteers: Tools to Help Them Successfully Compete Their Jobs. *The Journal of Volunteer Administration, 8*(4), 15-18.

Billis, D. & Harris, M. (1869). *Voluntary Agencies: Challenges of Organization and Management*. London: Macmillan Press Ltd.

Billis, D. (1989). *A Theory of Voluntary Sector: Implications for Policy and*

Practice. London: London School of Economics.

Bohlander, G., Snell, S., & Sherman, A. (2001). *Managing Human Resources*. Ohio: South-Western College Publishing.

Chambre, S. M. (1993). Volunteerism by Elder: Past Treads and Future Prospects. *The Gerontologist, 33*, 221-228.

Curtis, K. M. & Fisher, J. C. (1989). Valuing Volunteers: A Naturalistic Approach. *The Journal of Volunteer Administration, 8*(1), 11-17.

Dunn, P. C. (1995). *Volunteer Management in Encyclopedia of Social Work* (19th).

John Wiley & Sons, Inc. (1995). *The Volunteer Management Handbook*.

Keaveney, S. M., Saltzman, M. & Sullivan, N. (1991). Volunteers as Customers: A Service Quality Perspective. *The Journal of Volunteer Administration, 10*(1), 21-30.

Kuhnle, S. & Selle, P. (1992). *Government and Voluntary Organizations: A Relational Perspective*. USA: Alvebury.

Lafrance, J. (1996). Social Work and Volunteers: A Case of Shifting Paradigms. *The Journal of Volunteer Administration, 15*(1), 2-8.

Lucas, C. P. (1996). Management is not Always the Right Word. *The Journal of Volunteer Administration, 9*(3), 25-31.

Mihalicz, D. W. & Goh, S. C. (1996). The Relationship between Volunteer Motivations and Behavior in Non-profit Organizations. *The Journal of Volunteer Administration*, 19-27.

Morris, R. & Caro, F. G. (1996). Productive Retirement: Stimulating Greater Volunteer Efforts to Meet National Needs. *The Journal of Volunteer Administration, 14*(2), 5-13.

Netting, F. E. (1987). Ethical Issues in Volunteer Management and Accountability. *Social Work, 32*(3), 250-252.

Newton, I. A. (1995). A Study of Attitudes and Perceptions of Volunteers in Nonprofit Organizations. *The Journal of Volunteer Administration, 13*(2), 1-8.

Rayn, C. (1990). Do We Volunteer? An Exploratory University Community Service Survey. *The Journal of Volunteer Administration, 13*(2).

Sauer, J. (1991). Volunteerism by Students at Risk. *The Journal of Volunteer Administration, 10*(1), 33-38.

Schmidt, S. (1993). Have You Ever Considered Alternative Ways to Build a Volunteer Project. *The Journal of Volunteer Administration*.

Stone, J. M. (1982). *How to Volunteer in Social Service Agencies*. Illinois: Charles C. Thomas Publisher.

Strake, K. (1991). Corporate Volunteers. *The Journal of Volunteer Administration*.

Unger, J. L. (1992). The Impact of a Restructuring on Volunteers. *The Journal of Volunteer Administration*.

附　錄

附錄一　志願服務法

1. 中華民國九十年一月二十日總統（90）華總一義字第9000011840號令制定公布全文25條；並自公布日起施行
2. 中華民國一百零二年六月十一日總統華總一義字第10200111631號令修正公布第5、18、20條條文；並增訂第5-1條條文

中華民國一百零二年七月十九日行政院院臺規字第1020141353號公告第4條第1項所列屬「內政部」之權責事項，自一百零二年七月二十三日起改由「衛生福利部」管轄
3. 中華民國一百零三年六月十八日總統華總一義字第10300093381號令修正公布第15條條文

第一章　總則

第一條　為整合社會人力資源，使願意投入志願服務工作之國民力量做最有效之運用，以發揚志願服務美德，促進社會各項建設及提升國民生活素質，特制定本法。

志願服務，依本法之規定。但其他法律另有規定者，從其規定。

第二條　本法之適用範圍為經主管機關或目的事業主管機關主辦或經其備查符合公眾利益之服務計畫。

前項所指之服務計畫不包括單純、偶發，基於家庭或友誼原因而執行之志願服務計畫。

第三條　本法之名詞定義如下：

一、志願服務：民眾出於自由意志，非基於個人義務或法律責任，秉誠心以知識、體能、勞力、經驗、技術、時間等貢獻社會，不以獲取報酬為目的，以提高公共事務效能及增進社會公益所為之各項輔助性服務。

二、志願服務者（以下簡稱志工）：對社會提出志願服務者。

三、志願服務運用單位：運用志工之機關、機構、學校、法人或經政府立案團體。

第二章　主管機關

第四條　本法所稱之主管機關，在中央為內政部；在直轄市為直轄市政府；在縣（市）為縣（市）政府。

本法所定事項，涉及各目的事業主管機關職掌者，由各目的事業主管機關辦理。

前二項各級主管機關及各目的事業主管機關主管志工之權利、義務、召募、教育訓練、獎勵表揚、福利、保障、宣導與申訴之規劃及辦理，其權責如下：

一、主管機關：主管從事社會福利服務、涉及二個以上目的事業主管機關之服務工作協調及其他綜合規劃事項。

二、目的事業主管機關：凡主管相關社會服務、教育、輔導、文化、科學、體育、消防救難、交通安全、環境保護、衛生保健、合作發展、經濟、研究、志工人力之開發、聯合活動之發展以及志願服務之提升等公眾利益工作之機關。

第五條　主管機關及各目的事業主管機關應置專責人員辦理志願服務相關事宜；其人數得由各主管機關及各目的事業主管機關視其實際業務需要定之。為整合規劃、研究、協調及開拓社會資源、創新社會服務項目相關事宜，每年至少應召開志願服務聯繫會報一次。

對志願服務運用單位，應加強聯繫輔導並給予必要之協助。

第五之一條　中央主管機關應至少每五年舉辦志願服務調查研究，並出版統計報告。

第三章　志願服務運用單位之職責

第六條　志願服務運用單位得自行或採聯合方式召募志工，召募時，應將志願服務計畫公告。

集體從事志願服務之公、民營事業團體，應與志願服務運用單位簽訂服務協議。

第七條　志願服務運用者應依志願服務計畫運用志願服務人員。

前項志願服務計畫應包括志願服務人員之召募、訓練、管理、運用、輔導、考核及其服務項目。

志願服務運用者應於運用前，檢具志願服務計畫及立案登記證書影本，送主管機關及該志願服務計畫目的事業主管機關備案，並應於運用結束後二個月內，將志願服務計畫辦理情形函報主管機關及該志願服務計畫目的事業主管機關備查；其運用期間在二年以上者，應於年度結束後二個月內，將辦理情形函報主管機關及志願服務計畫目的事業主管機關備查。

志願服務運用者為各級政府機關、機構、公立學校或志願服務運

用者之章程所載存立目的與志願服務計畫相符者，免於運用前申請備案。但應於年度結束後二個月內，將辦理情形函報主管機關及該志願服務計畫目的事業主管機關備查。

志願服務運用者未依前二項規定辦理備案或備查時，志願服務計畫目的事業主管機關應不予經費補助，並作為服務績效考核之參據。

第八條　主管機關及志願服務計畫目的事業主管機關受理前條志願服務計畫備案時，其志願服務計畫與本法或其他法令規定不符者，應即通知志願服務運用單位補正後，再行備案。

第九條　為提升志願服務工作品質，保障受服務者之權益，志願服務運用單位應對志工辦理下列教育訓練：

一、基礎訓練。

二、特殊訓練。

前項第一款訓練課程，由中央主管機關定之。第二款訓練課程，由各目的事業主管機關或各志願服務運用單位依其個別需求自行訂定。

第十條　志願服務運用單位應依照志工之工作內容與特點，確保志工在符合安全及衛生之適當環境下進行服務。

第十一條　志願服務運用單位應提供志工必要之資訊，並指定專人負責志願服務之督導。

第十二條　志願服務運用單位對其志工應發給志願服務證及服務紀錄冊。

前項志願服務證及服務紀錄冊之管理辦法，由中央主管機關定之。

第十三條　必須具專門執業證照之工作，應由具證照之志工為之。

第四章　志工之權利及義務

第十四條　志工應有以下之權利：

一、接受足以擔任所從事工作之教育訓練。

二、一視同仁，尊重其自由、尊嚴、隱私及信仰。

三、依據工作之性質與特點，確保在適當之安全與衛生條件下從事工作。

四、獲得從事服務之完整資訊。

五、參與所從事之志願服務計畫之擬定、設計、執行及評估。

第十五條　志工應有以下之義務：

一、遵守倫理守則之規定。

二、遵守志願服務運用單位訂定之規章。

三、參與志願服務運用單位所提供之教育訓練。

四、妥善使用志願服務證。

五、服務時，應尊重服務者之權利。

六、對因服務而取得或獲知之訊息，保守秘密。

七、拒絕向受服務者收取報酬。

八、妥善保管志願服務運用單位所提供之可利用資源。

前項所規定之倫理守則，由中央主管機關會商有關機關定之。

第五章　促進志願服務之措施

第十六條　志願服務運用單位應為志工辦理意外事故保險，必要時，並得補助交通、誤餐及特殊保險等經費。

第十七條　志願服務運用單位對於參與服務成績良好之志工，因升學、進修、就業或其他原因需志願服務績效證明者，得發給服務績效證明書。

前項服務績效之認證及證明書格式，由中央主管機關召集各目的事業主管機關及直轄市、縣（市）政府會商定之。

第十八條　各目的事業主管機關得視業務需要，將汰舊之器材及設備無償撥交相關志願服務運用單位使用。

第十九條　志願服務運用單位應定期考核志工個人及團隊之服務績效。

主管機關及目的事業主管機關得就前項服務績效特優者，選拔楷模獎勵之。

主管機關及目的事業主管機關應對推展志願服務之機關及志願服務運用單位，定期辦理志願服務評鑑。

主管機關及目的事業主管機關得對前項評鑑成績優良者，予以獎勵。

志願服務表現優良者，應給予獎勵，並得列入升學、就業之部分成績。

前項獎勵辦法，由各級主管機關及各目的事業主管機關分別定之。

第二十條　志工服務年資滿三年，服務時數達三百小時以上者，得檢具證明文件向地方主管機關申請核發志願服務榮譽卡。

志工進入收費之公立風景區、未編定座次之康樂場所及文教設施，憑志願服務榮譽卡得以免費。

依其他法律規定之民防、義勇警察、義勇交通警察、義勇消防、守望相助、山地義勇警察、災害防救團體及災害防救志願組織編組成員，自本法修正施行後，其服務年資滿三年，服務時數達三百小時以上者，準用第一項及第二項規定，予以半價優待。

第二十一條　從事志願服務工作績效優良並經認證之志工，得優先服相關兵役替代役；其辦法，由中央主管機關定之。

第六章　志願服務之法律責任

第二十二條　志工依志願服務運用單位之指示進行志願服務時，因故意或過失不法侵害他人權利者，由志願服務運用單位負損害賠償責任。

前項情形，志工有故意或重大過失時，賠償之志願服務運用單位對之有求償權。

第七章　經費

第二十三條　主管機關、志願服務計畫目的事業主管機關及志願服務運用單位，應編列預算或結合社會資源，辦理推動志願服務。

第八章　附則

第二十四條　志願服務運用單位派遣志工前往國外從事志願服務工作，其服務計畫經主管機關及目的事業主管機關備查者，適用本法之規定。

第二十五條　本法自公布日施行。

附錄二　志工基礎教育訓練課程

中華民國九十年四月二十四日內政部台(90)內中社字第9074750號

一、志願服務的內涵	二小時
二、志願服務倫理	二小時
三、自我瞭解及自我肯定	
快樂志工就是我	
以上二種課程二選一	二小時
四、志願服務經驗分享	二小時
五、志願服務法規之認識	二小時
六、志願服務發展趨勢	二小時

以上共計十二小時。

附錄三　志願服務證及服務紀錄冊管理辦法

中華民國九十年四月二十日內政部台(90)內中社字第9074777號

第一條　本辦法依志願服務法第十二條第二項規定訂定之。

第二條　志工完成教育訓練者，志願服務運用單位應發給志願服務證及服務紀錄冊（以下簡稱服務證及紀錄冊）。

第三條　服務證內容應包括志願服務標誌、志工姓名、照片、發給服務證之單位、編號等，並由志願服務運用單位製發及管理。
服務證作為志工服務識別之用，不作其他用途使用。

第四條　紀錄冊為志工服務之總登錄，其格式（如附件）由中央主管機關統一定之，並由中央目的事業主管機關印製。

第五條　志願服務運用單位應造具名冊，並檢具志工一吋半身照片二張，向地方目的事業主管機關申請發給紀錄冊，並轉發所屬志工。不屬地方目的事業主管機關之志願服務運用單位，向中央目的事業主管機關申請。
前項名冊應記載志工姓名、性別、出生年月日、國民身分證統一編號或護照號碼。

第六條　服務證及紀錄冊由志工使用及保管，不得轉借、冒用或不當使用；有轉借、冒用或不當使用情事者，志願服務運用單位應予糾正並註記，其服務紀錄不予採計。

第七條　志工轉換志願服務運用單位時，紀錄冊應繼續使用。

第八條　紀錄冊有損壞或遺失情事者，志工得請求志願服務運用單位依第五條規定申請發給紀錄冊。

第九條　紀錄冊之登錄，由志願服務運用單位指定人員辦理，並應注意下列規定：
一、記載服務項目應依實際狀況填寫，服務內容應詳予填列。
二、服務時數指實際提供服務之時數，不含往返時間。
三、加蓋登錄人名章。

第十條　志願服務運用單位對不適任之志工，得收回服務證，並註銷證號。

第十一條　志願服務運用單位應建立志工之個人服務檔案，以建立完整服務資訊。

第十二條　目的事業主管機關得隨時抽檢服務證及紀錄冊之使用情形。

第十三條　本辦法自發布日施行。

志願服務紀錄冊格式

封面

← ———— 14公分 ———— →

志願服務
紀　錄　冊

9公分

姓　　名：＿＿＿＿＿＿＿＿＿＿＿＿
國民身分證統一編號：＿＿＿＿＿＿＿
編　　號：＿＿＿＿＿＿＿＿＿＿＿＿
發給單位：＿＿＿＿＿＿＿＿＿＿＿＿

封背

志願服務紀錄冊

紀錄冊之登錄，由志願服務運用單位指定人員辦理，並應注意下列規定：

一、記載服務項目應依實際狀況填寫，服務內容應詳予填列。

二、服務時數指實際提供服務之時數，不含往返時間。

三、加蓋登錄人名章。

內頁（第一部分　服務情形）

	服務項目	服務內容	服務日期	服務時數	服務運用單位	登錄人簽章
服務						

內頁（第二部分　訓練情形）

	訓練課程	訓練時數	訓練日期	訓練單位蓋章
訓練				

內頁（第三部分　表揚獎勵情形）

	表揚單位	獎　別	受獎日期	具體事蹟	認證章
表揚獎勵					

內頁（第四部分　其他）

其他登錄事項	

志工倫理守則

一、我願誠心奉獻，持之以恆，不無疾而終。

二、我願付出所餘，助人不足，不貪求名利。

三、我願專心服務，實事求是，不享受特權。

四、我願客觀超然，堅守立場，不感情用事。

五、我願耐心建言，尊重意見，不越俎代庖。

六、我願學習成長，汲取新知，不故步自封。

七、我願忠心職守，認真負責，不敷衍應付。

八、我願配合志願服務運用單位，遵守規則，不喧賓奪主。

九、我願熱心待人，調和關係，不惹事生非。

十、我願肯定自我，實現理想，不好高騖遠。

十一、我願尊重他人，維護隱私，不輕諾失信。

十二、我願珍惜資源，拒謀私利，不牽涉政治、宗教、商業行為。

附錄四　志工倫理守則

中華民國九十年四月二十四日內政部台(90)內中社字第9074750號

一、我願誠心奉獻，持之以恆，不無疾而終。

二、我願付出所餘，助人不足，不貪求名利。

三、我願專心服務，實事求是，不享受特權。

四、我願客觀超然，堅守立場，不感情用事。

五、我願耐心建言，尊重意見，不越俎代庖。

六、我願學習成長，汲取新知，不故步自封。

七、我願忠心職守，認真負責，不敷衍應付。

八、我願配合志願服務運用單位，遵守規則，不喧賓奪主。

九、我願熱心待人，調和關係，不惹事生非。

十、我願肯定自我，實踐理想，不好高騖遠。

十一、我願尊重他人，維護隱私，不輕諾失信。

十二、我願珍惜資源，拒謀私利，不牽涉政治、宗教、商業行為。

附錄五　志工服務績效認證及志願服務績效證明書發給作業規定

中華民國九十年四月二十四日內政部台(90)內中社字第9074750號

一、本規定依志願服務法第十七條第二項規定訂定之。

二、志工服務年資滿一年，服務時數達一百五十小時以上者，得向志願服務運用單位申請認證服務績效及發給志願服務績效證明書。

三、志工因升學、進修、就業或其他原因需志願服務績效證明者，應檢附志願服務紀錄冊及相關證明文件向志願服務運用單位提出申請。

四、志願服務運用單位受理第三點申請後，經業務相關承辦人、志工督導及負責人覈實審查後，於七日內發給志願服務績效證明書（格式如附件）。

五、志工申請志願服務績效證明書時，志願服務運用單位裁併、解散或結束業務者，得向承接其業務者或目的事業主管機關申請發給。

六、志工持志願服務績效證明書申請升學、就業、服相關兵役替代役或其他目的者，應依相關目的事業主管機關法令規定辦理。

附件

志願服務績效證明書	
項目	內容
志工基本資料	姓名： 住（居）所地址： 出生年月日： 國民身分證統一編號： （或護照號碼）
服務績效	一、服務起迄時間： 二、服務項目及時數： 三、服務內容： 四、特殊績效：
志願服務運用單位	一、名稱：　　　　　　　　負責人（簽章）： 二、評語：　　　　　　　　志工督導（簽章）： 　　　　　　　　　　　　　承辦人（簽章）：
發證單位： 中　華　民　國　　　　　　年　　　　　　月　　　　　　日	

附錄六　志願服務獎勵辦法

1.中華民國九十年六月二十一日內政部台(90)內中社字第9074669號
2.中華民國一百零三年六月十一日衛生福利部衛部救字第1031361139號

第一條　本辦法依志願服務法第十九條第六項規定訂定之。

第二條　本辦法獎勵之志工為從事志願服務工作，服務時數三千小時以
　　　　上，持有志願服務績效證明書者。

第三條　志工符合前條規定，得填具申請獎勵事蹟表（如附表一），檢同
　　　　相關證明文件，於每年六月底前送志願服務運用單位，志願服務
　　　　運用單位於七月底前送地方目的事業主管機關辦理。不屬地方目
　　　　的事業主管機關之志願服務運用單位，報由中央目的事業主管機
　　　　關審查並造冊，送中央主管機關辦理。

　　　　目的事業主管機關受理前項申請後應審查並造冊（如附表二），
　　　　於八月底前送中央主管機關辦理。

　　　　志願服務運用單位為中央主管機關或所屬之機關、機構、學校
　　　　者，應逕予審查並造冊，於八月底前送中央主管機關彙辦。

第四條　本辦法之獎勵，由本部每年辦理一次。

第五條　本辦法之獎勵等次如下：

　　　　一、服務時數三千小時以上者，頒授志願服務績優銅牌獎及得獎
　　　　　　證書。

　　　　二、服務時數五千小時以上者，頒授志願服務績優銀牌獎及得獎
　　　　　　證書。

　　　　三、服務時數八千小時以上者，頒授志願服務績優金牌獎及得獎
　　　　　　證書。

　　　　前項獎勵以公開儀式行之。

第六條　本辦法同等次獎牌及得獎證書之頒授，以每人一次為限。

第七條　志願服務表現優良者，申請列入升學、就業之部分成績，應依相
　　　　關目的事業主管機關規定辦理。

第八條　本辦法自發布日施行。

附表一

志願服務申請獎勵事蹟表

審查機關意見	志願服務運用單位意見	重要事蹟	申請人（簽名蓋章）
首長核章	負責人核章	1.服務時數　　時 2.主要績效（詳附服務績效證明書）	申請日期：　出生年月日： 基本資料 性別： 國民身分證統一編號（或護照號碼）： 住（居）所地址： 聯絡電話：

附表二 志願服務申請獎勵名單

申請服務等次數			
服務時數			
姓名			
性別			
出生年月日			
國民身分證統一編號（或護照號碼）			
住（居）所地址			
電話			
志願服務運用單位			
審查機關			

附錄七　志工申請志願服務榮譽卡作業規定

中華民國九十年四月二十四日內政部台(90)內中社字第9074750號

一、為辦理志工申請志願服務榮譽卡，特訂定本規定。

二、志工服務年資滿三年，服務時數達三百小時以上者，得檢具一吋半身照片二張、服務紀錄冊影本及相關證明文件向地方主管機關申請志願服務榮譽卡。

三、志願服務榮譽卡使用期限為三年，期限屆滿後，志工得檢具第二點相關文件重新申請。

志工依前項重新規定申請志願服務榮譽卡，其服務年資及服務時數不得重複計算。

四、志願服務榮譽卡格式如附件，由地方主管機關印製發用。

志願服務榮譽卡格式

正面

← 9公分 →

6公分

志願服務榮譽卡

姓　　名：
有效期限：
編　　號：
發給單位：

背面

注意事項：
一、志工服務年資滿三年，服務時數達三百小時以上者，得檢具一吋半身照片二張、服務紀錄冊影本及相關證明文件向地方主管機關申請志願服務榮譽卡。
二、志願服務榮譽卡使用期限為三年，期限屆滿後，志工得檢具前開相關文件重新申請。
志工依前項重新規定申請志願服務榮譽卡，其服務年資及服務時數不得重複計算。
持卡人出生年月日：
國民身分證統一編號（或護照號碼）：

附錄八　役男申請服替代役辦法部分條文

1.中華民國八十九年四月二十六日內政部（89）台內役字第8981198號令訂定
　發布全文25條；本辦法自替代役實施條例施行之日起施行
2.中華民國九十年八月十日內政部（90）台內役字第9079367號令修正發布第
　1、2、4、5、6、7條條文
3.中華民國九十二年三月二十一日內政部台內役字第0920080217號令修正發布
　全文25條；並自發布日施行
4.中華民國一百零一年四月二十四日內政部台內役字第1010830187號令修正發
　布第11～14條條文
5.中華民國一百零二年七月十七日內政部台內役字第1020831379號令修正發布
　第11條條文

第一條　本辦法依替代役實施條例（以下簡稱本條例）第五條第五項及志
　　　　願服務法第二十一條規定訂定之。
第二條　役男經徵兵檢查為常備役體位者，得申請服替代役。但有下列情
　　　　形之一者，不得申請：
　　　　一、有緩徵、申請改判體位或延期徵集等事故者。
　　　　二、大專程度以上役男具預備軍、士官資格者。
　　　　前項第一款緩徵事故於申請之年緩徵原因消滅者，或具前項第二
　　　　款資格，於申請時切結俟核准服替代役後即放棄預備軍、士官資
　　　　格者，不受前項不得申請之限制。
　　　　第一項申請服替代役役男，如因犯罪於法院審理中或經判決有罪
　　　　確定，經替代役審議委員會審議通過者，主管機關得不予許可其
　　　　申請服替代役或限制其所服替代役類（役）別。但少年犯罪、過
　　　　失犯或受緩刑之宣告而未經撤銷者，不在此限。
第四條　役男申請服替代役之資格及甄試順序如下：
　　　　一、宗教、家庭因素：役男因宗教信仰理由合於第五條規定，或
　　　　　　因家庭狀況合於第十一條規定而申請者。
　　　　二、專長資格：
　　　　　　(一)取得國家考試及格合於本條例第四條第一項類別專長證照
　　　　　　　　者。
　　　　　　(二)取得中央目的事業主管機關核給合於本條例第四條第一項

類別專長證照者。

　　(三)具備經主管機關會同需用機關指定之相關學歷、經歷及專
　　　業訓練者。

三、志工資格：從事志願服務相關項目工作滿一年且服務時數達
　　一百五十小時以上，具有志願服務績效證明書之役男，得優
　　先服該相關類別替代役。

四、一般資格：役男不具前三款所列資格而申請者。

　　前項第一款至第三款申請之役男，如經甄審未入選或條件不
　　合時，得依其志願備選一般資格之甄選。

附錄九　行政院暨所屬各機關實施志願服務要點

1. 中華民國85年3月20日行政院（85）臺人政力字第08773號函訂定發布全文十七點
2. 中華民國91年6月20日行政院院授人力字第0910023375號函修正發布名稱及全文（原名稱：行政院暨所屬各機關實施志願服務要點）
3. 中華民國94年5月31日行政院院授人力字第0940062284號函修正發布第四點
4. 中華民國101年3月5日行政院院授人法字第1010027206號函修正發布第4點，並溯自101年2月6日生效

一、行政院（以下簡稱本院）為貫徹志願服務法之施行，有效運用社會人力資源參與公共事務，以提升服務品質及行政效能，特訂定本要點。
　　本要點之適用範圍為本院及所屬各機關、機構、學校（以下簡稱各機關）。

二、本要點所稱公教志工（以下簡稱志工），係指經機關自行遴選，不占機關職缺，不以獲取報酬為目的，秉持誠心以知識、體能、勞力、經驗、技術、時間等，志願協助機關辦理指定工作者。

三、志願服務以辦理下列業務之機關為推動重點：
　　(一)社會服務。
　　(二)勞工福利。
　　(三)衛生保健。
　　(四)教育文化。
　　(五)交通安全。
　　(六)環境保護。
　　(七)生態保育。
　　(八)觀光旅遊。
　　(九)經濟發展。
　　(十)科學研究。
　　(十一)消防救難。
　　(十二)體育發展。
　　(十三)海外服務。
　　(十四)法務服務。
　　(十五)其他適合運用志工之業務。

四、志工之遴選資格及工作內容,由各機關視其業務性質自行訂定。

各機關應於每年二月底前,將推動志願服務成果陳報各主管機關彙整後,函送本院人事行政總處報本院備查。

五、各機關為掌握進用志工時效,得採下列方式召募之:

(一)運用媒體公開召募。

(二)定期編印志願服務簡訊。

(三)協洽地區志願服務協會,建立志工人力供需管道,受理各機關、團體之求才登記,及有志參與志願服務之社會熱心人士登記,將資料建檔,並作媒合、轉介工作。

(四)其他適當方法。

六、為加強推動退休公教人員從事志願服務,得採下列方式召募之:

(一)各機關應主動調查屆齡或自願退休公教人員擔任志工之意願,並蒐集需用志工機關之工作需求,建立資料提供資訊交換。

(二)各機關應將依前款建立之資料,送該地區退休公教人員協會予以轉介,或送請需用志工機關參考遴用。

(二)各直轄市政府及縣(市)政府應積極輔導退休公教人員協會建立退休公教人員人事資料,形成退休人員人力銀行,強化其媒合、轉介之功能。

七、各機關應依志工所擔任工作性質,施予必要之訓練或講習,並確保志工在適當之工作環境及設備下進行服務。

八、各機關對於志工之出勤情形及工作分配,應善盡管理督導之責,並輔導志工自我管理,促進志工與機關員工協調合作。

九、各機關應定期考核志工服務情形,對服務績優之志工,應予以適當獎勵;服務情形欠佳或有不適任之情事者,應停止其服務工作。

本院得對各機關定期辦理志願服務考評。

十、為保障志工之工作安全,各機關應為志工辦理意外事故保險,必要時,並得補助特殊保險費。

為激勵志工參與志願服務,各機關得視經費情形,擇採下列鼓勵措施:

(一)視工作需要製發服裝、徽章。

(二)酌予補助交通費、誤餐費。

(三)志工服務期間遇有婚喪喜慶,以適當方式致意。

(四)其他適當方式。

十一、辦理第三點各款所列業務之機關,應積極加強運用志工措施,以節約機關用人需求。

十二、各機關辦理本要點規定事項所需經費，應編列年度預算支應。

十三、爲擴大志願服務成果，各機關應鼓勵所屬人員積極從事志願服務工作。

十四、爲緊急因應社會重大災害之救助，各機關應籌組志願服務團隊，以即時投入災後之關懷及服務工作。

十五、各地方機關得比照本要點規定辦理。

附錄十　衛生福利志願服務獎勵辦法

1. 中華民國九十年十二月十一日行政院衛生署（90）衛署企字第0900074415號
令訂定發布全文10條；並自發布日施行
2. 中華民國九十一年十二月四日行政院衛生署衛署企字第0910078061號令修正
發布第7、8條條文；並刪除第2條條文
3. 中華民國九十四年五月二十六日行政院衛生署衛署企字第 0940700527號令修
正發布全文9條；並自發布日施行中華民國一百零二年七月十九日行政院院
臺規字第1020141353號公告第6條第3項、第4項、第5項、第7條、第8條第2
項所列屬「行政院衛生署」之權責事項，自一百零二年七月二十三日起，改
由衛生福利部管轄
4. 中華民國一百零三年四月二十三日衛生福利部衛部救字第1031360651號令修正
發布名稱及全文11條；並自發布日施行（原名稱：衛生保健志願服務獎勵辦法）

第一條　本辦法依志願服務法第十九條第六項規定訂定之。

第二條　本辦法獎勵之志工爲從事衛生保健、社會福利或其他有關衛生福
利業務之志願服務工作者。

第三條　本辦法所稱優良事蹟，指下列情形之一：
一、勤勉負責，積極參與，有具體績效者。
二、奉獻愛心，熱心公益，有傑出貢獻者。
三、分享專業，創新服務，有特殊表現者。

第四條　衛生福利部（以下簡稱本部）每年辦理志工之獎勵等次及基準如
下：
一、服務時數滿一千五百小時者，頒授志願服務銅質徽章及得獎
證書。
二、服務時數滿二千小時者，頒授志願服務銀質徽章及得獎證
書。
三、服務時數滿二千五百小時者，頒授志願服務金質徽章及得獎
證書。
前項獎勵同等次徽章及得獎證書之頒授，以每人一次，每次以一
種獎勵等次爲限。

第五條　志工符合前條規定，得填具申請獎勵事蹟表（如附表一），檢同
相關證明文件，於每年二月底前送志願服務運用單位，志願服務
運用單位於三月底前送地方目的事業主管機關辦理。

441

地方目的事業主管機關受理前項申請後，應審查並造冊（如附表二），於四月底前送本部辦理。

志願服務運用單位為本部或所屬機關者（不含本部所屬醫療及社會福利機構），應逐予審查並造冊，於四月底前送本部彙辦。

第六條　本部每三年辦理之獎勵如下：

一、特殊貢獻獎：對從事危險性、困難度較高或特殊性質之志願服務工作、或於山地離島、偏遠地區及重大災害地區提供衛生保健、社會福利志願服務，持有志願服務績效證明書，並具優良事蹟之志工，得視需要頒給，不受服務年資及時數之限制。

二、績優志工團隊獎：經成立滿三年之志工團隊，志工人數達二十人以上，運作良好並實際持續推展衛生保健、社會福利志願服務，就團隊精神整體表現及服務績效等綜合評鑑成績優良者，頒給績優志工團隊獎。

曾獲頒本辦法獎勵之志工或志工團隊，應於間隔五年後，始具備再予推薦之資格。

第七條　本部之獎勵應以公開儀式頒給獎章（座）及得獎證書，並得併以其他獎勵方式為之。

第八條　衛生保健、社會福利志願服務運用單位（以下簡稱運用單位），得就其所轄志工隊符合第六條規定者辦理推薦作業，填具推薦書表，檢同相關證明文件於公告規定期間內送所在地直轄市、縣（市）衛生局、社會局（處）辦理。

衛生局、社會局（處）得就該直轄市、縣（市）運用單位（含本部所屬醫療及社會福利機構）具符合資格之志工團隊，進行初審並造冊，於公告規定期間內連同推薦書表、各推薦團隊按評選項目研提之書面報告送本部辦理。

運用單位為本部或所屬機關者（不含本部所屬醫療及社會福利機構），應於公告規定期間內審查造冊並檢具書表與相關資料，逐向本部辦理志工及志工團隊推薦作業。

第九條　依前條推薦之志工及志工團隊，由本部組成複審小組，敦聘學者專家五人至七人進行複審；各獎項名額由本部公告之。

第十條　中華民國一百零二年七月二十三日前已領有內政業務獎勵者，不得重複領取第四條之獎勵；其服務時數，得合併採計。

第十一條　本辦法自發布日施行。

附表一

衛生福利志願服務申請獎勵事蹟表

申請日期：

申請人（簽名蓋章）		
基本資料	中文姓名： 英文姓名：	性別： 國民身分證統一編號（或護照號碼）： 住（居）所地址： 聯絡電話： 出生年月日：
重要事蹟	1.服務時數　　時 2.主要績效（詳附服務績效證明書）	
志願服務運用單位意見		負責人核章
審查機關意見		首長核章

附表二

衛生福利志願服務申請獎勵名冊（金質）

編號	申請獎次	服務時數	中文姓名	英文姓名	性別	出生年月日	身分證統一編號（或護照號碼）	住（居）所地址	電話	志願服務運用單位	審查機關	備註

附註：「英文姓名」建議應與其所持護照或英文畢業證書上所載名字拼音相同，以利日後出國就學或就業使用。無護照或英文畢業證書者，請逕依中英拼音翻譯。

附表二

衛生福利志願服務申請獎勵名冊（銀質）

編號	申請等次	服務時數	中文姓名	英文姓名	性別	出生年月日	身分證統一編號（或護照號碼）	住（居）所地址	電話	志願服務運用單位	審查機關	備註

附註：「英文姓名」建議應與其所持護照或英文畢業證書上所載名字拼音相同，以利日後出國就學或就業使用。無護照或英文畢業證書者，請逕依中英拼音翻譯。

附表二

衛生福利志願服務申請獎勵名冊（銅質）

編號	申請等次	服務時數	中文姓名	英文姓名	性別	出生年月日	身分證統一編號（或護照號碼）	住（居）所地址	電話	志願服務運用單位	審查機關	備註

附註：「英文姓名」建議應與其所持護照或英文畢業證書上所載名字拼音相同，以利日後出國就學或就業使用。無護照或英文畢業證書者，請逕依中英拼音翻譯。

附錄十一　廣結志工拓展社會福利工作──祥和計畫

84.6.28台(84)內社字第8477421號函頒
89.7.11台(89)內中社字第8984634號第一次函頒修正
90.12.14台(90)內中社字第9073194號第二次函頒修正

一、目的：為激勵社會大眾秉持施比受更有福，予比取更快樂的理念，發揮助人最樂，服務最榮的精神；擁抱志工情，展現天使心，胸懷燃燒自己、照亮別人之德操，踴躍投入志願服務行列，積極散播志願服務種子，共同為協助拓展社會福利工作及增進社會祥和而奉獻心力。

二、召募對象：願運用餘暇參與志願服務之社會大眾，確具服務熱忱與興趣者，即可參加志願服務隊。志願服務運用單位召募志工之方式及志工資格依志願服務法規及各單位規定辦理。

三、任務編組及組織聯繫

(一)志願服務隊：志願服務運用單位為推展本計畫之服務項目得召募志工二十人以上組成志願服務隊，每隊設隊長一人、副隊長一人至三人。各隊成立後，應將隊長、副隊長名單及隊員人數函報當地直轄市或縣（市）主管機關備查。

(二)主管機關得召開志願服務會報以整合規劃、研究、協調及開拓社會資源、創新社會服務項目等事宜。

(三)志願服務隊得依工作需要設置下列各組，負責辦理各項有關事宜：

1.組訓組：負責志工之召募訓練、組織編組及資料管理等有關事宜。

2.輔導組：負責志工之任務分配、輔導考核及團康聯誼等有關事宜。

3.行政組：負責志願服務隊之文書、庶務、會計及出納等有關事宜。

四、教育訓練

(一)基礎訓練：以結合志工新秀、灌輸志願服務理念為主；由志願服務運用單位安排所屬新進志工參加；訓練期滿，發給結業證明書。

課程內容包括：

1.志願服務的內涵　　　　　二小時

2.志願服務倫理　　　　　　二小時

3.(1)自我瞭解及自我肯定

　(2)快樂志工就是我

    以上二種課程二選一   二小時
  4.志願服務經驗分享   二小時
  5.志願服務法規之認識   二小時
  6.志願服務發展趨勢   二小時
  以上共計十二小時。

(二)特殊訓練：以強化志工專業知能，熟悉工作環境為主；由志願服務運用單位安排曾經接受基礎訓練之志工參加；訓練期滿後，發給結業證明書。

  課程內容包括：

  1.社會福利概述   二小時
  2.社會資源及志願服務   二小時
  3.(1)人際關係
   (2)說話藝術
   (3)團康活動
    以上課程三選一   二小時
  4.志願服務運用單位業務簡介 二小時
  5.志願服務工作內容說明及實習 二小時
  6.綜合討論——集思廣益論方法 二小時

  以上共計十二小時，志願服務工作內容說明及實習時數，得由志願服務運用單位依實際需要延長之。成績優良者，發給結業證明書。

(三)成長訓練：以結合資深志工，精進志工知能為主；參與志願服務一年以上，且曾參加基礎訓練、特殊訓練，並持有結業證明書者，由志願服務運用單位推薦參加；訓練期滿後，經考評及格，發給結業證明書。

  課程內容包括：

  1.志願服務的方法及技巧   二小時
  2.社會資源的結合及運用   二小時
  3.志工團隊的統合及協調   二小時
  4.志工團體的運作及成長   二小時
  5.雙向溝通   二小時
  6.活動及方案設計   二小時
  7.團康技巧   二小時
  8.溝通技巧   二小時

9.綜合討論——縝密思考研方案　二小時
　　以上共計十八小時。
(四)領導訓練：以培訓志工幹部為主；參與志願服務三年以上，且曾參
　　加成長訓練，並持有結業證明書者，由志願服務運用單位推薦參
　　加；訓練期滿後，經考評及格，發給結業證明書。
　　課程內容包括：
　　1.領導志工的原則及技巧　　二小時
　　2.志工及志工督導之心理調適　二小時
　　3.非營利組織概述　　　　　二小時
　　4.志願服務及社會需求　　　二小時
　　5.民主素養及志工團體　　　二小時
　　6.如何塑造志願服務文化　　二小時
　　7.領導藝術　　　　　　　　二小時
　　8.即席演講　　　　　　　　二小時
　　9.綜合討論——精益求精創新猷　二小時
　　　以上共計十八小時。
　　前項各款教育訓練之結業證書格式如附件一。
五、服務項目
(一)身心殘障福利服務：協助社政機關及身心障礙福利機構或團體推展
　　身心障礙福利有關服務事宜。
(二)老人福利服務：協助社政機關及老人福利機構或團體推展老人福利
　　有關服務事宜。
(三)婦女福利服務：協助社政機關及婦女福利機構或團體推展婦女福利
　　有關服務事宜。
(四)少年福利服務：協助社政機關及少年福利機構或團體推展少年福利
　　有關服務事宜。
(五)兒童福利服務：協助社政機關及兒童福利機構或團體推展兒童福利
　　有關服務事宜。
(六)諮商輔導服務：協助社政機關及諮商輔導機構或團體推展諮商輔導
　　有關服務事宜。
(七)家庭福利服務：協助社政機關及家庭福利機構或團體推展家庭福利
　　有關服務事宜。
(八)社區福利服務：協助社政機關及社區福利機構或團體推展社區福利
　　有關服務事宜。

(九)綜合福利服務：協助社政機關及社會福利機構或團體提供資料整理、建檔、列管或資訊服務有關事宜。

六、實施方式

(一)頒授志願服務隊隊旗：志願服務隊隊旗由各直轄市、縣（市）主管機關分別頒授（負六號旗），並按各志願服務隊成立之先後順序分別編隊，各隊之運用單位名稱得置於隊旗上（格式如附件二），藉以顯現團隊精神，凝塑團隊意識。各隊隊旗之顏色由頒授單位自行訂定。

(二)製發志願服務證：志願服務運用單位應依志願服務證及服務紀錄冊管理辦法製發志願服務證，藉以識別，並示榮譽，俾以提升服務品質。

(三)發給志願服務紀錄冊：志願服務運用單位應依內政部訂定之志願服務證及服務紀錄冊管理辦法規定向目的事業主管機關申請發給志願服務紀錄冊，用以考核服務績效，並憑作獎勵表揚之參據。

(四)製發志工服務背心：志願服務運用單位得製作志工服務背心，藉以突顯服務標誌，廣收服務效果。

(五)頒發志願服務隊幹部聘書：志願服務隊隊長、副隊長，由直轄市、縣（市）主管機關頒發聘書，藉以激勵助人最樂，服務最榮之士氣。

(六)訂定志願服務週：每年十二月第一週配合國際志願服務日定為志願服務週，擴大舉辦各項宣導活動，俾使志願服務蔚為風氣。

七、獎勵

(一)個人獎勵

1.參與志願服務一千五百小時以上之志工，得依內政業務志願服務獎勵辦法申請獎勵。

2.參與志願服務三千小時以上之志工，得依志願服務獎勵辦法申請獎勵。

3.舉辦志願服務楷模選拔及表揚：積極參與志願服務之志工或協助推展志願服務之熱心人士，得由各志願服務隊所屬單位推薦，參加志願服務楷模之選拔活動，其實施計畫另定之。

(二)團體獎勵：積極推動志願服務工作著有績效之志願服務隊，經評鑑成績優良者，得由內政部予以獎勵，並公開表揚，其評鑑計畫另定之。

(三)直轄市、縣（市）主管機關獎勵：積極推動志願服務工作著有績效之志願服務隊，經評鑑成績優良者，得由內政部予以獎勵，並公開表揚，其評鑑計畫另定之。

附件一　志願服務教育訓練結業證明書樣式

正面（A4大小）：

課　目	時數	授課講座

（左側直書）志願服務教育訓練結業證明書

21公分　　29.7公分

反面（直書，由右至左）：

結業證明書　　第　　號

出生於民國○○年○月○日至

舉辦之志願服務教育訓練第○○○○

志工人員○○○○參加民國○○年○月○日至○○○○期

結業並經考評及格

此證

承辦單位：
負責人：

中華民國　　年　　月　　日

說明：1.志願服務教育訓練結業證書大小（長29.7公分；寬21公分）
　　　2.「○○○○」請填寫「基礎訓練、特殊訓練、成長訓練或或
　　　　領導訓練」
　　　3.「○○○○……」請填寫「承辦單位名稱」
　　　4.承辦單位關防或印信

附件二 志願服務隊隊旗樣式

祥和計畫—志願服務
○○○○○○○○○

○○○第○○隊

說明：

1. 上圖○○○○○○○○應書寫服務隊全名，例如：內政部北區老人之家志願服務隊；雲林縣老人福利保護協會志工隊。

2. 下欄○○○第○○隊應書寫某某縣（市）第○隊，例如：台北市第五隊；高雄縣第三隊。

3. 旗子大小採貳六號旗。

附錄十二　廣結志工參與緊急救護工作——鳳凰計畫

中華民國八十八年九月二十一日八十八消署護字第88G0131號

一、目的：為激勵社會大眾秉持「以服務充實人生，用關懷增進溫情」的
　　理念，發揮「助人最樂，服務最榮」的精神，進而擁抱「鳳凰情」，
　　展現「天使心」，踴躍投入志工行列，積極散播服務種子，共同為協
　　助緊急救護工作及增進社會安祥而奉獻心力。

二、召募對象：凡願提供餘時參與救護工作之社會大眾，確具助人熱忱與
　　服務志趣者，均歡迎踴躍參加。

三、任務編組

　　(一)鳳凰志工分隊：凡認同並響應「鳳凰計畫」，誠心參與志願服務協
　　　　助推展緊急救護工作者，經參加訓練合格後，每二十人以上即可組
　　　　織一鳳凰志工分隊，每分隊設分隊長一人，副分隊長一至三人。各
　　　　分隊成立後，各直轄市暨縣市消防局應將分隊長、副分隊長、幹部
　　　　名單及隊員人數建立檔案資料。

　　(二)鳳凰志工隊：各直轄市暨縣市消防局應分別輔導成立「鳳凰志工
　　　　隊」，負責轄區內各鳳凰志工分隊之協調聯繫；每隊設隊長一人，
　　　　副隊長一至三人。各隊成立後，應將隊長、副隊長及幹部名單建立
　　　　檔案資料，並轉報內政部消防署。

　　(三)鳳凰志工指導小組：內政部消防署成立「鳳凰志工指導小組」，負
　　　　責有關鳳凰志工各項工作之統籌規劃、督導考核；指導小組設召集
　　　　人一人，委員九至十五人，並設執行秘書一人及幹事若干人。

　　(四)鳳凰志工顧問團：內政部消防署輔導成立「鳳凰志工顧問團」，遴
　　　　聘對緊急救護學有專長或志願服務著有貢獻之有志之士擔任顧問，
　　　　顧問團設團長一人，副團長一至三人，顧問十五至二十一人。各直
　　　　轄市暨縣市消防局亦得比照輔導成立，顧問團設團長一人，副團長
　　　　一人，顧問十一至十五人。

　　(五)前述各鳳凰志工分隊、鳳凰志工隊得依工作需要設置下列各組，負
　　　　責辦理各項有關事宜。
　　　　1.輔導組：負責志工之召募編組、任務分配等有關事宜。
　　　　2.管考組：負責志工之工作考核、資料管理等有關事宜。

3.行政組：負責各隊本部之文書處理、庶務工作等有關事宜。

四、教育訓練

(一)初級訓練

1.受訓資格：應具國中、初中以上學校畢業或同等學歷。

2.訓練課程：

(1)專業課程：應依行政院衛生署訂頒「救護技術員管理要點」之規定，至少接受六十小時初級救護技術員專業訓練。

(2)通識課程：應接受志願服務基本理念訓練課程四小時，其中包括：①志工應有的認知與素養二小時，②志願服務倫理二小時。

3.資格證明：完成初級救護技術員訓練，並經訓練單位甄試合格者，由訓練單位發給結業證明，並發給初級救護技術員合格證明，合格證明有效期限二年，其格式依照「救護技術員管理要點」之規定。

4.繼續教育：初級救護技術員接受初級救護技術員訓練課程綱要表所列訓練科目相關之繼續教育八小時以上（其中緊急救護基本技術至少四小時）者，得延長其合格證明效期，每次得延長一年。

(二)中級訓練

1.受訓資格：應具高中、高職以上學校畢業或同等學歷，並具初級救護技術員資格。

2.訓練課程：

(1)專業課程：應依行政院衛生署訂頒「救護技術員管理要點」之規定，至少接受二六四小時中級救護技術員專業訓練。

(2)通識課程：應接受志願服務角色認知訓練課程四小時，其中包括：①志工應有的角色與任務二小時，②社會資源與志願服務二小時。

3.資格證明：完成中級救護技術員訓練，並經甄試合格者，由訓練單位發給結業證明，並由委託辦理之衛生、消防主管機關發給中級救護技術員合格證明，合格證明有效期限二年，其格式依照「救護技術員管理要點」之規定。

4.繼續教育：中級救護技術員接受中級救護技術員訓練課程綱要表所列訓練科目相關之繼續教育二十四小時以上（其中緊急救護基本技術至少四小時）者，得延長其合格證明效期，每次得延長一年。

五、救護範圍

(一)初級救護技術員得執行之救護範圍如下：

　　1.檢傷分類及傷病檢視。

　　2.量血壓。

　　3.以聽診器量心音、呼吸聲等。

　　4.基本心肺復甦術及清除呼吸道異物。

　　5.使用口咽、鼻咽呼吸道。

　　6.給予氧氣。

　　7.止血、包紮。

　　8.病患姿勢選定及體溫維持。

　　9.骨折固定。

　　10.現場病患救出及搬運。

　　11.送醫照護。

　　12.正常生產接生。

　　13.心理支持。

　　14.其他經中央衛生主管機關公告之項目。

(二)中級救護技術員得執行之救護範圍如下：

　　1.初級救護技術員得執行之救護範圍。

　　2.血中氧暨心電圖監測。

　　3.使用抗休克褲。

　　4.灌洗眼睛。

　　5.給予口服葡萄糖。

　　6.催吐。

　　7.周邊血管路徑之設置及維持，並得給予酸林格氏液或生理食鹽水。

　　8.其他經中央衛生主管機關公告之項目。

六、實施方式

(一)頒授「鳳凰志工隊隊旗」：各鳳凰志工分隊隊旗由各直轄市暨縣市消防局分別頒授；鳳凰志工隊隊旗由內政部消防署統一頒授；藉以顯現團隊精神，凝塑團隊意識。其各類隊旗之樣式由內政部消防署訂定。

(二)製發「志工服務證」：各志工均由各直轄市暨縣市消防局自行製發「志工服務證」，藉以識別，並示榮譽，俾以提升服務品質，其樣式由內政部消防署訂定。

(三)製發「志工服務記錄證」：各志工均應依規定申請核發「志工服務記錄證」，各鳳凰志工分隊可依實際需要造冊申請；藉以瞭解各志工實際參與服務時間，用以考核服務績效，並憑作獎勵表揚之參據。有關「志工服務記錄證申請暨使用須知」由內政部消防署訂定，記錄證由內政部消防署統一製發。

(四)製發「志工服務背心」：各志工均由內政部消防署統一製發「志工服務背心」，藉以突顯服務標誌，廣收服務效果。

(五)頒發「鳳凰志工隊幹部聘書」：各鳳凰志工分隊分隊長、副分隊長由各直轄市暨縣市消防局頒發聘書；隊長、副隊長由內政部消防署頒發聘書；藉以激勵「助人榮己」之士氣。

(六)訂定「鳳凰志工週」：每年一月第三週配合「一一九消防節」訂為「鳳凰志工週」，擴大舉辦各項宣導活動，俾使參與緊急救護的志願服務蔚為風氣。

七、獎勵

　(一)個人獎勵

　　1.頒發獎狀：凡參與緊急救護服務工作滿一年之志工，總服務時數達二〇〇小時以上成績優良者，得由各直轄市暨縣市消防局頒發獎狀予以鼓勵，其具有初級救護技術員資格者，並納編為義消。

　　2.頒授「鳳凰志工獎章」：凡積極參與緊急救護服務工作滿二年之志工，總服務時數達四〇〇小時以上成績特優者，得由各直轄市暨縣市消防局推薦向內政部消防署申請頒授「鳳凰志工獎章」，其頒授原則另訂。

　(二)團體獎勵：凡積極參與緊急救護服務工作滿一年著有績效之鳳凰志工分隊或鳳凰志工隊，經評鑑成績特優者，得由內政部消防署予以獎勵，並公開表揚，其評鑑計畫另訂。

八、經費：推展鳳凰計畫所需經費由內政部消防署暨各直轄市、縣市消防局編列預算支應，並結合社會資源支援。

九、本計畫陳奉核定後實施，修正時亦同。

附錄十三　結合環保義工協助環保工作——天使計畫

台北市政府80.6.18第六一六次市政會議審議通過

一、依據

(一)廢棄物清理法及其台北市施行細則。

(二)台北市推行全民自治維護里鄰環境整潔實施方案。

(三)台北市政府環境保護局加強維護重要道路環境整潔實施計畫。

二、目的

為響應中央「環境清潔從我家做起」暨「環境清潔從社區做起」政策，並貫徹執行「台北市推行全民自治維護里鄰環境整潔實施方案」暨「台北市政府環境保護局加強維護重要道路環境整潔實施計畫」；以喚起市民建立「環境保護、人人有責」及「環保要好，有賴大家勞」之共識，進而廣結熱心公益的有志之士，踴躍參與環保工作，積極散播環保種子，共同將台北市建設成為一個潔淨、美麗、清新、翠綠的國際大都市。

三、召募對象

凡台北市各里鄰、社區、團體、學校、公司、廠場、醫院及寺廟等不分男女老少，確具工作熱忱與服務志趣，志願協助維護本市環境整潔工作者，均歡迎踴躍參加。

四、任務編組

(一)環保義工隊：凡各行政區（含里鄰、社區）或機關、學校、團體、公司、廠場、醫院及寺廟。關心環保問題，志願參與環保工作之人士，每二十人至三十人即可組織一環保義工隊，每隊設隊長一人、副隊長一人。各隊成立後，應將隊長、副隊長名單及隊員人數知會台北市政府環境保護局。

(二)環保義工中隊：凡各行政區（含里鄰、社區）或機關、學校、團體、公司、廠場、醫院及寺廟，每組織四支環保義工隊，即可成立一環保義工中隊，每中隊設中隊長一人、副中隊長二人、中隊成立後應將隊長、副隊長名單及隊員人數知會台北市政府環境保護局。

(三)環保義工大隊：台北市成立環保義工大隊一隊，由台北市政府環保局輔導成立。凡各環保義工隊之義工均為環保義工大隊之成員，大

隊設大隊長一人、副大隊長三至七人。

以上各義工隊、義工中隊及義工大隊均得視工作需要，設下列各組：

1.組訓組：負責義工之召募、訓練、組織、編隊及資料管理等有關事宜。

2.輔導組：負責義工之任務分配、輔導考核及團康聯誼等有關事宜。

3.行政組：負責隊部之會計、出納、庶務及文書等有關事宜。

(四)環保義工輔導小組：凡各行政區（含里鄉、社區）或機關、學校、團體、公司、廠場、醫院及寺廟均得設置環保義工輔導小組，由各單位指派熟悉業務之主管以上人員擔任召集人，邀集機關之熱心環保人士為委員，負責輔導各單位環保義工隊，協助推動環保工作有關事宜。

(五)環保義工指導小組：台北市政府設置環保義工指導小組，由環保局局長或副局長擔任召集人，邀集市府各相關局處業務主管以上人員暨學者專家或熱心環保人士為委員，負責策訂推動環保義工有關計畫、辦理環保義工教育訓練暨指導環保義工順利協助環保工作。

五、教育訓練

(一)基礎訓練：以結合義工新秀為主，凡志願參與協助環保工作者均得參加。

(二)進階訓練：以強化義工素質為主，凡志願參與協助環保工作持續達三個月以上者得自由參加。

(三)成長訓練：以精進義工知能為主，凡志願參與協助環保工作持續達六個月以上者得自由參加。

(四)幹部訓練：以培訓義工幹部為主，凡志願參與協助環保工作持續達一年以上者得自由參加。

六、服務項目

(一)經常服務工作

1.先以本市重要道路之環境清潔維護、巡察、勸導、反映等工作著手，進而達到認養制之輔導實施。

2.協助維護社區、街道巷弄等環境清潔之維護、巡察、勸導及反映等服務工作。

(二)特別服務工作

1.慶典節日及重要活動協助環境清潔維護。

2.天然災害後災害地區環境清潔之搶救、復原及更新。

七、實施方式

　　(一)創設「環保專線」：於台北市政府環保局創設「環保專線」，讓市民發現環保問題時能夠透過專線，迅速解決，達到「投訴有處、呼援有門」的境界。

　　(二)製發「環保義工服務記錄證」：各環保義工均由台北市政府環保局統一製發服務記錄證，各單位可依實際需要申請。俾以瞭解各環保義工實際參與服務時間，藉資考核服務績效，並憑作獎勵表揚之參據。

　　(三)頒授「環保義工服務證」：各環保義工由各單位製發服務證，藉資識別，並示榮譽，俾以提升服務品質。（服務證樣式由台北市政府環保局統一規定）

　　(四)頒授「環保義工隊旗」：各環保義工隊、中隊、大隊均由各相關單位頒授隊旗，俾以顯現團隊精神，凝塑團隊意識。（隊旗樣式由台北市政府環保局統一規定）

　　(五)製發「環保義工服務背心」：各環保義工隊得由各相關單位斟酌實際需要製發服務背心，俾以突顯服務標誌，廣收服務效果。（背心樣式由台北市政府環保局統一規定）

　　(六)實施「排班制」：每位義工每週以服務四小時為原則，按各義工所能提供之服務時間配合實際服務需要，實施排班輪值，務以不影響參與服務人員之工作、課業或家務為前提。

　　(七)推行「認養制」：俟各環保義工隊服務工作日見績效後，則再尊重各隊意願輔導自行選擇重要道路路段或人行地下道推廣實施認養制度，以隨時保持各重要道路或人行地下道之環境清潔。

八、獎勵

　　(一)個人獎勵

　　　　1.「環保獎章」：凡志願參與環保工作之義工及實際從事環保工作之人員服務成績優良者，得由各相關單位向台北市政府環保局申請頒授「環保獎章」。環保獎章分特別、一等、二等、三等四種，其頒授要點另定。

　　　　2.創辦環保楷模「金環獎」選拔與表揚：凡志願參與環保工作之義工及實際從事環保工作之人員服務成績優良者，由各相關單位向台北市政府環保局推薦參加環保楷模「全環獎」之選拔活動，其實施辦法另定。

　　(二)團體獎勵：凡志願參與環保工作之義工團隊、輔導環保義工團體有
　　　　功之單位，或實際負責環保工作之區隊，經評鑑成績優良者，得由
　　　　台北市政府環保局建請敘獎，其評鑑辦法另訂。

九、經費
　　所需經費由台北市政府環保局由年度環境清潔維護業務相關經費項下
　　支應，並結合社會資源支援。

十、本計畫提報市政會議審議通過後實施。

附錄十四　志工學苑

80.4.台北市志願服務協會　創設
81.8中華民國志願服務協會　合辦

一、「志工學苑」設置要點

(一)中華民國志願服務協會與台北市志願服務協會（以下簡稱兩會）為
激發志願服務意願，提升志願服務品質，建立志願服務訓練制度，
培育志願服務優秀人員，以期協助推動社會福利工作，建立溫馨關
懷、安居樂業的社會，特共同設立「志工學苑」（以下簡稱本學
苑）。

(二)本學苑之任務為：
1.關於志願服務訓練計畫之研擬。
2.關於志願服務訓練課程之研究。
3.關於志願服務訓練教材之編撰。
4.關於志願服務訓練成果之展示。
5.關於志願服務學術研討之舉辦。
6.關於志願服務講座名錄之建立。
7.關於志願服務機構團體之聯誼。

(三)本學苑以理事會為最高決策機構，由理事長兼任主任，並由學苑輔
導長暨主任委員兼任副主任。

(四)本學苑設教育長一人，綜理志願服務訓練工作全般事宜；並設執行
秘書一人，承教育長之命，辦理各種訓練工作有關事宜；另依業務
需要分設訓練、輔導、行政三組，各組設組長一人，組員若干人，
各組織掌如下：
1.訓練組：負責各種訓練之招訓規劃、課程編排、教材及講座聘請
等有關事宜。
2.輔導組：負責各種訓練之輔導、考核、團康及聯誼等有關事宜。
3.行政組：負責各種訓練之會計、出納、庶務及文書等有關事宜。

(五)本學苑辦理志願服務訓練之種類分為認知訓練、進階訓練、成長訓
練及領導訓練四種：
1.認知訓練：以結合志工新秀為主。

　　2.進階訓練：以強化志工素質為主。

　　3.成長訓練：以精進志工知能為主。

　　4.領導訓練：以培訓志工幹部為主。

(六)本學苑辦理志願服務訓練之方式分為自行辦理、合作辦理及委託辦理三種：

　　1.自行辦理：由兩會依業務需要培訓有關志工人員。

　　2.合作辦理：與各相關機關、機構或團體依工作需要合訓有關志工人員。

　　3.委託辦理：承各相關機關、機構或團體依特殊需要委訓有關志工人員。

(七)本要點提經兩會理監事聯席議審議通過後施行，並報請內政部社會司及台北市政府社會局備查。

二、「志工學苑」訓練簡則

(一)中華民國志願服務協會與台北市志願服務協會（以下簡稱兩會）為激發志願服務意願，提升志願服務品質，建立志願服務訓練制度，培育志願服務優秀人員，以期協助推動社會福利工作，建立溫馨關懷、安居樂業的社會，特共同設立「志工學苑」（以下簡稱本學苑）。

(二)本學苑辦理志願服務訓練之種類分為認知訓練、進階訓練、成長訓練及領導訓練四種：

　　1.認知訓練：以結合志工新秀為主，其基本課程及時數為：

　　　(1)志願服務是什麼　　　　　　　　二小時

　　　(2)快樂志工就是我　　　　　　　　二小時

　　　(3)自我瞭解與自我肯定　　　　　　二小時

　　　(4)經驗分享－服務最榮的自述　　　二小時

　　　(5)分組聯誼－說說自己、認識別人　二小時

　　　(6)綜合討論－歡聚一堂談服務　　　二小時

　　　合計十二小時

　　2.進階訓練：以強化志工素質為主，基本課程及時數為：

　　　(1)志願服務倫理　　　　　　　　　二小時

　　　(2)社會福利概述　　　　　　　　　二小時

　　　(3)社會資源與志願服務　　　　　　二小時

　　　(4)人際關係　　　　　　　　　　　二小時

　　　(5)說話藝術　　　　　　　　　　　二小時

(6)團康活動　　　　　　　　　　　二小時

(7)分組討論－愛心大家有、服務大家做　二小時

(8)綜合討論－集思廣益論方法　　　二小時

合計：十六小時。配合服務項目所需之專業課程及時數由各單位依需要酌增。

3.成長訓練：以精進志工知能為主，其基本課程及時數為：

(1)志願服務的方法與技巧　　　　　二小時

(2)社會資源的結合與運用　　　　　二小時

(3)志工團隊的運作與成長　　　　　二小時

(4)溝通技巧　　　　　　　　　　　二小時

(5)方案設計　　　　　　　　　　　二小時

(6)團康技巧　　　　　　　　　　　二小時

(7)雙向溝通　　　　　　　　　　　一小時

(8)成果驗收－服務理念的考評　　　一小時

(9)分組討論－助人靠方法、服務要技巧　二小時

(10)綜合討論－縝密思考研究方案　　二小時

合計：十八小時。配合服務項目所需之專業課程及時數由各單位依需要酌增。

4.領導訓練：以培訓志工幹部為主，其基本課程及時數為：

(1)督導志工的原則與技巧　　　　　二小時

(2)志工與志工督導之心理調適　　　二小時

(3)志願服務與社會需求　　　　　　二小時

(4)民主素養與志工團隊　　　　　　二小時

(5)如何塑造志願服務文化　　　　　二小時

(6)領導藝術　　　　　　　　　　　二小時

(7)即席演講　　　　　　　　　　　一小時

(8)效益評估－怎樣收穫必怎麼栽　　一小時

(9)分組討論－志願服務點、線、面　二小時

(10)綜合討論－精益求精創新猷　　　二小時

合計：十八小時。配合服務項目所需之專業課程及時數由各單位依需要酌增。

(三)本學苑之認知訓練及進階訓練由台北市志願服務協會辦理，成長訓練及領導訓練由中華民國志願服務協會辦理。

(四)本學苑辦理各種訓練核發結業證明書之規定如下：

1.認知訓練：凡參加人員缺席（含請假）時數未超過二小時以上，訓練期滿後，並仍繼續參與志願服務務工作滿三十六小時以上成績優良者。

2.進階訓練：凡參加人員缺席（含請假）時數未超過二小時以上，訓練期滿後，並仍繼續參與志願服務工作滿七十二小時以上成績優良者。

3.成長訓練：凡參加人員全程均無缺席（含請假），並經考評成績及格（六十分）者。

4.領導訓練：凡參加人員全程均無缺席（含請假），並經考評成績及格（七十分）者。

(五)本學苑得依實際需要辦理其他專業訓練或研習座談，其課程及時數另訂。

(六)本學苑辦理志願服務訓練之方式分為自行辦理、合作辦理及委託辦理三種：

1.自行辦理：由兩會依業務需要培訓有關志工人員，其費用由兩會籌措支應。

2.合作辦理：與各相關機關、機構或團體依工作需要合訓有關志工人員，其費用由合辦單位共同負擔。

3.委託辦理：承各相關機關、機構或團體依特殊需要委訓有關志工人員，其費用由委託單位負責支應。

(七)凡參加本學苑辦理之各種訓練得酌收費用。

(八)凡參加本學苑辦理之各種訓練，經考評成績優良者，得由兩會酌予獎勵。

(九)本簡則提經兩會理監事聯席會議通過後施行，並報請內政部社會司及台北市政府社會局備查。

附錄十五　志願服務團（隊）組織準則（參考範例）

中華民國八十年六月二十二日
全國「志願服務聯繫會報」第五次會議討論通過

第一章　總則

第一條　本組織準則依人民團體暨志願服務等有關法令規章訂定之。

第二條　本團（隊）定名爲「○○○○○○志願服務團（隊）」。（以下
　　　　簡稱本團或本隊）（說明：本條「○○○○○○」部分應書明志
　　　　願服務團（隊）隸屬機關、機構或團體之全銜）。

第三條　本團（隊）以培養熱心公益、關懷社會之善良風氣，塑造助人最
　　　　樂、服務最榮之利他精神，擴大民眾參與層面，激勵民眾貢獻心
　　　　智，相互策勉，踴躍投入志願服務行列，協助推動○○○○爲宗
　　　　旨。
　　　　（說明：本條「○○○○」部分可依隸屬單位之不同性質書明：
　　　　社會福利工作、文化建設、環保工作、交通服務、醫療服務等文
　　　　字）。

第四條　本團（隊）隸屬於「○○○○○○」，團（隊）址設於隸屬單位
　　　　辦公處所「○○○○○○」。
　　　　（說明：本條「○○○○○○」部分應書明隸屬機關、機構或團體
　　　　名稱之全銜，另辦公處所底下之「○○○○○○」應書明隸屬單位
　　　　之地址）。

第五條　本團（隊）接受「○○○○○○」之指揮監督。
　　　　（說明：本條「○○○○○○」部分應書明隸屬機關、機構或團體
　　　　名稱之全銜）。

第二章　任務

第六條　本團（隊）之任務如下：
　　　　一、
　　　　二、
　　　　三、
　　　　四、

五、

（說明：本條有關團（隊）之任務，應依隸屬單位之特性，及團隊
所應扮演之角色書寫）。

第三章　團（隊）

第七條　凡年滿○○歲，關心社會，誓志服務，經參加隸屬單位或有關單
　　　　位舉辦之志工訓練結業，實際參與志願服務工作滿三個月而績效
　　　　良好者，得邀請參加本團（隊）為團（隊）員。
　　　　（說明：志願服務的基本理念是人人可參與，應無年齡之限制，惟
　　　　各單位之服務性質不同，可能所需之志工人員在年齡方面必須有所
　　　　限制，如果是，則本條「○○」部分可書明規定之年齡，否則，該
　　　　部分文字可免）。

第八條　本團（隊）團（隊）員之權利：
　　　　一、發言權及表決權。
　　　　二、選舉權、被選舉權及罷免權。
　　　　三、參與本團（隊）或隸屬單位，以及有關單位所舉辦之各種志願
　　　　　　服務活動。

第九條　本團（隊）團（隊）員之義務：
　　　　一、遵守隸屬單位之有關規章及各項決議。
　　　　二、遵守本團（隊）組織準則、有關規章及各項決議。
　　　　三、執行本團（隊）或隸屬單位分配之服務工作。
　　　　四、參與推展各項志願服務活動。
　　　　五、繳納團（隊）費。
　　　　六、出席本團（隊）或隸屬單位規定應參加之各種會議。

第十條　本團（隊）員得以書面敘明原因向本團（隊）聲明退出服務行
　　　　列，退出後，其既繳之團（隊）費，概不退還。

第十一條　本團（隊）員有左列情形之一者，得經委員會之決議，按情節
　　　　輕重，分別予以勸告、警告或除名等處分：
　　　　一、違反隸屬單位有關規章及各項決議者。
　　　　二、違反本團（隊）組織準則、有關規章及各項決議者。
　　　　三、有其他不法行為妨害隸屬單位及本團（隊）名譽者。
　　　　四、久未參與服務工作連續達三個月以上者。
　　　　凡除名之處分應經團（隊）員大會通過後行之，團（隊）員之
　　　　除名，其既繳之團（隊）費，概不退還。

第四章　組織及職權

第十二條　本團（隊）以團（隊）員大會為最高決策機構，委員會為執行
　　　　　單位，在大會閉會期間，由委員會執行其職權。

第十三條　本團（隊）設委員○○人，候補委員○○人，均由團（隊）員
　　　　　大會以無記名連記法選舉之，委員遇有缺額時，由候補委員依
　　　　　次遞補，以補足原任任期為限。

　　　　　（說明：本條規定委員設置之名額以九至十五人為宜，視各團
　　　　　（隊）員人數之多寡而定，候補委員不得超過委員人數之三分
　　　　　之一）。

第十四條　本團（隊）委員組織委員會，并由委員以無記名單記法互選團
　　　　　（隊）長及副團（隊）長各一人。團（隊）長綜理團（隊）
　　　　　務，并對外代表團（隊），副團（隊）長協助團（隊）長處理
　　　　　團（隊）務，任期均為二年，連選不得連任。

第十五條　團（隊）員大會之職權如左：
　　　　　一、選舉或罷免委員。
　　　　　二、審查委員會之報告及決議事項。
　　　　　三、通過及修改組織準則。
　　　　　四、通過年度服務計畫、經費預決算及志願服務發展方案。
　　　　　五、議決團（隊）員之除名處分。
　　　　　六、議決團（隊）組織之解散。
　　　　　七、其他重要事項之決定。

第十六條　委員會之職權如左：
　　　　　一、召開團（隊）員大會。
　　　　　二、辦理團（隊）員入團（隊）事項。
　　　　　三、審查團（隊）員入團（隊）事項。
　　　　　四、擬訂團（隊）年度服務計畫、經費預決算及專案服務方案。
　　　　　五、選舉團（隊）長及副團（隊）長。
　　　　　六、議決團（隊）長及副團（隊）長或委員之辭職。
　　　　　七、聘免團（隊）各組幹部。
　　　　　八、其他應執行事項。

第十七條　本團（隊）委員之任期均為二年，連選得連任，委員均為無給
　　　　　職。

第十八條　本團（隊）得視服務工作需要設研訓、服務、康樂、行政等

組，各組置組長一人，由團（隊）長就團（隊）員中提名經委員會通過後聘任之，各組組長均為無給職。

（說明：各團（隊）以設研訓等四組為原則但仍可視服務性質不同之需要，需另以其他名稱分設各組，唯以不超過六組為宜）。

第五章　會議

第十九條　本團（隊）員大會分為定期及臨時兩種，均由委員會召集之，召集時應於大會前十五日以書面通知之，并應報請隸屬單位派員指導。前項定期會議每年召開一次，臨時會議由委員會認為必要，或經團（隊）員三分之一以上之請求時召集之。

第二十條　團（隊）員大會開會時，由團（隊）長主持之，團（隊）長因故未克出席會議時，由副團（隊）長主持。

第二十一條　團（隊）員大會決議，應有團（隊）員過半數同意行之。唯修改組織準則、團（隊）員之除名處分、委員之罷免或團（隊）組織之解散等重大事項須經團（隊）員三分之二以上之席，出席人數三分之二以上之同意決定之。

第二十二條　委員會每一個月開會一次，由團（隊）長召集并主持之，如團（隊）長因故未克出席會議時，由副團（隊）長主持。

第二十三條　委員會之決議，應有委員過半數之出席，以出席委員過半數之同意行之，贊否同數時取決於主席。

第二十四條　委員會開會時不得委託出席，委員連續二次無故缺席委員會議，視同辭職。

第六章　經費

第二十五條　本團（隊）經費之來源如左：
一、團（隊）員繳交之常年團（隊）費。
二、隸屬單位之補助或獎助費。
三、熱心公益人士或團（隊）員之捐款。

第二十六條　本團（隊）會計年度以每年一月一日至同年十二月三十一日止。

第二十七條　本團（隊）之預決算於每年終了之前後二個月以內，由委員會編製報告書提經團（隊）員大會審議通過，并報請隸屬單位備查。

第二十八條　本團（隊）解散時，其剩餘經費全數捐贈隸屬單位作為推展
　　　　　　志願服務之用，不得以任何方式歸個人所有。

第二十九條　本組織準則如有未盡事宜，悉依人民團體暨志願服務有關規
　　　　　　章及團（隊）員大會之決議辦理之。

第三十條　　本組織準則經團（隊）員大會通過，陳報隸屬單位核備後施
　　　　　　行，修正時亦同。

附錄十六 中華民國志願服務楷模「金駝獎」選拔要點

中華民國七十三年十月由台北市政府社會局與台北市志願服務協會共同創辦
中華民國七十六年起由台北市志願服務協會自行辦理
中華民國八十一年起由中華民國志願服務協會與台北市志願服務協會共同辦理

一、宗旨：為激勵表現優良之志願服務人員，弘揚「志願服務，捨我其
　　誰」之精神，提升服務品質，藉以促進志願服務工作之發展，特設置
　　「金駝獎」。

二、指導單位：內政部。

三、主辦單位：中華民國志願服務協會、台北市志願服務協會

四、候選對象：全國各機關、公私立機構及團體（私立者應經政府立案）
　　領有「志願服務紀錄冊」之志願服務人員。

五、候選標準：

　(一)凡於每屆選拔開始推薦之日前在全國各機關、公私立機構及團體
　　　（私立者應經政府立案）服務滿十年以上，且服務時數累計達二千
　　　小時以上，曾榮獲主辦單位「二等志願服務獎章」之志願服務人
　　　員，並具有左列優良事蹟之一，足為志願服務工作楷模者，經推薦
　　　得為候選人。

　　　1.犧牲奉獻，認真學習，對參與志願服務，充實服務內涵，有具體
　　　　績效者。

　　　2.勤勉負責，任勞任怨，對推行志願服務，精進服務知能，有顯著
　　　　成果者。

　　　3.盡忠職守，敦品勵行，對提升服務品質，獻身志願服務，有特殊
　　　　表現者。

　　　4.學驗俱豐，積極進取，對創新服務方法，開拓服務範疇，有卓越
　　　　成效者。

　　　5.熱心公益，多方參與，對提供社會資源，促進社會建設，有傑出
　　　　貢獻者。

　(二)凡對志願服務確有特殊貢獻者，不受前項服務年資、時數及曾獲
　　　「二等志願服務獎章」之限制。

六、推薦方式：各機關、機構及團體均得依據木要點擇優推薦具有候選標
準者（每單位至多可推薦三人），將其優良事蹟或特殊貢獻之資料填
寫於推薦表中向主辦單位推薦。

七、推薦日期：自開始推薦之日起至截止推薦之日止，郵戳為憑，逾期或
所送表件不全者概不受理。請一律將推薦表（如附表）以電腦打字一
式十份（正本一份、影本九份），並檢附推薦表存檔磁碟片一份、候
選人志願服務在職證明書（如附件）正本一份及依據「志願服務法」
核發之志願服務紀錄冊（含紀錄冊封面及服務時數記載之全部資料；
符合候選標準第二項之志工，免附志願服務紀錄冊）、身分證、以往
得獎獎狀、傑出成就等有關資料影本各一份（推薦表及影印文件請用
A4規格紙張，以期文件裝訂整齊），一併掛號寄送台北市中正區忠
孝東路一段一四〇號十一樓中華民國志願服務協會收（服務電話：
〇二－二三九一七七六六；所送磁碟片及資料概不退還，請自行留
底）。

八、評選程序：
(一)初審：由主辦單位組成初評小組，就推薦候選人資料選出合格者。
(二)複審：由主辦單位委由深具社會工作專業素養之人員，就初審合格
　　　　　者資料予以複審，必要時並進行實地訪問後選出優良者。
(三)決審：由主辦單位聘請學者專家十一至十五人組成金駝獎評審委員
　　　　　會，就複審優良者予以詳細審查，審慎評選決定當選人（最
　　　　　多以十五名為限）。

九、獎勵：當選人經評定後，除個別通知外，並擇期舉行頒獎典禮，獎品
內容為：
(一)金駝獎座　　　　　乙座
(二)金質「金駝」獎章　乙枚
(三)得獎評定證書　　　乙幀
(四)紀念品　　　　　　乙份

十、本要點提經主辦單位理監事聯席會議審議通過後實施，如有未盡事
宜，得隨時修正補充之。

中華民國第○○屆志願服務楷模「金駝獎」候選人推薦表

兹推薦

　　　　　先生
　　　　　女士　為中華民國第○○屆志願服務楷模「金駝獎」候選人，敬請　查照。

此致
中華民國志願服務協會
台北市志願服務協會

推薦單位：
負責人：
地址：
承辦人及　　　　　　　（簽章）
聯絡電話：

（請加蓋單位關防或圖記）

中　華　民　國　　　年　　　月　　　日

候選人資料			
姓名	性別	身分證統一編號	請貼上二吋正面半身近照（並請另附二吋正面半身近照二張及3×5格式、不同照內容之個人生活獨照二張）
參與服務年資及時數	自　年　月　日起至　年　月　日止，共計　年　月，共計　小時	出生　年　月　日	
通訊處　住宅　服務處	電話　行動電話　電話		
最高學歷（請註明畢業、肄業或結業）			
經歷			
現職			

註	備	語評位單薦推	錄紀獎受	獻貢殊特或蹟事良優
四、推薦表及志願服務在職證明書下載網址：http://www.vol.org.tw/other/cover.htm 三、推薦表及影印文件請用Ａ４規格紙張，以期文件裝訂整齊。 二、請另附本推薦表存檔磁碟片一份、候選人志願服務在職證明書正本一份及依據「志願服務法」核發之志願服務紀錄冊（含紀錄冊封面及服務時數記載之全部資料；符合候選標準第二項之志工，免附志願服務紀錄冊）、身分證、以往得獎獎狀、傑出成就等有關資料影本各一份，以備查考（所送磁碟片及資料概不退還，請自行留底）。 一、本推薦表一律電腦打字一式十份（正本一份、影本九份），於主辦單位規定之日前以掛號寄送中華民國志願服務協會（台北市中正區忠孝東路一段一四〇號十一樓，電話：〇二—二三九一七七六六）。			（本欄請以條列方式列出具體事蹟，不敷使用時請另用Ａ４規格紙張打字附在推薦表之後）

志願服務在職證明書

兹證明

　　　　　先生
　　　　　女士　自民國　年　月　日起至　年　月　日止，持續參與本單位志願

服務工作，服務年資計　年　月，服務時數共計　小時，現仍繼續服務中。

單位名稱：

負責人：　　　　（簽章）

（請加蓋單位關防或圖記）

中　華　民　國　　　年　　　月　　　日

附錄十七　志願服務──志工守則

中華民國八十年六月二十二日全國「志願服務聯繫會報」第五次會議討論通過

一、我願誠心奉獻，持之以恆，不無疾而終。
二、我願付出所餘，助人不足，不貪求名利。
三、我願專心服務，實事求是，不享受特權。
四、我願客觀超然，堅守立場，不感情用事。
五、我願耐心建言，尊重意見，不越俎代庖。
六、我願學習成長，汲取新知，不故步自封。
七、我願忠心職守，認真負責，不敷衍應付。
八、我願配合機構，遵守規則，不喧賓奪主。
九、我願熱心待人，調和關係，不惹事生非。
十、我願肯定自我，實踐理想，不好高鶩遠。

附錄十八　國際志工年介說

一、國際志工年的源起

在邁入二十一世紀的時刻，藉由「國際志工年」的訂定，以肯定志工的無私奉獻與非凡成就，並進而促進志願服務發展的構想，於一九九六年首度被提出，並獲得各界的熱烈迴響。於是在一九九七年經由日本政府與民間的倡議與推動，聯合國大會於一九九七年十一月決議正式宣布定公元二〇〇一年為「國際志工年」，並呼籲各國政府、民間組織及個人共同來慶祝響應，一起為促進志願服務的認識、實踐、倡導與推廣，共同奉獻心力，並藉以肯定志工們及志願服務組織多年來的貢獻與付出。

二、國際志工年的目標

(一)增進對志願服務的認識

政府應建立機制以提供志願服務組織參與公共事務或諮詢的管道，其方式可以是：進行專案研究以具體瞭解或量化陳述志願服務部門對社會福祉的貢獻；或者設置獎項以獎勵表揚績優的志工團體或服務方案。而這些方式都可增進社會各界對志願服務工作的認識與瞭解。

(二)促進志願服務的實踐

每一個社會都有不同的文化背景以及社經條件，因此各個社會應找出最適合該社會的激勵措施或服務方案，來鼓勵或促進民眾投入志願服務行列。例如：公務員或企業員工得獲特別休假，以暫離工作崗位參與服務、設置志工訓練單位以提升志工服務知能並加強志願部門的管理等，都是有助於促進志願服務實踐可以研究採行的方法。

(三)志願服務的連結與傳播

電視、廣播、報紙、電子媒體等大眾傳播工具，均有助於志願服務經驗的傳播與連結。尤其，對成功的志願服務經驗或案例的報導或介紹，可以減少摸索與嘗試的過程。這種經驗的分享與複製，在現代無遠弗屆的電子媒體協助之下，不僅可及於鄰里社區之內，更可推廣至地區、全國，甚至是國際之間。

(四)志願服務的倡導與推廣

　　號召更多的民眾參與志願服務活動，積極爭取社會大眾及政府對志願服務活動更多的支持與認同。尤其，透過前述「增進志願服務認識」「和經驗的傳播與連結」兩項目標與做法，同時也加強對志願服務的倡導與推廣。而在做法上，可以採行對優秀志願服務楷模、典範的獎勵表揚，或是彰顯志願服務活動對社會的潛在貢獻。（內政部社會司編印）

附錄十九　國際志願服務日介說

　　聯合國大會於1985年正式宣布每年的12月5日為國際志願服務日，並呼籲各國政府、民間，共同來慶祝志願服務工作的成效。目前全世界已有半數以上的國家都已將這天訂為志願服務日。每當人間瀰漫著令人感傷及沮喪時擴展重視助人服務的訊息，自是值得欣慰。志願服務精神代表善意關懷、相互扶持及彼此鼓勵，它是人類進步、世界活絡的原動力。幫助四周的人是不同型態社會的文明傳統，他號召男女菁英締造令人感動的真善美事蹟，這些蘊涵關懷的意識、真誠的參與活動，有時甚至超越人的生命。

　　國際志願服務日是屬於獻身任何活動、任何國度內的志工所有。只要曾經貢獻過時間、才能、改善居住環境、做過慈善捐贈、協助病痛人們，或是提供技術支援的人，這個節日就是為你而有。

　　聯合國志願服務工作方案的推動是國際志願服務日的一項重點工作，經由方案邀約不同的參與國家，提供一些可以提升資源的媒介，不問是你本人或是你的朋友、同事、部屬等，只要在生命過程中曾經幫助別人，就請結合他們在12月5日來共同慶祝志工節，以便能進一步的提升及宣傳志願服務工作，並藉之鼓勵其他人的加入，使得不計其數的其他人，在這一天都成為是在共同做志願服務的人。國際志願服務日可以採行的慶祝方式，如：

　　△從事各種不同助人利他的事。
　　△清潔環境。
　　△頒發志願工作人員成就獎。
　　△遊行宣導。
　　△體育活動。
　　△海報比賽。
　　△捐血液、器官。
　　△社區房舍美化。
　　△致贈醫院、學校禮品或慰問。
　　△舉辦研討會、辯論會。
　　△募款。
　　△發行郵票。
　　△以音樂、舞會、傳統民俗來慶祝。

又按我國志願服務的履踐自古有之，它不只涵詠實用，更要創新；隨經社發展，其服務內容有物質扶助，也有精神關懷。是以爲彰顯愛人如己的崇高情操，爲號召熱心民眾貢獻有方向，服務具技巧，政府自民國71年即正式以創新方案，積極規劃倡導推展社會福利志願服務，透過理念宣導、啓迪，將服務融於生活中，從而樹立正確的服務意念；象徵榮譽之服務標誌、終生榮譽的服務證照、提升士氣的服務歌曲、有形約束的服務法規草案、無形規範的服務守則、保障權益的服務保險、獎勵鼓勵的增進福祉，彼此貫連運作；在有組織體系下相互激勵，有制度推展中相得益彰，已蔚爲風氣。

政府爲弘揚志願服務，塑造服務文化，自民國75年起相繼訂有獎勵興辦社會福利專業及志願服務相關法規多種，藉以獎勵補助號召結合民間資源共同有計畫、有組織地闡揚志願服務，其服務領域、項目容有不同，而其服務理念、制度模式、策略取向、措施導引都能兼容並蓄，相互串聯成善的連鎖；以致力深度，開拓廣度，研究精度，使志願服務達成「人人可參與，處處可展開，時時生作用，物物可捐獻」的全面性，並與國際志願服務方案相呼應，更顯我國志願服務工作不只國情化，也具國際化。（內政部社會司編譯）

附錄二十　「2001國際志工年標誌」圖意說明

　　中間核心的圖案是由三個擬人化的「V」所組成，代表行動中的志工，圖案外圍則環繞以聯合國的桂冠葉標誌。圖案下方則飾以「2001國際志工年」之文字，標示出其意涵。

附錄二十一　「國際志願服務日標誌」圖意說明

　　聯合國定每年的12月5日為國際志願服務日，並訂頒象徵志工榮譽的服務標誌，目的是鼓勵全球各地政府及團體，於當天共同嘉許及表揚志願服務工作人員對社會所作的貢獻，並藉此提醒社會人士積極支持及參與志願服務工作。

附錄二十二　「社會福利志願服務標誌」圖意說明

　　雙手自然組合，襯托出一顆關懷的心，象徵從事志願服務者，秉持內心助人意願為動力，可化為服務利他的行為。人只要願盡一己之力，就能造眾人之福，彼此串聯起來，蔚為風氣，就可產生「助人最樂、服務最榮」的人生觀，也可引聯我們的社會漸臻溫馨祥和之境。

附錄二十三　「文化義工標誌」圖意說明

　　機構以人為尊，最重人氣，故以人為創作重點。標誌中間，是與外溝通的開放心胸，同時屬於此三者，代表眾人之間同心協力、服務社會的精神。整體造型是三角形，穩重厚實，固若金湯。

附錄二十四 「勞工志願服務標誌」圖意說明

　　以兩支扳手形成一顆赤誠的心，象徵勞工志願服務人員秉持關懷助人的熱忱，化爲服務助人的動力。紅色代表喜悅、熱情、愉快，顯示勞工朋友透過志願服務之參與，奉獻愛心，服務社會，並可充實自己的精神生活內涵。

附錄二十五 「青年志工標誌」圖意說明

　　三個45度斜角環狀動態橢圓環是青輔會的會徽，象徵青少年充滿活力與自強不息的特色；三個向上箭頭及再形成兩個向下箭頭代表輔導的作用與青少年的回饋，顯示輔導過程互動與發展的特質；青色象徵青少年充滿朝氣與希望。青輔會志願服務宣導對象為年輕人，年輕人的特質就是擁有年輕的人。由英文字母中的Young的「Y」為主軸，象徵年輕的精神，也因為參與志工行列，藉由付出奉獻過程，將年輕的熱力盡情散發，因此年輕生命獲得肯定。

　　運用幾筆隨意揮灑的線條，象徵年輕人奔放的特質，以年輕的心從事這項工作，說明志工是年輕的志業，也在年輕的心中留下美麗的紀錄。

附錄二十六 「衛生保健志願服務標誌」圖意說明

　　以單純簡潔之律動構成主體，其中H（Health－衛生保健）結合V（Voluntary Service－志願服務），傳達衛生保健志工無私奉獻的精神，呈現出健康、快樂與無限希望的形象。以鮮明亮麗、對比的色彩，代表志工們熱忱奉獻、積極活力的精神，亦凸顯志工「無私、付出」的健康形象。

附錄二十七　「科學志工標誌」圖意說明

　　紫色與綠色構成「V」字形，係代表Volunteer（志工）的意思，中間白色的「S」型，乃代表Science（科學）；鮮明、亮麗的顏色，象徵科學志工朝氣蓬勃，全速啓航。

附錄二十八　志願服務歌

F調2/4
Allegretto

王公樸 作詞
李中和 作曲

(78080717)